Couvertures supérieure et inférieure manquantes

Il a été tiré de cet ouvrage quinze exemplaires
sur papier de Hollande.

Les
Révoltés Scandinaves

*Droits de reproduction et de traduction réservés
pour tous les pays,
y compris la Suède et la Norvège.*

MAURICE BIGEON

Les Révoltés Scandinaves

> Disposerais-tu d'un idéal ou de deux?
> *Romersholm.* IBSEN.

GEORG BRANDES — JONAS LIE
EDVARD GRIEG — STEPHAN SINDING
BJORNSTJERNE BJORNSON
AUGUST STRINDBERG ET LES FEMMES ÉMANCIPÉES
HERMAN BANG ET ARNE GARBORG
HENRIK IBSEN

PARIS

L. GRASILIER, ÉDITEUR

ANCIENNE MAISON A. SAVINE

12, RUE DES PYRAMIDES

1894

Tous droits réservés.

Au Maître

ÉMILE ZOLA

LES RÉVOLTÉS SCANDINAVES

GEORG BRANDES.

A Copenhague, un matin, partant du port et laissant Christianshavn isolé dans la brume de l'île Amayer, engagez-vous dans l'Östergade, marchez cinq cents mètres environ, tournez à gauche et pénétrez d'un pied hardi dans une des ruelles étroites, boueuses, mal pavées, de physionomie louche, qui s'ouvrent devant vous. Quelques-unes vous mèneront à de graves hôtels historiques, clos de portes massives, endormis dans le lierre et les souvenirs; la plupart vous jetteront en pleine clameur, à *Slotsholm,* la « Cité » de Copenhague, presque aussi vieille et plus pittoresque que la nôtre, — curieux quartier qu'enserre une forêt de mâts, lacis de canaux, fouillis d'îlots où campaient, entre deux aventures, les écumeurs du roi Duncan et où, le soir, quand, dans le brouillard qui rôde, s'allument les falots inquiets, tous les matelots du monde, privés d'amour après des traversées, viennent chercher les filles du Nord aux yeux étranges, aux cheveux pâles, au corps trop blanc. Ici, parfois, après minuit, on rêve de Suburre, une nuit de saturnales; il semble qu'au ras des temples mal famés s'aventure la Vénus impudique et pressante, en l'honneur de qui les vierges d'autrefois se prostituaient dans les carrefours et dont les fêtes se célébraient par on ne sait quelles débauches exaspérées et monstrueuses. Mais tout près, passé *Gammelholm*, l'ancien chantier de la marine, en remontant vers le nord, vous arriverez aux ponts d'Hàvnegade, au pied de la citadelle, devant la pleine mer. C'est là, au crépuscule, qu'il faut vous accouder, en face de l'eau saumâtre et calme où courent de pâles frissons; là qu'il faut vous laisser pénétrer insensiblement par un mélancolique et dominant regret, sans raison ni limites, où se fond tout entière l'inépuisable tristesse des pays du Nord; là que fleurit, meurtrie et délicate, battue par les vents du large et les flots de la Baltique, l'âme danoise. Et c'est entre ces deux quartiers, l'un cosmopolite, l'autre purement national, que naquit, il y a cinquante ans, dans une de ces maisons où maintenant habitent les quartiers-maîtres de la marine, Georg Brandes, le subtil philosophe, le plus habile manieur d'idées de la Scandinavie.

Un petit homme noiraud, nerveux, fluet, vibrant, aux membres grêles, à la taille légèrement déviée sur le côté, au profil avancé, à la barbiche en pointe qui lui donne un faux air de quelque vieux troupier blanchi dans le service et mangeant doucement sa pauvre retraite dans le calme endormeur des souvenirs enfuis. Mais l'âme ardente, l'intelligence hardie, percent cette banale enveloppe, éclatent dans les yeux profonds, perçants, fureteurs, dans la voix ironique et mordante, dans les gestes clairs, saccadés, nombreux. — Tel il m'apparut, du moins, dans son cabinet de travail de Havnegade, vaste pièce nue et vide, meublée presque uniquement de livres, et dont les fenêtres sans rideaux s'ouvraient sur un quai. Une foule de mâts, de voiles, de cordages s'enchevêtraient sur le ciel blême et rayé par la pluie monotone, sali par la fumée des vapeurs ancrés là. Toute la morne sérénité des crépuscules d'automne tombait sur la ville que j'entendais s'agiter au loin, comme en rêve; des lumières hésitantes, chancelantes sous les rafales, trouaient l'ombre grandissante qui, lente et obstinée, rôdait sur les toitures, sur les murs gris, sur les navires, enténébrant l'eau noire, enveloppant les choses d'une tristesse si vague et si profonde qu'elle faisait mal à l'âme.

Le contraste entre cet homme passionnné, vivant, et cette nature à demi morte, — toute l'histoire du philosophe, toute son œuvre.

I.

Terre lointaine, au bout de l'Allemagne dont elle est un prolongement, poussant une pointe hardie au cœur de la Scandinavie qu'elle annonce, presque perdue dans ces mers du Nord qui, de tous temps, ont épouvanté l'imagination des peuples, le Danemark est un pays neuf, si l'on considère qu'il n'a été initié que très tard aux grandes idées qui mènent l'Europe depuis cent ans, — et très vieux, dirai-je très usé? si l'on remonte à travers les siècles au cours desquels il a dépensé les vivantes énergies de son sol et de sa race. Avant le milieu du siècle dernier, il s'était tenu volontairement, ou par nécessité géographique, à l'écart du mouvement général, épuisant ses forces dans des guerres opiniâtres contre ses voisins, et il avait dû à cet isolement de garder à lui, bien à lui, sa poésie, peu abondante, mais fraîche et savoureuse, dans laquelle il retrempait son âme. Quelques-uns de ses habitants, plus intelligents ou plus hardis, s'en allaient, il est vrai, les yeux fixés sur quelque mirage enchanteur, courir les aventures aux pays du soleil, mais c'étaient des matelots, ivres d'indépendance, fous de liberté, qui ne touchaient terre que pour piller ou faire commerce, aimer pendant un jour les belles filles à la peau brune dont ils gardaient aux lèvres la saveur charnelle, au cœur le sensuel et parfumé souvenir. L'hiver venu, ils se hâtaient de regagner leurs navires et de suivre le vol des oiseaux migrateurs qui remontaient là-haut. Doués d'un esprit vif, d'une très fine faculté d'assimilation, ils se rendaient compte, sans trop de peine, de ce qu'étaient ces civilisations étrangères qui les attiraient sans pouvoir les retenir, mais gardaient jalousement intact le trésor de leur originalité native et nationale. — Si bien que l'initiation complète, définitive, à la vie morale de l'Occident date seulement de cinquante ans. Par une sorte de trouée que les événements y pratiquèrent à la longue, les traditions, les mœurs, les idées de l'Europe dont la vie internationale s'ébauchait alors, hésitante et soupçonneuse, s'abattirent sur cet humble pays. Deux millions d'habitants, même issus de race d'élite, ne peuvent prétendre à une réserve intellectuelle aussi riche que trente ou quarante millions; la Grèce est un monstre historique. Les Danois, si intelligents, si agiles d'esprit, eurent vite fait de s'assimiler cette matière nouvelle qui venait de leur être prodiguée à profusion; trop vite, même. Il arriva qu'ils furent entraînés par le tourbillon de cette multitude d'idées, attrayante et dangereuse comme la foule bariolée d'un jour de fête ; ils perdirent pied, furent emportés, enveloppés, roulés, ne gardant qu'à grand'peine le sang-froid nécessaire pour s'orienter dans ce chaos. — Et pendant ce temps, Copenhague croissait, croissait outre mesure, devenait pléthorique, trop grande pour le pays, — une tête énorme sur un corps frêle, dont elle absorbait la vie. Dans cette tête, une étrange confusion. Les survivantes des vieilles et profondes notions autochtones, les notions religieuses, par exemple, si fécondes en sensibilité, ou les notions patriotiques, si grosses d'énergie, s'y mesuraient avec l'indifférence, le scepticisme un peu sec et stérile que développe nécessairement la vie des capitales. Et à mesure que se multipliaient, que se faisaient aussi plus rapides et plus sûres les relations entre les peuples, la cité danoise devenait un centre de neutralisation artistique et spirituelle, un point de fusion de tous les grands courants européens, une artère de cosmopolitisme.

Œlenschlager, de 1830 à 1850, fut le pontife de ce romantisme littéraire et philosophique vers lequel, en ce temps, convergeaient les esprits. Élève de Novalis et des grands rêveurs allemands du commencement du siècle, il avait hérité de ses maîtres la splendeur embrumée, l'éloquence spéculative, le vague à l'âme. Tous les poètes, ses contemporains, l'imitèrent ou le suivirent dans la route qu'il avait tracée, et lorsque Heiberg, son rival pourtant, l'apostrophait un jour dans un banquet solennel en lui disant : « Vous êtes l'Adam de qui des« cend la race des bardes modernes ! » lorsque Tegner, le poète suédois, lui mettait sur la tête une couronne d'or, sacrant en lui la splendeur du génie scandinave enfin ressuscité et célébrant avec enthousiasme l'union des trois pays qui se faisait sur son nom, ils saluaient, rayonnante, cette formidable et toute-puissante pensée métaphysique qui, de Kant à Hegel, illumina l'Allemagne et le monde.

Il n'y eut qu'une protestation à cet enthousiasme idéaliste, mais elle fut vigoureuse. — Un petit homme maigre et fantasque, chafouin, de mine chétive, de caractère déconcertant, né dans une échoppe de Havnegade d'un épicier piétiste, élevé dans un dur luthéranisme, la plus étroite prison où ait jamais langui une âme, s'avisa, en 1850, de passer ces doctrines et ces dogmes au critérium de son esprit. Il s'appelait *Sören Kjerkegaard* et l'on peut dire que, depuis Pascal, on ne vit jamais combat plus rude d'un penseur contre sa croyance. Il dirigea ses coups contre ce protestantisme officiel dont la philosophie hégélienne n'est que la glorieuse démonstration, et tout seul, dans une langue inconnue, bafoué par les uns, haï par les autres, abandonné par tous, il marcha résolument à l'assaut de cette citadelle assise sur trois siècles d'intolérance et de souveraineté despotiques. « La Foi, dit-il, est un para-« doxe », et il existe entre elle et la science un abîme infranchissable. De deux choses l'une, de deux croyances l'une ; prenons la foi, laissons la science : c'est le dilemme de Pascal. — Mais comme il est douloureux de sacrifier ainsi la Vénus terrestre, si féconde et si belle, si digne de soins et de passion, à la Vénus éthérée, à la Vénus céleste que beaucoup adorent, mais que pas un n'a vue, mystique amoureuse, fugitif idéal que des bras d'homme sont impuissants à saisir ! — A quoi bon, dit Hégel, sacrifier l'une à l'autre ? Ne sont-elles pas une seule et même personne, noble et sainte, la très adorable et la très pure, que le vulgaire regarde avec les yeux de la chair, que le sage ne peut voir qu'avec les yeux de l'âme ?

Elles sont l'incarnation sublime de l'idée absolue, éternelle, d'où tout émane, en qui tout revient, la source unique du bonheur et du beau.

Non, répond résolument Kjerkegaard, dans *Ou bien ou bien*. L'une est trompeuse, l'autre véridique, et celle-là seule peut calmer, dans la mesure du possible, la douloureuse inquiétude humaine. « Votre foi, dit-il
« dans *Post Scriptum non scientifique* est étouffante
« parce qu'elle raréfie l'air, principe de la vie saine et
« vigoureuse, parce qu'entre l'âme et le monde elle a bâti
« un mur infranchissable et nous cache la nature, mère
« de toute beauté ! » Le philosophe va-t-il donc s'enfermer, comme les Hégéliens, comme Schelling, comme Fichte lui-même, dans une dominante préoccupation esthétique ? — Non. Il condamne le luthéranisme parce que le luthéranisme mutile les sens, ferme les yeux, bouche les oreilles aux offres tentantes de la joie de vivre, mais il le condamne surtout parce que le luthéranisme n'arrive à nous offrir qu'un éternel peut-être, et que, infidèle à ses origines, il nous défend de chercher par nous-mêmes, avec nos propres lumières, ce qu'il est impuissant à nous donner. L'individu est la source de toute beauté, de toute charité, de tout bonheur et c'est un crime, comme le fait la doctrine, de le sacrifier à quelque chimérique ensemble, lui, la réalité vivante. « Le
« nouveau monde découvert par Kjerkegaard était une
« idée : l'individu. Ce fut le diamant précieux qu'il offrit
« à son temps. — C'était assurément une grande et noble
« chose qu'en une époque ignorante de la passion, il
« découvrit de nouveau, en toute originalité, ce que
« vaut la passion ; qu'en un siècle indolent, épris de
« mots sonores, il rappelât au monde ce qu'était l'éner-
« gie. En une période où régnait en maîtresse la doc-

« trine du juste milieu, c'était une grave et noble
« chose de prononcer ce mot « l'individu », de forcer
« les autres à l'entendre, de les convaincre avec vaillance,
« qu'ils voulussent ou non prêter l'oreille, que la race
« dégénérée pouvait et devait enfin, bien guidée et forte-
« ment instruite, redevenir une humanité sincère et
« sérieuse (1). »

Ame inquiète et troublée, mais vivante, mais éloquente, mais humaine, Kjerkegaard mourut d'épuisement ou de folie, de misère aussi, à l'hôpital, en 1855. Mais le coup était porté. Il avait éclairé la route qui menait au temple nouveau et où l'allaient suivre Brandes, Björnson, Ibsen, tous les plus grands.

Les événements firent le reste.

La guerre de France a été pour l'Europe l'événement le plus considérable du siècle. Elle marque l'achèvement de la Révolution, l'avènement de la démocratie qu'avaient préparé quatre-vingts ans de guerres, d'émeutes, d'impitoyables répressions; la constitution, sur d'autres principes, des grands empires autoritaires; le commencement du duel qui emplira le siècle prochain entre les pouvoirs traditionnels et les forces de création récente. Les choses anciennes, à ce moment, disparaissent, le formidable labeur réalisé pendant cinquante années par l'humanité est condensé, résumé, formulé; — un temps d'arrêt, et les peuples partent avec une nouvelle énergie vers de nouveaux désirs, un nouvel idéal, par des chemins nouveaux, allégés du bagage héréditaire, laissant au bord du fossé tout ce qui n'est pas nécessaire à la tâche qu'ils ont entreprise. — Il arriva que la guerre de 1864 fut tout cela pour le Danemark.

---

(1) G. Brandes, *Sören Kjerkegaard.*

Après la perte des duchés et l'écrasement tragique, le pays se trouva « comme un homme à qui l'on aurait « coupé les deux jambes », ivre de douleur et de désespoir. La crise dura deux ans ; la mort semblait venir lorsque la vaillante nation se releva soudain avec une virile énergie. L'œuvre de rédemption fut poursuivie, de Copenhague à Vandrüp, avec une égale opiniâtreté et vite on se trouva debout, vigilant et en armes, face à l'ennemi. Les finances manquant pour l'œuvre de la défense, on les aida par des souscriptions volontaires ; de vieilles paysannes apportèrent leur argenterie familiale au creuset héroïque où se fondent les canons. On avait été abandonné par tous, on eut la fierté de ne demander l'aide de personne. Pendant des années, on fit des miracles, et lorsqu'au mois de juin 1892 le peuple de Copenhague en fête applaudissait son vieux roi, c'est que le vieux roi symbolisait autre chose qu'une notion vague, un souvenir imprécis, mais une chose haute et grandiose, payée par d'incessants sacrifices, fondée sur le sentiment profond d'efforts tentés et menés à bonne fin, — la patrie !

Dans le domaine de la pensée, on alla plus loin. Il se produit à ce moment dans les masses scandinaves un étrange mouvement d'idées, sans qu'il soit possible de déterminer quels souffles inconnus les poussent à démolir les vieilles croyances, et jettent dans les âmes un tel trouble, un tel désarroi moral, qu'on ne saurait, sur le moment, prévoir ce qui sortira de ce chaos. Or, l'Allemagne victorieuse venait de montrer aux philosophes que c'en était fait de la politique de sentiment, que la loi de la force allait être la seule à dominer le monde moderne, que le vieux libéralisme déclinait sur l'horizon et que l'idéalisme était bien mort. Les Danois comprirent ; Œlenschlager, le demi-dieu disparu, fut du jour au lendemain voué à l'oubli, tout au moins négligé ; le romantisme littéraire qu'il avait soutenu de son génie s'effondra tout d'un coup : ce fut une surprise. Ils firent plus : ils rompirent brusquement, sans regret, avec l'égoïste Europe qui les avait abandonnés ; ils creusèrent davantage encore le fossé qui, depuis la guerre, les séparait de l'Allemagne, et le patriotisme exaspéré, devenu farouche, puisant sa force dans son intolérance, proscrivit et frappa d'embargo tout ce qui vint de l'étranger. Et en même temps que la vie sociale, comme suspendue, semblait tendue à se rompre vers une seule fonction, vers un seul but, la vie intellectuelle semblait s'échapper du cerveau de la nation par une blessure profonde que nul n'apercevait. Tout ce qui, durant un demi-siècle, avait été la religion, l'art et l'espérance s'enfonçait dans un abîme abominable, au milieu d'un silence tragique que troublaient seuls de longs sanglots.

Ce fut au plus fort de cette angoisse que parurent *Les Grands Courants du XIXe siècle*, — un éclair dans une nuit noire.

II.

C'était le texte des leçons que, durant deux années, Brandes avait éloquemment développées à l'Université de Copenhague, et le nombreux public qui se pressait autour de sa chaire applaudissait en lui l'homme marqué pour la tâche, le penseur assez fort pour abattre les vestiges d'un idéalisme en toc, aux trois quarts usé, pour mettre sur l'autel la jeune et glorieuse statue d'une religion nouvelle.

Israélite d'origine portugaise, il avait au plus haut degré le don de la grâce souple, un peu clinquante, qui s'attache aux idées comme un maillot au corps; le don de l'intelligence prompte et subtile, un peu superficielle, qui saisit si vite et si bien qu'elle ne se donne pas la peine d'approfondir. Sa parole le révélait comme un rhéteur extrêmement cultivé et de talent charmeur, destiné à faire l'éducation des autres, à vulgariser, en les enveloppant, en les arrondissant pour ainsi dire, les puissantes idées écloses dans les cerveaux de génie. Et c'était surtout un esprit avisé, sagace, et il se rendit compte, avec cette sagacité qui est comme l'élément fondamental de son talent, que l'ère de la grande métaphysique, qui, dans sa jeunesse, l'avait subjugué lui-même, était pour bien longtemps fermée; que le dieu positiviste était jeune et devait vivre; et que, enfin, le peuple danois, son peuple, livré à ses propres forces et s'enfermant chez lui, était incapable de se relever intellectuellement, de mettre au jour une littérature originale, et qu'il lui fallait s'inspirer ailleurs. Triple raison qui, dans le courant de 1866, l'avait amené à Paris. Il eut, dès son arrivée, la chance d'y nouer des relations presque intimes avec Taine et, par Taine, avec Renan; il est resté, jusqu'à leur mort, l'assidu correspondant de l'un et de l'autre. Quittant la France en 1867, il y revient six mois avant la guerre et rencontre Stuart Mill, qui s'y venait fixer définitivement, et qui, au cours des longues conversations qu'ils eurent ensemble, l'initia à toute l'étendue des systèmes positivistes. Et c'est en cette même année qu'il approcha le plus fréquemment l'auteur de la *Vie de Jésus*. Dans son livre, *Les Hommes*

et les Œuvres, il fait le savoureux et piquant récit de sa première entrevue avec le philosophe : « Je n'a-
« vais nullement l'intention d'aller visiter Renan, pen-
« dant le séjour que je fis à Paris d'avril à septembre
« 1870, ayant toujours éprouvé une horreur véritable
« pour les gens qui s'insinuent chez les hommes célèbres
« et leur volent leurs instants sous prétexte de leur té-
« moigner une admiration de commande. Mais Taine
« m'avait maintes fois recommandé d'aller voir son ami
« le philologue », si bien qu'un beau jour je m'armai de
« tout mon courage et d'une lettre de recommandation et
« grimpai jusqu'au troisième d'une maison de la rue Van-
« neau où demeurait alors Renan. Son home était mo-
« deste, car, depuis que sa chaire d'hébreu lui avait été
« enlevée, il se trouvait sans ressources fixes. Or, d'après
« ses livres, je me l'étais imaginé comme une sorte de
« Jules Simon, plus fin, comme un doux rêveur ayant la
« tête quelque peu penchée sur le côté. Je le trouvai ré-
« solu, concis dans ses propos, énergique dans sa parole,
« légèrement empêtré dans la gêne du savant, mais plus
« souvent assuré dans l'aisance supérieure de l'homme du
« monde. Il était, à cette époque, âgé de quarante-sept
« ans et je vis, en entrant, à sa table de travail, un
« homme de stature moyenne, aux épaules larges, douce-
« ment voûté, avec une grosse et forte tête; le visage,
« rasé de près, rappelait la vocation religieuse d'autrefois,
« et les traits épais, la peau sale, les yeux bleus dont le
« profond regard se fixait sur moi seulement par inter-
« valles, la bouche intelligente et semblant parler même
« quand elle se taisait, et les longs cheveux bruns, lissés,
« blancs vers les tempes et tombant sur les épaules, tout
« cela constituait un ensemble dépourvu de beauté, mais
« très attirant, très sympathique, avec son expression

« de haute intelligence et d'application tendue. Toute sa
« personne me rappela un mot de lui : « La science est
« roturière. » — L'intimité fut grande ; Brandes eut
l'honneur d'être le confident du maître, qui pourtant
parlait peu, et il raconte, dans cette même étude, un
certain nombre d'anecdotes qui jettent un jour curieux
sur cette physionomie légendaire. C'est ainsi qu'il rapporte la conversation qu'eut, avec son fidèle ami, le
prince Napoléon, le jour que tous les deux apprirent
à Bergen, sur le navire qui les emmenait au cap Nord,
la déclaration de guerre. « Ils n'ont plus une faute
« à commettre ! » s'écria le prince en parlant de l'empereur et de ses ministres. Et plus loin : « Vous con-
« naîtriez, me dit un jour Renan, tout à fait l'empereur
« en lisant ses livres : c'est un journaliste sur le trône, un
« publiciste qui sans cesse interroge l'opinion. Toute sa
« puissance dépendant de l'opinion, il a besoin, malgré
« son infériorité, d'employer plus d'art que Bismarck
« qui se moque de tout le monde. En ce moment, il n'est
« encore que physiquement affaibli, mais, au moral, il
« est devenu extrêmement circonspect et est entré dans
« une défiance contre lui-même qu'il ne connaissait pas
« autrefois. » — Il continua longtemps sur ce ton, jugeant Napoléon III à peu près comme l'a fait Sainte-
« Beuve dans ce fragment célèbre sur la *Vie de César*,
« publié après sa mort, et dans lequel il caractérise les
« Césars de seconde classe », ceux qui, nés loin du
« trône ou seulement à côté, ont en eux on ne sait quoi
« de pénible, de travaillé, de fabriqué de toutes pièces.
« Olivier qui jouait alors son rôle, — bien court, — de
« premier ministre et que Renan avait beaucoup fréquenté jadis, était jugé très sévèrement par lui. Il disait : « Olivier et l'empereur sont faits l'un pour

« l'autre ; ils sont moralement de la même famille, ins-
« pirés par le même ambitieux mysticisme, unis par la
« même chimère. » Et Brandes, historien fidèle, ajoute
que le commensal des dîners Magny, qu'on a si fort ca-
lomnié, était très affecté de nos désastres, plein de haine
contre l'envahiseur, plein d'admiration pour l'énergie
désespérée de nos soldats. Comme on comprend, après
cela, que l'onctueux philosophe ait eu, contre Goncourt,
la seule colère qui trouva jamais place à l'ombre de son
aimable scepticisme !

***

Le curieux élève avait été gâté par la fortune ; du
premier coup ses maîtres, et quels maîtres ! étaient
venus à lui. Il resta toujours leur docile élève et revint
à Copenhague gonflé d'idées françaises. Cette forte éducation, la révolution profonde qu'avait produit dans
son intelligence le fumeux torrent des idées libérales
qui s'y étaient précipitées, et le spectacle journalier de
nos polémiques ; le commerce assidu qu'il avait entre-
tenu avec les représentants les plus illustres de la libre-
pensée, tout cela aboutit à la publication de cette œuvre
maîtresse, *Les Grands Courants*, qui sont à notre temps
ce que le *Port-Royal* est au dix-septième siècle.

L'épopée du romantisme est racontée en six volumes,
six études approfondies de la vie psychologique de
l'Europe pendant cinquante ans, de 1800 à 1850. Usant
de cette méthode philosophique qui cherche dans les
œuvres des individus comme dans les actions d'un peuple
l'expression d'un même état passager des âmes, l'auteur,
dans une première partie, analyse la littérature et la

politique des émigrés, Benjamin Constant, Joseph de Maistre, Senancourt, Mme de Staël, Chateaubriand ; — littérature troublante et troublée, hésitante entre le passé plein de souvenirs et l'avenir plein de promesses, littérature négative en somme, et qui n'eut qu'un chef-d'œuvre, un chef-d'œuvre de lassitude, de sécheresse et de désespoir, *Adolphe;* — politique incertaine et tâtonnante, aveugle aux nécessités de l'heure, à la fatalité des événements, et qui s'exprima dans le non-sens d'une impossible, d'une incohérente Restauration. — La seconde partie est l'histoire magnifique du puissant mouvement romantique qui entraîna l'Allemagne vers des destinées nouvelles; le philosophe montre l'humanité, rassérénée par une illusoire espérance, rejetée vers les temps de foi par une irrésistible aspiration vers un bonheur, vers une beauté disparus pour jamais, puis retombant brutalement des hauteurs de son rêve; et comment cette époque, inaugurée par Alexandre de Russie, le grand mystique, et commencée dans l'allégresse, aboutit à la dissolution de la Sainte-Alliance en Allemagne, aux soulèvements des nations opprimées, aux répressions abominables, et à la ruine, en France, de la royauté de droit divin par cette formidable explosion de 1830 qui jeta à travers le monde, au hasard, les fragments de l'antique principe d'autorité, rocher solide, pourtant, qui depuis bien longtemps servait d'assises à l'histoire. Puis viennent le naturalisme en Angleterre, et Wodsworth, et Coleridge, et Byron, et Schelley, tous les lakistes, tous les lyriques, qui aimèrent et chantèrent la vaste nature, et l'infini des choses, et l'infini des êtres, et l'homme, frère de la pierre et de la plante, splendide abrégé du monde; — Balzac, Hugo, Musset, Lamartine, Vigny, tous ces grands qui s'épanouirent au rayonnant soleil de la croyance et de l'enthousiasme. Mais peu à peu l'horizon s'obscurcit, les intelligences s'attristent, l'âpre ironie, le pessimisme douloureux succèdent à la joie panthéiste et sacrée. L'idéalisme de Hegel va, par Feuerbach, à la radicale négation de Strauss et de Büchner ; l'Allemagne est dominée par Frédéric-Guillaume IV, Julien l'Apostat tragique, tué, comme son ancêtre, par la lutte qui se livre en son âme entre les traditions toujours aimées et le libéralisme désiré ; le romantisme de Gœthe et de Schiller aboutit à l'ironie de Heine, au pessimisme de Schopenhauer ; celui de Chateaubriand et de Lamennais aboutit à Flaubert, à Gauthier, à Renan ; Byron cède la place à Swinburne, les lakistes cèdent la place à Darwin. L'élan humain est arrêté en plein vol, l'idéal obscurci par la fumée des canons ; on mitraille les peuples dans les rues ; la liberté est remontée au ciel. Mais voici que les Saint-Simoniens signalent, les premiers, la lassitude sociale ; d'autres vont parler après eux, et plus haut : Karl Marx va commencer d'écrire « le Capital », un monde nouveau surgit lentement, douloureusement, de l'ancien ; le drame immense n'est point près de finir, mais le dénouement ne sera pas celui qu'on prévoyait : la démocratie va naître au milieu des convulsions du monde, l'aube des jours futurs se lève sanglante, au milieu des sanglots et des larmes. — Quel drame ! Quelle comédie que celle où les hommes, menés par les grandes lois inconscientes, croient lutter contre elles et sont poussés tumultueusement vers on ne sait quel avenir mystérieux et tragique !

*
* *

Ainsi se déroule, racontée en une langue forte, singulièrement colorée et captivante, l'histoire de ces générations troublées dont nous sommes les douloureux enfants. Or, la méthode employée par l'historien est vraiment une révolution. Il ne considère point, avec Spinoza et ceux qui, comme Taine, se sont inspirés du grand panthéiste, l'individu comme un microcosme, une image abrégée de l'ensemble ; il n'établit pas au-dessus du monde, et ne loge pas dans une inaccessible forteresse ces grandes lois naturelles, entités chères aux métaphysiciens allemands ; il montre, au contraire, la dominante influence qu'ont les individus sur les destinées des peuples, des mondes, et qu'ils sont véritablement les puissants ouvriers du sort. Aussi, que valent les foules en regard d'un homme de génie ? que serait ce troupeau sans pasteur ? Le but de l'évolution humaine, ce n'est pas le grossier bien-être des humbles, des simples, de la tourbe ignorante qui ne voit pas plus loin que son matériel horizon ; c'est l'apothéose des grands hommes qui font plus pour les autres que les autres, tous ensemble, ne font pour eux-mêmes, alors même qu'ils unissent leurs efforts en un puissant faisceau. La démocratie collectiviste, dans la pensée et dans l'action, n'est qu'une étape, la préparation provisoire d'une ère plus noble et plus haute, de l'ère des individualités souveraines. Le développement de ces personnalités magnifiques, — voilà le but auquel il nous faut tendre, la pratique sociale que nous devons adopter et que doit enseigner l'histoire. De pareilles personnalités, tout dépend, et en dehors de la route qui mène à la montagne sainte où ils sont groupés et d'où tombe leur lumineuse parole, il n'y a pas de salut pour le monde. — Il faut donc rejeter délibérément toutes ces doctrines d'esthétique positiviste qui reposent sur l'influence des milieux et des civilisations, ne signaler cette influence qu'autant qu'elle émane de ceux qui la résument et semblent la subir. Les grands esprits ont toujours créé leur méthode et ne l'ont pas reçue; ils n'ont point supporté de joug et l'ont imposé. Une histoire clairvoyante de l'effort humain ne peut et ne doit être qu'une histoire de l'aristocratie humaine.

Aristocratie stérile? Actions isolées? Ensemble anarchique? Non. Car si « l'homme est dans la nature « comme un empire dans un empire », il ne peut, néanmoins, sortir de ce royaume infini qui l'enserre. Le lien caché qui unit entre elles ces individualités isolées, c'est le même qui unit entre eux les phénomènes qui, isolés, eux aussi, se déroulent sous nos yeux suivant une ligne régulière, une harmonie évidente, bien que mystérieuse. Le monde, les choses, la nature, en un mot, est le terrain solide d'où partent les grands explorateurs qui s'aventurent vers l'idéal. Et l'individualisme de Kjerkegaard ou même d'Ibsen a pour complément nécessaire et pour correctif le naturalisme de Stuart Mill et de Spencer. Dans ces fines monographies (*Les Génies modernes*, *Les Hommes et les Œuvres*), où il rivalise, sans trop de désavantage, avec Sainte-Beuve, Brandes énonce fréquemment ces idées et les prouve par l'exemple. Et ces biographies psychologiques, en apparence fragmentaires, s'unissent, en fin de compte, dans un harmonieux et véridique ensemble où la réalité entière est condensée, fixée, contenue sans chaos. « Wodsworth part de cette

« idée : la vie dans les villes, les distractions qu'il y
« rencontre font que l'homme oublie la nature. Il en
« est puni, car la vie sociale, la vie en commun a épar-
« pillé ses facultés et ses forces, a rendu son âme moins
« impressionnable, moins accessible à tout ce qui est
« sain et naïf... Et dans ses vers, peu à peu, comme
« emporté par un courant tranquille mais irrésistible,
« le poète en arrive à montrer le fond de tout natura-
« lisme vrai, le dégageant des lambeaux de déisme qui
« le peuvent envelopper, voiler son essence. Il se rat-
« tache ainsi au naturalisme païen, au dogme fort qui
« est l'ennemi de tous les dogmes officiels des temps
« modernes; il célèbre et désire l'union inconsciente
« de l'individu avec les choses et, s'oubliant lui-même,
« aspire à n'être plus qu'un son perdu dans la sympho-
« nie universelle. Il voit dans la vie inconsciente le
« fond et la source de la vie consciente ; tous les êtres de
« la terre sont syngénésiques, du sein caché de la nature
« à l'éveil de l'intelligence. Et toute la poésie du dix-
« neuvième siècle est là. A l'homme civilisé que le siècle
« dernier avait formé et exalté, le nôtre oppose l'homme
« à l'état d'être naturel, compris dans le cycle de ses
« semblables, oiseaux, bêtes sauvages, plantes et fleurs,
« et de même que la loi chrétienne ordonnait d'aimer
« tous les hommes, de même le panthéisme naturaliste
« fait une loi d'aimer tous les êtres (1). » Voici donc analysé, expliqué, déterminé en formules précises, un cas
psychologique curieux; l'état d'âme de Coleridge, de
Moore, de Scott, de Schelley, de Byron est analysé de
la sorte, avec la même finesse d'investigation. Mais
pourquoi sont-ils nés, ont-ils écrit dans le même temps ?

---

(1) *Les Grands Courants,* « *le Naturalisme en Angleterre* », ch. VIII.

Quel est le lien qui les unit entre eux? Écoutez : « Chez
« Wodsworth, le naturalisme est au début l'amour de la
« campagne et des drames de la nature, l'amour des
« bêtes, de l'enfant, du paysan, des simples; un foyer
« d'impressions ardentes qui rayonne sur le monde...
« Chez Coleridge et surtout chez Southey, il se rap-
« proche du romantisme allemand, le suit dans le
« royaume de la légende et de la superstition, mais
« en évite les excès grâce à son génie si large et si ou-
« vert, à cette qualité qu'il possède d'absorber la cam-
« pagne, la mer et tous les éléments de l'univers
« réel. Il se transforme chez Shelley; il devient un en-
« thousiasme panthéistique, un radicalisme cosmique,
« une poésie abstraite, et comme éternelle; et c'est pour-
« quoi le poète est incompris de ses contemporains et,
« sa mort prématurée ayant éteint trop vite la flamme
« de ce génie qui n'avait pas brillé encore, pourquoi
« l'Europe ignore quel penseur admirable elle possédait,
« quel penseur elle a perdu. Mais après que le feu eut
« consumé le corps de Patrocle, Achille retrouva son
« énergie première; après la mort de son ami, Byron
« sut donner à sa voix une force nouvelle. La poésie
« coulait alors en Europe comme un fleuve abondant et
« tranquille, et le voyageur ne voyait rien sur les rives
« qui méritât d'arrêter son regard. Mais le sol étant
« venu à manquer, le fleuve devint, de chute en chute,
« une torrent véritable, et chez Byron le flot écume et
« bouillonne avec fureur; on l'entend mugir à la face
« du ciel et l'onde en colère et belle à frémir jette dans
« l'horizon son écume blanche, bondit, se brise et s'en-
« fuit, entraînant dans sa course les débris du rocher
« qu'elle mine. Mais au-dessus de ce chaos plane, comme
« le dit le poète au quatrième chant de son *Childe*

« *Harold*, une Iris radieuse, un arc-en-ciel étincelant
« qui symbolise l'harmonie future, et la paix, et le bon-
« heur de vivre ; il annonce à l'Europe des jours de
« soleil, la splendide aurore de la liberté, invisible en-
« core à la foule, mais qui apparaît au regard ébloui de
« celui qui s'est placé sur la montagne, les yeux tournés
« vers l'orient » (1).

III.

La loi suprême de la nature, qui relie l'une à l'autre les personnalités supérieures, c'est la loi de Liberté. Or, si nous passons du royaume des idées au royaume de l'action, quel sera l'idéal commun, irrésistible, qui s'imposera aux désirs de tous les grands ouvriers ? Cet idéal commun, c'est l'intérêt, et le correctif à l'individualisme est l'utilitarisme de Bentham et de Stuart Mill. « Le plus grand bonheur possible pour le plus grand nombre », telle est la maxime qui devrait être inscrite au fronton de toutes les sociétés modernes, et devrait servir d'épigraphe à l'histoire de l'effort humain depuis cent ans. Ce but auquel tend la masse inconsciente, qu'elle pressent mais qu'elle ne voit pas, c'est l'organisation de la société sur les bases d'un collectivisme rationnel ; Brandes est, en sociologie, un socialiste, un démocrate, malgré lui, malgré ses dénégations même ; il faudrait briser la rectitude de la logique pour démontrer qu'il ne l'est pas.

Voici comment ce fier, éloquent et magistral aristo-

---

(1) *Les Grands Courants*, « *le Naturalisme en Angleterre* » (fin).

crate est devenu, en politique, le démocrate qu'on l'accuse d'être :

Il y a des partis en Danemark, et nombreux, âpres à la lutte. Le roi et la patrie sont résolument maintenus par tous au-dessus des batailles et des polémiques, en dehors des coups de la passion, mais le principe d'autorité n'en est pas moins sapé dans ses bases avec une persévérance qui fait honneur aux assiégeants. En un mot, l'opposition au lieu de s'attaquer, comme en France, aux personnes, en Danemark s'attaque aux idées. Et c'est pourquoi M. Estrüp est ministre sans interruption depuis 1875, pourquoi il joue les Richelieu constitutionnels et peut écraser les ennemis de la Chambre comme le grand cardinal écrasait ses ennemis de la Cour, — à l'échafaud près. Opposant avec succès les sénateurs aux députés, profitant avec une virtuosité rare des rivalités qui séparent les deux tronçons du Parlement, n'ignorant enfin aucun des secrets de la politique de bascule, il transperce ses adversaires avec cette arme, habilement maniée, de l'article 25, et est convaincu qu'à Copenhague comme à Paris, il n'y a que le provisoire qui dure. Il décrète, en dehors et sans l'autorisation du Storthing, les crédits que l'opposition lui refuse ; il passe outre, il agit comme si la Chambre n'était pas là. D'où conflit. L'opposition, comme de juste, proteste chaque fois, avec une turbulente énergie, contre les empiétements du pouvoir exécutif et contre ces violations répétées de principes constitutionnels auxquels, peut-être, elle ne tient guère ; mais comme elle pratique la politique d'abstention, la *Visnepolitk*, et s'enferme dans une révolte obstinée contre tout ce qui, bien ou mal, vient du pouvoir, elle n'agit pas, piétine sur place, ne prend aucune résolution féconde. Les démocrates ont le droit ; ils sont soutenus par une forte minorité ; d'où vient leur impuissance ? — De ce que, d'une part, ils ne sont point mûrs pour une révolution fondamentale à laquelle aucun d'eux ne pense, une révolution de principes, faite dans un but républicain ; de ce que, surtout, ils sont divisés par une question importante en ce pays de luthéranisme, la question religieuse.

Pour certains d'entre eux, en effet, parmi lesquels Brandes, l'opposition est surtout philosophique ; ils sont plus libres-penseurs encore que radicaux. Ils ont été initiés par le Maître à cette grande philosophie positive dont sont sortis tous les systèmes nouveaux de sociologie scientifique et revendicatrice, d'où sortira peut-être l'émancipation absolue, définitive, de la pensée individuelle; aux yeux éblouis des intelligences a brillé cette lueur soudaine, venue des profondeurs de l'horizon, qui paraît à beaucoup l'aurore des temps qui vont venir ; mais alors que la pensée de Brandes, comme celle d'Ibsen, était aristocrate et hautaine, ne s'appuyait que sur l'idéal et ne voulait d'autre auxiliaire que l'énergie qu'il versait en elle, et sa volonté clairvoyante, ses disciples, effrayés de leur petit nombre, ont cherché des alliés en dehors d'eux-mêmes, dans la foule incohérente et mal instruite qui leur a demandé du bien-être et non de nobles idées. Ils l'ont dirigée, d'abord, mais elle a eu vite fait de leur gagner sur la main, de les emporter à sa suite, de les entraîner dans sa course haletante vers la satisfaction des instincts. Or, Brandes qui avait pris part, comme il me l'écrivait un jour, au combat constitutionnel « par simple convic-« tion philosophique et par horreur des hommes qui ont « brisé la loi, et nullement par conviction démocratique », se contredisait déjà en descendant de sa tour d'ivoire, de la solitude orgueilleuse de son désir. Mais lui qui « ne

« croyait pas aux démocraties, à la majorité du nombre,
« qui, toute sa vie, avait eu le nombre contre lui », n'eut
point la hauteur d'âme de résister aux clameurs de la
foule et consentit à plier son idéal aux nécessités impérieuses de l'heure. « Je suis resté fidèle à la gauche, et je
« le resterai », m'écrivait-il encore. — Sans doute, mais
le moyen de faire autrement ? La contradiction est trop
profonde, qu'il a creusée entre sa vie esthétique et sa vie
active, entre les principes de sa philosophie et les principes de son action, pour qu'il puisse la franchir et retourner vers le calme asile qu'il a volontairement abandonné.

Or, oubliant de parti pris dans son œuvre l'influence
luthérienne, « le courant » luthérien, il a nié la valeur
du dogme orthodoxe en tant que dogme métaphysique
et doctrine morale. De plus, les vigoureuses satires d'Ibsen ayant eu, dans les âmes, un retentissement immense,
ayant versé en plus d'une volonté ce trouble étrange, ce
désarroi psychologique que j'ai bien souvent observé à
Copenhague, et dont beaucoup ne peuvent sortir que par
la mort d'Hedda Gabler, ont rendu aussi, aux organisations fortes, le sentiment de leur valeur individuelle.
L'un et l'autre penseur, lus et commentés avec passion,
ont sapé dans ses bases l'autorité cléricale, et devant
cette attaque mortelle à laquelle il était en butte, le
clergé s'est armé, s'est défendu et tient bon. Ibsen était
trop loin, trop haut ; Brandes, accessible, a supporté tout
le poids de la lutte, reçu tous les coups, subi toutes les
insultes, porté le poids de toutes les colères. Et comme
son ennemi a pour lui le peuple des campagnes et les
bourgeois des villes qui ne marchent guère qu'à la voix
de leurs pasteurs, croient encore à l'utilité des controverses et s'y livrent avec zèle ; comme, d'autre part, ceux
mêmes d'entre ses disciples de la première heure qui étaient

les plus énergiques et les plus ardents, ont éprouvé, un moment venu, le besoin de s'appuyer sur la masse et d'unir leur cause à la sienne, il est arrivé que le philosophe s'est trouvé tout seul. Son isolement a brisé son courage ; il n'a pu entamer le passé, et comme les représentants des campagnes apportent à la Chambre les opinions d'un parti qui enveloppe l'État tout entier dans un étroit réseau ; comme le cléricalisme danois, pas plus que le nôtre, ne semble disposé à s'avouer vaincu et mène une virulente bataille contre ces fauteurs de philosophies nouvelles qui enlèvent aux âmes troublées la quiétude de la foi et la certitude qui vient du dogme, Brandes se trouve dans la situation bizarre d'un homme qui se verrait emporté par un torrent auquel il aurait ouvert les écluses et brisé les obstacles. Vie contradictoire ! Histoire lamentable d'une haute intelligence trahie par ses hardiesses mêmes ! Et au prix de combien de luttes, de souffrances endurées ! Obligé de répondre à la fois aux conservateurs qu'épouvantent son indépendance et l'introduction dans un pays loyaliste, d'un dogme philosophique qui, ailleurs, a renversé les religions et les trônes, — et aux démocrates qui le repoussent de leurs rangs, allié trop dangereux ; aristocrate déchu, traité de démagogue et, comme tel, traîné aux gémonies ; repoussé par tout ce parti des « honnêtes gens », nombreux aussi en France, qui pensent qu'une philosophie suspecte de positivisme amène à sa suite une littérature naturaliste, et qu'une littérature naturaliste est, pour un peuple vaincu, mauvaise et débilitante, funeste aux grandes vertus qui font les grandes nations, le malheureux penseur a connu toutes les angoisses de Prométhée vaincu. Esprit fin, séduisant, élégant ; philosophe sincère et large ; cœur ouvert au beau, imprégné d'humanité, il

lui a manqué une vertu maîtresse, — la logique, le sentiment irréductible de la ligne droite, l'impression dominante du but qu'il poursuivait. Et, réprouvé par la conscience de son pays qu'il n'avait pas eu la puissance de pétrir à la forme qu'il rêvait, abandonné par ses disciples qui n'ont point osé le suivre, il sent que le passé qu'il hait le tue lentement, sûrement, sans pitié, sans merci. C'est donc un douloureux cri de l'âme que cette lettre, citée je ne sais où, qu'il écrivait un jour d'angoisse à un ami inconnu : « La tâche du penseur est bien
« rude dans le Nord ; sa vie est une vie de lutteur et
« d'athlète ; les idées d'Occident ont à disputer pouce
« par pouce le terrain aux idées surannées d'un autre
« âge. Et c'est pour avoir eu le courage d'y faire con-
« naître les idées de Taine et de Stuart Mill, que je
« suis honni et détesté dans ma patrie. »

**

L'avenir qu'il attend, à qui sera-t-il ? Consolera-t-il le penseur de toutes les déceptions du présent ?

... A Norrebro, au delà des lacs et du beau pont de « la Reine-Louise », un quartier neuf. C'est là qu'est bâtie la *Maison du peuple*, là que, tous les samedis, se réunissent les socialistes, pour examiner les intérêts du parti. — Le mouvement date de 1871. Un officier danois, de grande naissance, de grande fortune et de grand cœur, orateur et poète, Louis Pio, en fut le créateur. Élève des internationalistes, ami des hommes qui venaient de s'ensevelir sous les ruines de la Commune, pénétré jusqu'aux moelles par cet esprit révolutionnaire qu'à ce moment charriait Paris, il revint de France dans sa patrie avec la résolution d'y assurer la justice idéale et le triomphe des humbles. L'agitation qu'il y fit naître fut toute française, plus anarchiste que socialiste, plus théorique que pratique. On chantait dans les réunions la *Marseillaise*, on employait résolument, en les écorchant avec une sérénité candide, les mots d'argot, — et les bons travailleurs de Norrebro applaudissaient mais ne comprenaient pas. Ils n'auraient jamais compris sans doute si Pio, après une manifestation tumultueuse où le sang coula, n'avait été le lendemain, au saut du lit, mené en prison sans autre procédure, puis, après de fiévreux et retentissants débats, incarcéré pour quatre ans dans une forteresse. Il écrivit dans sa cellule les « Lettres d'un captif », qui rappelèrent aux partisans sa fougueuse éloquence, mais ne les retinrent pas à lui. Il voulait les conduire à l'indépendance idéale, au bonheur pur ; ils préférèrent moins d'idéal et plus de réel. Le bien-être les contenta. Et quand le héros sortit, gracié, de sa prison, il était seul. Vieilli, découragé, il s'embarqua pour aller au Texas fonder la cité d'amour et de fraternité qu'il bâtissait en rêve. Il la fonda, la gouverna, puis en sortit en secouant sur elle la poussière de ses pieds, chassé par l'éternel égoïsme humain (1).

Ce Lasalle danois, contemporain de Brandes, et qui tentait dans le domaine de l'action ce que l'autre a tenté dans le domaine de la pensée, fut aussi peu suivi que l'écrivain. Brandes, depuis dix ans, a voulu continuer son œuvre, en des conférences intrépides et militantes, arracher les prolétaires aux grossières préoccupations de leur socialisme d'épiciers, — il a échoué. Les succes-

(1) Il vit aujourd'hui pauvrement à New-York, correspondant du « Politiken ». Il est devenu très modéré.

seurs dissidents de Louis Pio se sont presque exclusivement appliqués à donner aux travailleurs les jouissances économiques et les facilités de la vie. Répudiant de parti pris tout idéal impraticable ou simplement lointain, s'écartant surtout de toute idée révolutionnaire, ils se sont contentés d'accomplir pacifiquement leur tâche démocratique, d'assurer au quatrième état une place honnête auprès des trois autres, de déblayer à ce nouveau-né des sociétés modernes sa place au soleil. Les théoriciens, rares et timides et peu écoutés se tiennent dans un juste milieu entre les Volmaristes allemands et les Trade-Unionistes anglais ; ils essaient de passer du socialisme militant à la politique d'organisation, à la représentation pacifique et légale, et qui serait irrésistible, que voudraient les possibilistes. Leurs députés au parlement ne sont pas, comme beaucoup trop des nôtres, des ouvriers sans éducation, sans idées générales, mais de parfaits gentlemen, tête de ligne des deux Chambres, personnifiant avec précision la puissance et la considération dont jouit le parti qui leur a confié ses destinées. On peut donc dire, sans exagération, que la démocratie danoise est une bourgeoisie en formation.

Les autres castes, voyant qu'elles n'ont rien à craindre d'elle, font bon accueil à la nouvelle venue. On ne considère pas les socialistes comme des ennemis de l'État, mais comme des adversaires politiques sages et mesurés. Leur journal, *Le Social.-Demokraten*, fort bien rédigé d'ailleurs, tire à 25.000 exemplaires, ce qui, là-bas, est considérable, et tout le monde le lit, car il est modéré dans ses jugements, sans haine dans ses polémiques. Le roi, lui-même, regarde et tolère, car on n'en veut pas à l'idée qu'il représente. Durant l'hiver de 1891-1892, une manifestation de près de douze mille grévistes, ouvriers du bâtiment, rencontra la Cour qui revenait de Fredensborg. Ils venaient de tenir, comme les mineurs de Germinal, une réunion tumultueuse dans une forêt de la banlieue, et les têtes étaient chaudes, et les gueules, large ouvertes, hurlaient la *Marseillaise*. Mais tout ce monde, sur les ordres des chefs, s'arrêta soudain, se rangea des deux côtés de la route, et, — la grande clameur révolutionnaire s'éteignant dans le ciel pâle, — d'une commune voix cria : « Vive le Roi ! » — Au reste, ces prolétaires danois sont de braves gens, clairvoyants, sensés, blagueurs et quelque peu sceptiques, amoureux de bien-être et de tranquillité. Je m'en allai un soir écouter une Revue que l'on jouait pour eux, dans leur quartier, et qu'ils étaient venus voir en foule. Sur la scène, de petites femmes à l'œil clair, désinvoltes et gaillardes, point du tout luthériennes; dans la salle, les gens pressés, foulés, mangeant, buvant, fumant, riant, dans une exubérance de kermesse, et contents de ce qu'ils voyaient, de ce qu'ils entendaient et des mots d'argot qui, fleurs vulgaires mais éclatantes, émaillaient le dialogue ! C'était la joie de vivre qui chantait une fanfare, débridée, sans hypocrisies; une belle fille aux fortes hanches qui battait des mains, sans pudeurs maladroites ni soucis encombrants, dans l'ivresse de son triomphe et de sa jeunesse épanouie. Je me croyais à Paris, un dimanche, au faubourg; c'était le même public jouisseur et grivois. Mais je cherchais en vain, dans les prunelles heureuses, l'arrière-fonds troublé et cette lueur inquiétante qui décèle le volcan intérieur et qui, de Montmartre à la Bastille, allume quelquefois les révolutions !

2.

***

Si les prolétaires prudents refusent de suivre Georg Brandes dans le chemin qu'il voudrait leur faire prendre, les étudiants qu'il a guidés jadis, eux aussi l'abandonment. — L'Université de Copenhague, bien que moins célèbre, vaut celle d'Iéna ou de Leipsick. Elle comprend environ cinq mille élèves, dirigés par un Consistoire que préside un recteur, nommé, comme celui de l'Université d'Upsal, à l'élection. Or, la ville n'est pas tellement grande que les étudiants s'y trouvent, comme il arrive à leurs congénères de Berlin et de Paris, noyés dans l'énorme Océan commun. Ils se maintiennent dans une sorte d'équilibre stable vis-à-vis du reste de la population et peuvent garder leurs traditions, vivre leur vie particulière. Aussi bien, comme les ouvriers, sont-ils syndicataires ; ils ont le sens de l'association collectiviste, en admettent les avantages et les conséquences, la pratiquent avec réflexion et système. Ils ont répudié l'indépendance, à la fois timide et farouche, toujours un peu naïve, que pratiquaient leurs devanciers, les bohèmes si plaisamment mis en scène par le vieil Hostrüp qu'on enterra l'an dernier, — Mürger moins larmoyant, moins spirituel aussi, des aventures légendaires du « frère Studio » danois. L'étudiant contemporain ne prête guère à rire et ne rit guère lui-même ; il est franc, discute beaucoup, aborde sans terreur les plus ardus problèmes et ne reste indifférent à rien de ce qui passionne en ce moment l'Europe.

Or, il est arrivé que la génération positiviste est parvenue aux affaires, a répandu ses forces vives dans l'art et la littérature et que Drachmann, Bang, et les autres en ont été les directeurs. Mais, de même que les députés démocrates, les libres-penseurs nés en 1850, n'ont pas voulu admettre les conséquences que Brandes leur proposait, et se sont maintenus, en dehors des aventures inconnues, sur le terrain de la réalité pratique, de même les écrivains ont quitté le philosophe pour suivre d'autres maîtres et traduire à la foule les enseignements qu'ils avaient reçus d'eux. L'œuvre de Drachmann est un retour en arrière, vers la fantaisie romantique et brillante que l'auteur des *Grands Courants* avait déclaré condamnée ; l'œuvre de Bang est inspirée plus de Schopenhauer et de Niestche que des empiriques anglais dont Brandes avait révélé les doctrines et dont il pratiquait la méthode ; les conclusions morales d'Edvard Brandes, lui-même, le dramaturge, sont plus voisines de celles d'Ibsen, de l'anarchie rationnelle établie sur la volonté, que l'utilitarisme enveloppé, assez incertain, que son frère a choisi pour base de sa conception sociologique. Les étudiants vont plus loin dans la réaction. Allez un jour jusqu'au *Studensampfundet*, on vous y recevra bien. Vous y rencontrerez une jeunesse ardente et vibrante, pénétrée de socialisme, une jeunesse bien moderne et bien vivante, hardie d'esprit. On vous racontera peut-être qu'il y a quelques années les membres de l'association avaient fondé un *Théâtre Libre* dont eux-mêmes étaient les acteurs et où ils jouèrent *Thérèse Raquin* et les *Corbeaux*. Mais plus d'un vous parlera du synthétisme et de la valeur esthétique du symbole avec une sûreté de jugement, une profondeur d'aperçus qui vous surprendront comme elles m'ont surpris. Il se fait, dans toutes ces têtes un peu fumeuses, un mouvement d'idées fort curieux. Qu'amènera-t-il ? J'imagine que ce qui manque à ces intelligences si affamées d'idées neuves et de pensées inédites, c'est le sang-froid qui les ferait se reprendre au bon moment, leur permettrait de discerner ce qui est bon et ce qui l'est moins. Défaut commun à la jeunesse de tous pays ! Sans doute. Mais ils semblent avoir compris spontanément eux-mêmes la faiblesse de ce génie de seconde main dont Brandes est l'excellente incarnation, — génie réceptif plus encore qu'intuitif et original. Ils ont aujourd'hui besoin d'isolement, de réflexion intime et sérieuse, de recueillement. On a fourni, prodigué la matière à leurs méditations ; ils croient avoir en eux l'énergie de la façonner à leur rêve, de lui donner l'empreinte indélébile de leur âme. L'exemple de Brandes, merveilleux vulgarisateur, attire et trompe encore plus d'un d'entre eux. Mais déjà le cosmopolitisme littéraire dont le maître s'était fait le prophète et l'agent groupe aujourd'hui moins d'adhérents, et moins résolus, que par le passé ; ses conférences, toujours applaudies, persuadent moins ; il se fait un retour en arrière des intelligences vers un idéal plus pur d'imitation étrangère et l'on dirait qu'il court, dans la masse intellectuelle danoise, une sorte d'instinct frissonnant de conservation personnelle. — Il est certain que ce réveil de la spontanéité nationale est désirable et salutaire, car n'y a-t-il pas déchéance à n'être, malgré la vivacité et la souplesse intellectuelles, qu'un écho plus ou moins sonore des grandes paroles venues d'ailleurs ; à ne s'affirmer, en un mot, malgré des moyens équivalents, par aucune de ces fortes œuvres comme, depuis trente ans, en a produit la Norvège ?

IV.

Ni le passé, ni l'avenir ! — La raison profonde, la voici peut-être.

Des gens avisés, clairvoyants et tranquilles, qui observent de tous leurs yeux, réfléchissent avec tout leur bon sens, ont au milieu d'eux un homme rare, éloquent, artiste et philosophe, dont le rêve est hautain et la pensée inquiète et que la réalité est impuissante à satisfaire. Leur imagination éveillée par ce poète leur fait entrevoir de séduisants mirages et les doux pays d'aventure ; ils sont tentés de le suivre ; ils s'enthousiasment, ils vont s'embarquer sur la mer engageante et pleine de soleil, dans les navires de l'illusion... Soudain ils réfléchissent... Ils se rappellent les dures leçons que l'histoire leur a prodiguées depuis cent ans, avec une prédilection cruelle ; ils songent qu'ils étaient très puissants autrefois, qu'il possédaient la Suède et la Norvège, et une partie de l'Allemagne du Nord et qu'ils sont réduits maintenant à leur expression la plus simple, guettés par un voisin qui leur prit déjà deux provinces et ne demande qu'à s'emparer du reste. Ils savent qu'ils sont vaillants, héroïques, qu'ils pratiquent le sublime sans déclamation, mais ils n'ignorent pas que les canons sont plus forts que le courage, et le nombre que le bon droit. Alors, à ce grand homme qui voulait les entraîner vers les rivages inconnus, sur la mer où l'on peut sombrer, ils disent : « Serviteur ! » et, simplement, restent chez eux. Ils n'ont pas tort....

Sur un promontoire embrumé, au bord de la Baltique abondante et tranquille, Georg Brandes a construit un temple d'architecture composite, mais très pur de lignes, très blanc, délicat et fin. La foule indifférente qui respecte peu de choses n'a point épargné son œuvre : sur le sable, des ruines, des pans de mur, des frontons injuriés. Mais le voyageur inquiet et rêveur qui passe s'arrête, contemple et s'incline, découvrant sur ces débris les ineffables vestiges de l'éternelle Beauté... Et c'est en jetant en arrière un long regard désabusé, en considérant peut-être qu'il survit à son rêve et que sa patrie n'a pas voulu de l'idéal qu'il lui montrait, que le noble penseur me parut si triste, ce soir morne d'octobre rayé de lumières tremblantes, dans son cabinet de travail meublé seulement de livres, sur ce quai de Copenhague sali par les fumées, à l'heure douce et mélancolique où s'abattait la nuit !...

JONAS LIE.

I.

En allant de Copenhague à Christiania, je m'arrêtai quelques heures dans une ville de pêcheurs, Grimstad, au bord du fjord, sur la côte sud. Ville ? non pas. Bourgade plutôt, qu'une rue boueuse et mal pavée coupait en deux ; une cinquantaine de maisons en briques que séparaient les unes des autres des jardins dépouillés par l'automne. J'eus vite fait de la parcourir, et, au bout d'un quart d'heure à peine, je me trouvai dans la campagne, au milieu d'un chemin raviné, que balayaient les rafales venues du large, pleines de colères. Et la mer, écumante et grondante, m'arrêta. Grimstad est un bourg, Bergen est une grande ville ; toutes deux, pourtant se ressemblent en toutes choses et surtout en ceci que, « quand la brise souffle sur la pleine mer, on peut deviner, à l'odeur, quelle marchandise est sur les quais (1) ». Cette odeur, c'est celle du poisson. Elle est partout et vous poursuit tenace et opiniâtre, inévitable, sur le port où l'on empile cette cargaison dans la saumure pour aussitôt l'expédier dans le sud. Et ce vigoureux et sain parfum, il est comme le symbole sensible de la prospérité de ces villes où la pauvreté est

---

(1) Björnson, *la Fille de la Pêcheuse*, I.

inconnue, de la force virile de ces populations, qui vivent de la mer, pour elle, au milieu d'elle, presque.

Le peuple des marins norvégiens vaut mieux que le peuple des vallées ou des districts de l'intérieur, parce qu'il est plus libre. Très religieux et très honnête, l'habitude du péril, l'audace indispensable à ses tentatives, l'énergie qu'il lui faut déployer contre ces mers du Nord si sombres, si terribles quand le vent souffle, ont développé dans son esprit une indépendance presque absolue à l'égard des préjugés et des idées trompeuses, qui asservissent si durement ceux qui vivent de la terre, dans l'étroit horizon des montagnes. Les hommes sont peu de chose en face de la mer et les lois qu'ils ont établies pèsent bien peu, comparées aux grandes fatalités cosmiques! Sorti de la dune comme le terrien du champ, vivant souvent tout seul, à l'écart des villes, dans une cabane en planches blottie à l'angle d'une falaise, à l'embouchure d'un torrent, au bord de l'abîme sur lequel les eiders ont suspendu leur nid, le marin s'aventure rarement dans les cités. La liberté dont il jouit augmente et fortifie sa confiance en lui-même, le rend radieux et fort. Il est celui qui vient des pays dont les autres rêvent et il a conscience de cette supériorité. Aussi ne craint-il guère que les génies malfaisants et les sirènes qui troublent les flots, veulent la destruction des navires et la mort des navigateurs. En été, quand s'allument aux confins inconnus du monde les mystérieux soleils qui ne se couchent jamais, vers la mi-juin, il remise sa barque sous le hangar peint en jaune et s'en va dans les grands ports pour se louer aux armateurs. C'est le moment où, sur les rivages étranges du Nordland, du Finmark et des Lofoten, commence la grande kermesse annuelle de la pêche norvégienne. Trente mille marins se réunissent dans d'immenses cabanes construites exprès pour eux, au milieu desquelles est un foyer pour la cuisine. Et, bien que les têtes soient chaudes, les courages excités, les poings et les couteaux trop souvent préparés pour la lutte, tout néanmoins se fait en bon ordre parce que l'usage de l'eau-de-vie est formellement interdit. Des pasteurs accompagnent l'expédition, versant dans ces âmes farouches le baume onctueux de la parole évangélique. La pêche est abondante et chacun peut gagner; mais chacun peut mourir aussi. Bien souvent il s'élève un vent d'ouest qui force les marins à fuir au large, à travers le Westfjord, vers la grande terre. Vingt-cinq kilomètres sur des bateaux découverts, dans la tempête. Bientôt la frêle embarcation chavire, vogue la quille en l'air. Ceux qui n'ont pas succombé dans le premier désastre s'accrochent aux anneaux, aux crochets qui garnissent les flancs, ou se cramponnent, soutenus par l'eau, à leurs couteaux fichés dans le bois. Bien peu échappent, et le nombre des couteaux marque le nombre des victimes.

> Où sont-ils, les marins sombrés dans les nuits noires ?
> O flots, que vous avez de lugubres histoires !
> Flots profonds, redoutés des femmes à genoux !
> Vous vous les racontez en montant les marées,
> Et c'est ce qui vous fait ces voix désespérées
> Que vous avez le soir quand vous venez vers nous !

Ces « nuits noires », les nuits de tempête, quand tout le monde est heureusement rentré, les matelots à voix basse assis en rond dans leurs grandes salles, autour du feu, se racontent les mystérieuses histoires, les païennes légendes. Mystérieuses, car en elles naïvement s'exprime la profonde épouvante qu'à certaines heures verse dans ces âmes la terrible nature contre laquelle ils luttent; païennes, car ils vivent trop près de cette nature pour n'en point redouter les puissances cachées; et farouches, car ces divinités ne sont pas les sirènes au chant si doux qu'entendent les navigateurs des mers du Sud, mais des dieux rudes, dont la colère pulvérise les rochers de la côte. Et ne peut-on partager l'état d'âme de ces aventuriers naïfs, indépendants à l'égard des hommes, mais esclaves soumis des événements, quand on savoure l'amertume désespérée et passive qui se cache dans cette légende du littoral que me conta un vieux matelot ? — « Olaf, un pêcheur du Finmark, aperçut un jour un vaisseau immense qui venait vers le rivage, à travers le fjord. Quel ne fut pas son effroi quand il vit qu'aucun matelot ne faisait la manœuvre, que le capitaine n'était point à sa barre, et que c'était poussé par on ne sait quelle force mystérieuse que le grand navire avait franchi seul les passes dangereuses de l'entrée du golfe! Et soudain, debout sur le gaillard d'arrière où brillait en lettres flamboyantes le nom patronymique, un nom que personne, en Norvège, ne se rappela avoir connu, sur le gaillard parut la Mort qui frappa du pied. A ce choc le vaisseau-fantôme s'abîma dans les ondes, et le matelot, saisi d'horreur et n'ayant plus la force de fuir, vit distinctement au fond des eaux, couchés dans des sépulcres de pierre, vingt-cinq de ses amis, partis un mois auparavant pour pêcher au Lofoten, et dont on n'entendit plus jamais parler. Olaf en devint fou. »

Mais qu'importe? L'incommensurable effroi qu'on éprouve en face de la grandiose et dangereuse nature du Finmark ne tue point, dans le cœur de ceux qui l'habitent, la vivace énergie. Le bon marin sait bien que la mer est sa nourrice, aux rudes mamelles, mais au lait puissant, et que, si la mort est quelquefois assise à l'arrière de sa barque, l'espérance est toujours à l'avant.

II.

Sur ces côtes, asile dernier de la vie sans entraves et de l'énergie morale développée par un péril constant, tout en haut de la Norvège, en Finmark, grandit Jonas Lie, le plus délicat, le plus esthétique, au sens absolu, des écrivains scandinaves. Son talent est le savoureux produit d'une hérédité affinée qu'il tenait de plusieurs générations d'ancêtres remarquablement civilisés, et de cette éducation solitaire et lointaine, indépendante. Fils et petit-fils de magistrats, son bisaïeul, né à Röros, pays des mines de cuivre, était directeur de la police à Trondjhem. Il joua, comme tel, un rôle politique fort actif pendant la guerre entre la Norvège et la Suède, au commencement du siècle. Mais l'action, en lui, ne nuisait point au rêve. Il poétisait volontiers et écrivit des chants naïfs, simplement rythmés, dont quelques-uns sont récités encore et restés populaires parmi les paysans des hautes vallées. Il fut le premier grand homme de la famille, le premier qui marqua le degré supérieur de développement où la race était arrivée. Avec lui, elle sortait de l'obscurité commune. Le grand-père du romancier était avocat à la Cour d'appel de Trondjhem, la ville la plus intelligente de la Norvège. Son père était juge dans un des plus grands districts de la côte Ouest. Mais la nature de ses fonctions le forçait à de fréquents déplacements, si bien que Jonas Lie, né à Eker, à quelques lieues de Christiania, en 1833, traversait le pays en tout sens, passait du fjord à la montagne, et partait à trois ans pour Tromsö, petite ville de quatre mille âmes, au pays mystérieux et lointain du soleil de minuit. Il vécut là-haut, en pleine nature hyperboréenne, à cinq cents lieues du pôle, pendant douze années ; il s'emplit les yeux de la lumière étrange qui déforme les choses, les oreilles du silence effarant qui règne en souverain dans ces espaces inconnus, tous les sens de ces impressions énigmatiques qu'on ne saurait trouver sur aucune autre terre, en aucun autre lieu du monde. Il en revint poète. Seulement, son talent mit vingt ans à pousser, d'une sève tardive, mais vigoureuse, comme ces fines plantes du Nord qui fleurissent avec peine, mais résistent à la neige, au gel meurtrier, aux rafales venues de la mer de Glace.

En 1846, il quitte Tromsö. Il avait l'intention d'entrer à l'école navale de Fredriksvaern. Myope, il ne fut pas admis, mais il ne lui manqua que le galon, il était marin dans l'âme. — Au reste, à cette époque, il était déjà l'homme qu'il est resté. Une tête ronde, osseuse, forte, d'une solidité de profil merveilleuse : une tête de médaille complètement glabre, encadrée dans une chevelure longue et tombant sur les épaules, trouée de petits yeux vifs et perçants, qui lancent un regard aigu parfois, le plus souvent rieur et chaud. Le tout sur un grand corps carré, râblé, pétri de frimas et de brumes, nourri du sel qui fortifie. En somme, une physionomie ardente et résolue, mais aussi très douce.

Car la bouche aux lèvres minces et longues, la bouche sinueuse, infléchie aux extrémités, a je ne sais quel pli amer qui en dit long sur la vie intime du cœur, sur l'intensité douloureuse de la réflexion. L'âme d'un artiste ému, épris de beauté pure et d'humanité vraie dans un corps de matelot. Au moral, au contraire, c'était un autre homme. Aujourd'hui que les années sont venues, nombreuses, apportant chacune sa gerbe de gloire, mais de souffrances aussi et de désillusions, Lie cause volontiers, et rit et se dépense; à trente ans, il ne causait guère, mais rêvait, se repliait sur lui-même, taciturne comme un paysan du Finmark. Un lyrisme inconscient, impuissant à parler, fumeux et surchargé d'images, bouillonnait en lui. De rares éruptions, vites arrêtées. Si bien que tous ses camarades d'université et de vie littéraire, Björnson, Ibsen, Vinje, l'ignoraient encore. Björnson, il est vrai, dans un discours à Tromsö, disait en parlant de lui : « Ses amis savent qu'il n'a qu'à faire descendre le seau dans le puits de sa fantaisie pour l'en retirer plein jusqu'aux bords », mais c'était en 1869, et lorsque Lie était déjà engagé fort avant dans la vie littéraire.

Vers 1858, licencié en droit, il s'établit avocat à Kongsvinger; peu de temps après, il épousait sa cousine, Mme Thomassine Lie, qui devait être sa confidente et sa consolatrice. A ce moment, respecté, presque officiel, et riche, il semblait mort pour l'art. Il n'en fut rien. Il avait toujours fréquenté les hommes de plume; entre eux et lui circulait un courant magnétique. On ne fut donc qu'à moitié surpris lorsqu'en 1868, à trente-cinq ans, il abandonna son poste d'avocat et, bien que de tempérament peu propre à la vie enfiévrée qu'on y mène, entra, comme tant d'autres,

dans une rédaction. Mais en même temps il se mettait à acquérir cette seconde et substantielle éducation si nécessaire à l'homme de lettres. Durant ses loisirs, dans la solitude et la paix de son ménage, il apprenait par cœur nos poètes contemporains, voyait Byron en rêve, ainsi qu'il l'écrivait à cette époque à l'un de ses amis, étudiait avec passion ce Wergheland qu'aimait tant Björnson, le proclamait comme le maître et le seigneur souverain, et commentait avec ardeur Kjerkegaard et Treskow. Nul pourtant ne soupçonnait ce qu'il allait être bientôt, lui moins que les autres. Le public connaissait, estimait son nom; du jugement unanime, il n'était que le rédacteur en chef d'un grand journal et un poète de circonstance. C'est pourtant comme tel, et à ce moment, qu'il composa ce large poème, où jaillit tout l'espoir des générations jeunes, que j'entendis un soir chanter en chœur par les étudiants de l'Université, à Christiania, pendant qu'au dehors, au fond de la nuit noire, montait la plainte infinie du fjord battu par les rafales : « Sainte est la vocation de l'étudiant !
« dans les jours chauds de la jeunesse, il entre dans
« la route du Temple pour y recevoir le baptême de
« l'esprit. C'est là qu'il entend la voix des générations
« disparues, et les mots éloquents que chuchote le
« passé... Toi, génération vivante dont le cœur bat,
« quand tu portes un toast aux devanciers, te dépenses-
« tu à la mesure de leur grandeur? Dis, sauras-tu dans
« le rêve t'élever aussi haut qu'ils l'ont fait? As-tu la
« force de vider comme eux, jusqu'au fond, l'antique
« corne de bœuf? Comprends-tu que cette coupe est
« remplie du fleuve de notre histoire, profond comme le
« cœur du peuple, grossi des larmes de ses souffrances,
« gonflé du flot de ses espoirs ?... »

... Triple éducation. Pratique : — en sa qualité d'avocat, d'homme de barreau rompu aux affaires, Lie était entré au cœur de la société, il en avait vu fonctionner les rouages et combien de misérables sont écrasés dans l'aveugle machine ; il savait ce qu'est l'argent, quel rôle il joue, quelle formidable puissance il symbolise ; sans qu'il s'en doutât, lentement, le levain des révoltes futures avait germé en lui. Pittoresque : — il avait vécu avec des marins dans le Nordland, avec les terriens à Kongsvinger, avec les ouvriers des villes durant son séjour à Christiania comme journaliste ; il avait jour à jour amassé ce riche trésor de sensations dans lequel, plus tard, il puiserait à mains ouvertes pour jeter sur son style la magnificence parnassienne. Philosophique, enfin : — des maîtres qu'il aimait tant, il avait appris à considérer d'un œil altier l'humanité et la nature, à sonder ce que recouvre la frêle et fugitive apparence des choses, à les accepter sans se laisser dominer par elles. Qualité suprême, celle-là, pour un artiste, qui fut sa qualité primordiale, le fondement solide de son originalité dans son pays. Il avait trente-six ans. Sa richesse lui avait épargné les âpres luttes pour la conquête du pain qui tuent si vite les hommes de ce temps ; il avait, sans les gaspiller, dépensé ses forces. Il était maître de lui et sur le point de l'être de la fortune.

III.

Brusquement, de cette puberté tardive et ignorée, jaillit une maturité superbe. En 1870, un roman, *le Clairvoyant* (*Den Fremsynte*), le révélait comme un maître au grand public des trois pays. On salua le symptôme manifeste de la rénovation littéraire qui, à ce moment même, travaillait toute la Scandinavie, une des gerbes de ce germinal artistique qui se levait enfin au Nord. Le livre s'enleva avec rapidité, fut discuté avec passion. Il intronisait d'autres traditions, procédait d'autres théories. L'apparition de ce chef-d'œuvre eut l'importance d'une révolution. Pour la première fois on voyait, dépeinte avec une sincérité de bon aloi, la vie des humbles; pour la première fois on était débarrassé de cette convention fade dont Björnson lui-même ne s'était point suffisamment défendu jusque-là. Aux paysans vertueux d'opéra-comique dont l'auteur d'*Arne* avait raconté les idylliques amours, le romancier nouveau substituait des marins sentant le poisson, grossiers et rudes, ayant quitté leurs « habits du dimanche ». Ce « Clairvoyant », c'était l'auteur lui-même, qui, ayant vu et bien vu, voulait jeter sur des pages blanches et communiquer à d'autres le trop-plein de la lumière qui emplissait ses yeux. S'en allant dans la vie, il en notait tous les phénomènes, toutes les apparences, toutes les manières d'être, se réservant seulement le droit d'ordonner l'ensemble de ses observations suivant un plan logique. — C'était vraiment la naissance de cette jeune littérature réaliste, saine, véridique et féconde, inspiratrice, depuis vingt ans, de tant d'œuvres de premier ordre. Le *Clairvoyant* est une idylle dans la manière d'*Atala*, parfois lyrique, parfois vulgaire, toujours sensuelle et quelque peu mystique. Le style est merveilleux. Lie, du reste, est un des élus dont on peut dire qu'ils ont tous les styles parce qu'ils ont leur style, et que leur art est aussi riche que toutes les expressions possibles de la pensée. C'est un maître écrivain, inégal parfois, souvent abondant et prodigue, trop riche, mais toujours solide et voulant ce qu'il fait. Il a de ces mots heureux qui font brusquement saillir et mettent en relief la physionomie d'un personnage, d'un paysage, la note d'une situation. Voyant, il a des mots de voyant, des mots comme en avait Victor Hugo. La partie lumineuse du tableau qu'il évoque se peint, se fixe sous sa plume, irrésistiblement. Du premier coup il faisait rendre à la langue norvégienne des effets qu'elle n'avait jamais rendus, et l'intensité des sensations qu'il éveillait fit dire qu'avant lui le pays mystérieux des grands fjords, glacé en hiver, torride en été, où se déroulait l'action de son roman, était inconnu, et qu'il avait vraiment « découvert le pays de minuit ».

Malgré la hardiesse des nouveautés qu'il avait créées, les révélations que contenait son livre et qui durent lui susciter plus d'un jaloux, le grand public consentit de bonne grâce, avec enthousiasme même, à la violence que l'audacieux écrivain voulait faire à ses habitudes. Du premier coup, Lie eut gagné la bataille. Björnson, changeant sans hésiter de méthode et de procédé, imita l'exemple que lui montrait avec tant d'éclat son ancien camarade; il devint le vigoureux et précis écrivain des romans de sa seconde manière. Ibsen, vers ce temps-là, abandonna les vers pour la prose, désireux de réaliser plus de vérité et plus de vie. Imitation ou coïncidence, le fait n'en est pas moins significatif. Ce que voulaient les esprits, récemment mis en contact avec les philosophes positivistes, c'était la vérité, sans fard. Cette jeune gloire, aussi bien, prit toutes les formes. On donna le nom, presque inconnu hier, célèbre maintenant, de Lie,

B.

à des bateaux; l'État décerna au nouveau maître une bourse de voyage. Jonas Lie alla donc achever son éducation à l'étranger. Il traversa Amsterdam, et, au lendemain de la Commune, notre Paris encore fumant. Il devait y revenir, pour y finir sa vie, peut-être. Cette fois, il courut plus loin au sud, à la source séculaire et toujours abondante de toute poésie ! Au bord du Tibre, il apprit ce que c'est que le soleil. Il ne l'oublia jamais. Le seul, peut-être, de tous les écrivains scandinaves il a su en mettre dans ses livres. Il y a du Latin en lui.

Et beaucoup. Il voit la nature sans l'absorber, sans non plus s'abîmer en elle. Durant toute cette période, la plus esthétique, la plus brillante de son développement littéraire, dans tous les livres acclamés qu'il publie successivement après le *Clairvoyant*, le *Trois-Mâts « l'Avenir »*, le *Pilote et sa femme*, *Rutland*, *En avant*, il reste l'artiste enivré de formes et de pittoresque, épris de beauté pure. Ses héros, ce sont toujours les marins, ses premiers amis; il en dit la simple existence, la résignation inconsciente et sereine, le mépris du danger, et aussi les furieuses passions et les mœurs grossières, dans la liberté de la mer immense et des côtes désertes. Mais il n'analyse pas, il décrit; son art est un art plastique, de relief. A trente ans de distance, et poète, il revit sa vie enfantine, il la raconte, il la *sent* de nouveau. Et quand, parfois, il tente de saisir l'âme sous le corps, il ne trouve qu'un je ne sais quoi ondoyant, vague, enveloppé dans une lumière confuse et pâle, pareille à celle qui, monotone et maladive, règne sur la steppe et sur le fjord. Avec ses lacunes, Lie apparaît alors comme un matérialiste singulièrement affiné et vibrant ; les choses sont entrées en lui ; la mer est salée dans ses livres. C'est un visionnaire, doué d'organes d'une rare puissance. Longtemps avant Loti, il est impressionniste. Loti ? Pourquoi non ? Loti a été contesté; je ne nie pas qu'il se répète. Mais dites avec sincérité si vous n'avez pas été stupéfait après avoir lu pour la première fois l'un de ses romans, *Pêcheur d'Islande* par exemple. Vous avez ressenti un épuisement nerveux après avoir parcouru toute la gamme de ces impressions fugaces, maladives, d'une acuité douloureuse, mais si vivantes, si vibrantes, si grosses de réalité. — Avec une moindre énergie, mais moins de monotonie aussi, plus de désintéressement et de maîtrise de soi, Lie, dans ses premiers livres, est, comme Loti, un impressionniste, un virtuose de la sensation. Décadent, pas encore ; mais morbide déjà. — Et revoyez après cela cette rude charpente de matelot, cette tête de médaille! Des nerfs exaspérés dans un corps vigoureux, — toujours la Norvège !

IV.

Vers 1875, le public, qui, d'un œil intéressé, suivait le romancier dans son heureuse carrière, ne fut pas peu surpris de voir que, soudainement, son pas devenait comme hésitant, son allure plus pesante et plus décidée. Le style était toujours somptueux, l'art toujours plastique et vivant, mais les personnages n'étaient plus les mêmes et le cadre se rétrécissait. Tirant sa barque sur le rivage, disant adieu à la grande mer qui si longtemps l'avait bercé, Lie abandonnait ses premiers amis, les rudes et simples matelots, pour rentrer dans les villes, dans les hautes maisons sans air et sans horizon, en pleine misère sociale. Sa Muse, on eût dit, revêtait des habits plus sombres, se penchait sur la douleur des humbles, sur l'angoisse des incompris, allait au secours des vaincus de la vie. Docile, le poète la suivait, acceptait cette inspiration que lui versait sa fidèle et glorieuse amie, s'attendrissait avec elle. Si la première phase de sa vie littéraire correspondait à son insoucieuse adolescence, parfumée d'essences exquises, baignée de lumière, aux années qu'il avait passées là-haut, en pleine nature pénétrante et colorée, celle qui s'ouvrait semblait correspondre au temps plus rude durant lequel il avait lutté contre l'argent. Il se révélait sous un autre aspect, plus grave et presque triste. Mais, de cette transformation morale, il sortait plus fort, mieux trempé pour accomplir jusqu'au bout sa dure fonction de poète. Les temps, en effet, étaient révolus, les préoccupations autres. L'ardente propagande, écrite ou parlée, de Björnson avait ému les esprits. Les éloquentes revendications de tous les révoltés dont Ibsen avait pétri l'âme, avaient fait frissonner plus d'un déshérité. La discipline étroite à laquelle, durant dix années, s'était volontairement soumise la Norvège, l'avait rendue capable de produire à son tour des œuvres vigoureuses. Du chaos moral qui avait succédé à cette quiétude ancienne que le dogme religieux, fidèlement observé, avait entretenue, commençait à surgir un monde nouveau. Les pauvres songeaient à plus de liberté, les riches à moins de sujétion spirituelle. Il se faisait au fond des âmes une sourde germination d'aspirations nouvelles; des idées, jusqu'alors insoupçonnées, se montraient au grand jour de la discussion. Ce fut le moment où les ouvriers scandinaves furent initiés au socialisme allemand, s'organisèrent pour la défense de droits qui venaient seulement de leur être révélés. Les colères soulevées par les premières comédies sociales d'Ibsen vont dès lors s'aggraver dans une progression constante jusqu'aux *Revenants*, qui furent le dernier triomphe, et Björnson devient l'ennemi juré des partisans des vieilles traditions. La guerre est déclarée. Ce n'est pas une évolution qui se poursuit, c'est une révolution qui commence.

Lie, en poète dont la fonction supérieure est d'être un écho vivant et sonore des grandes paroles qui remuent les nations, ressentit profondément ces émotions nouvelles. Il cherche à les exprimer et, spontanément, se range parmi les révolutionnaires. Avec *Adam Schrader*, il abandonne le procédé pictural dont jusqu'alors il avait usé. Il fait, il est vrai, bientôt un pas en arrière, la bataille l'effraye, il craint d'y fausser sa fine armure. Mais l'entraînement est plus fort que sa volonté. Il jette brusquement sa légère plume de styliste pour prendre une lame, ciselée encore et brillante, mais plus dangereuse et plus solide. Comme Ibsen, il se livre à l'analyse. Il pénètre dans l'intérieur des âmes, lui qui s'était jusqu'alors contenté d'en décrire les manifestations extérieures ; il les interroge. Que désirent-elles ? Dans l'*Esclave de la Vie*, il regarde la société d'en bas, avec les yeux d'un ouvrier ; il la juge et la condamne. La vie n'est point un joug, elle serait bonne si l'homme ne la gâtait, si sur cette terre éternellement sereine et féconde il ne bâtissait un édifice d'iniquités et de mensonge, de cruauté aussi, qui écrase les humbles. Et pourtant chacun prend pied sur cette terre de douleur, chacun y suit sa route, plus ou moins lourdement chargé, les pieds saignants, jusqu'au but final, qu'on ne peut éviter, la Mort. Qu'a-t-on fait le long du chemin ? Un peu de bien, parfois ; un peu de mal, toujours ; et l'on a beaucoup souffert. A quoi bon vivre alors ?

Puissances infernales est, ce semble, d'une portée

moins haute. Et cependant la vérité qui s'en dégage est d'un intérêt plus général encore. Deux hommes y figurent, adversaires radicaux. M. Jonston, issu d'une vieille famille, délicatement cultivé, nerveux, dédaigneux de l'argent, amoureux d'élégance, sensible, en un mot, comme on disait aux jours évanouis de noblesse et d'aristocratie, entre en antagonisme avec M. Bratt. Celui-là, il est le fils du siècle, de notre civilisation industrielle et mercantile, inventée, créée de toutes pièces par des ingénieurs d'esprit mathématique ; parvenu, il juge tout, la vie et l'art, la joie et la souffrance, l'amour, à la mesure d'un même étalon, l'argent ; égoïste, il se lance à poings fermés dans la mêlée sociale, écrasant tout, n'ayant à la bouche que le cri séculaire de la brutalité sans merci : *Væ victis!* Intelligent ? plus que son rival peut-être, mais d'une intelligence grossière et sans souplesse, incapable d'essor, l'intérêt matériel lui coupant les ailes. Mais Bratt a la grande qualité que notre siècle a célébrée, à qui il éleva des statues : la volonté. C'est par elle que, démocrate énergique, il triomphe du sceptique aristocrate ; par elle qu'il est jeune, alors que l'autre, vieilli, n'a plus qu'à mourir ; en elle il puise la foi, foi rude mais forte, foi vulgaire mais inlassable. Jonston et Bratt, deux sociétés, deux civilisations dont l'une, artistiquement, valait mieux ; dont l'autre, moralement, est supérieure. La démocratie est plus honnête, plus énergique et saine. Mais jamais, jamais elle ne saura porter cette robe de charme et d'élégance, cette grâce exquisement nuancée qui seyait si bien à l'autre. Et cependant, quoique à regret, le poète conclut avec Bratt. Bratt, c'est l'avenir, la foule en travail, les sociétés de justice et de bonheur, rudes encore, en formation. Mais pourquoi tant d'efforts humains? Jonston aussi fut jeune : il meurt cependant, ou va mourir. Tous deux, l'homme de vieille roche et l'homme nouveau, sont les jouets de « puissances infernales » dont nul n'a jamais pu sonder la profondeur et qui nous mènent on ne sait pas où. L'humanité semble éternelle ; elle marche, rejetant un manteau usé pour s'habiller d'un autre, une civilisation mangée aux vers pour une civilisation plus solide. Mais elle se lasse, elle s'épuise, elle ne rajeunit pas. Alors, à quoi bon les désirs insensés du démocrate enivré d'espoir ? Bratt, naïf ouvrier, ne galvanisera pas le vieux monde avec ses chemins de fer et ses télégraphes, instruments grossiers de justice idéale. Il croit à l'avenir, à sa force, robuste travailleur. Mais l'avenir lui manquera demain, peut-être. Ne valait-il pas mieux employer sa jeune énergie à réaliser la seule chose durable que l'homme puisse ici-bas créer : un peu de cette grâce, de cette beauté suprêmes, qui sont l'émanation directe du monde absolu, de ce qui ne meurt pas ?

Décidément, Jonston a raison. L'artiste, malgré tout, dans le romancier philosophe, a reparu. Car Lie, quoi qu'il veuille, est avant tout artiste, l'impressionniste nerveux, singulièrement affiné, qu'il s'était révélé dans ses premiers romans. Il a conservé cette rare puissance de sensation qui fait de lui comme un miroir presque inconscient des réalités extérieures. *Puissances infernales* est l'histoire de deux âmes ; l'auteur disparaît entre elles. Il rejette sa personnalité, il l'oublie volontairement, il est tour à tour Jonston et Bratt ; il l'est si complètement qu'il ne sait plus s'il existe lui-même. Mais comment l'est-il? Ibsen, Björnson pensent la pensée de leurs personnages. Lie sent leurs sensations, comme il sentait les sensations obscures des marins du Finmark. Et l'être qu'il a créé parle pour son propre compte, s'exprime à sa manière, juge d'après les éléments qu'il a recueillis. Le style, seul, décèle le romancier, le style toujours souple et ondoyant, plein de couleurs, de sons et de parfums. Et cette notation des sensations d'hommes transformés, comme écrasés par une société effroyablement compliquée, est aussi parfaite que la notation première des impressions ressenties par des hommes vivant librement au milieu des choses, dans la sereine santé de la nature. Se faire ainsi une âme semblable à toutes ces âmes si différentes, avoir un corps vibrant à l'unisson de tous les corps de l'univers, art merveilleux ! Art du poète au suprême degré ! Art de Jonas Lie ! Ses romans sociaux sont des monographies vivantes de sensations sociales. Mais la réflexion, la pensée vigoureuse, l'idée qui démolit les édifices d'iniquité ? Coordonner les sensations si puissamment rendues, en dégager la substance et construire, dans une œuvre de conclusion, une œuvre maîtresse, humaine au sens absolu du mot, un système en qui germera dans les temps à venir un grain de vérité, c'est l'œuvre du philosophe, plus grand poète encore. Celle-là, Lie n'osa ou ne sut l'aborder.

Aussi bien, cette radicale impuissance est-elle la dominante faiblesse de son talent. Elle se manifeste en tous ses livres. Que, dans la *Famille de Gilje* et dans les *Filles du Commodore* il explique en l'excusant l'infamie des parents nécessiteux qui vendent pour une dot leur fille au premier venu et qu'il flétrisse, mais comme un phénomène nécessaire, le sacrifice de l'amour à l'argent, et la misère sociale du mariage de raison; que, plus tard, dans *Un Ménage*, il montre, comme Ibsen, dans sa *Comédie de l'amour*, comment une passion, vigoureuse à l'origine, ardente et nourrie d'illusion, s'anéantit sous les coups redoublés de la gêne; comment dans l'union bourgeoise d'un avocat et d'une fille de famille, après des pertes successives, l'égoïsme des époux, jusqu'alors insoupçonné, grandit et devient tyrannique, et aboutit à cette lutte abominable et journalière qu'est une vie commune en proie au besoin; qu'enfin, dans *Moïsa Jons*, il juge la société au point de vue d'une couturière, c'est toujours la même méthode, le même procédé d'artiste sensitif impressionnable, la même faculté de revêtir le corps d'autrui et d'éprouver à sa place tout un monde nouveau de sensations inconnues. Ce sont des histoires de cœur, sans doute, mais d'un cœur plus vibrant que spontané; la chaleur qui l'anime est un peu factice. L'artiste décrit, d'un merveilleux crayon; le trait est toujours sûr et riche, mais froid. L'âme est ailleurs, ou plane trop haut (1).

V.

Jonas Lie n'est donc point un penseur.

Sa fine nature d'artiste répugnait à étaler, à découvrir, à tenter de guérir les maladies sociales qui agoni-

---

(1) On peut dire qu'à ce point de vue, Lie est le maître de cette nouvelle école de jeunes, très jeunes littérateurs qui s'est récemment formée en Norvège et dont l'idéal est purement plastique. Ils sont las de penser; la vigueur spéculative de Björnson ou d'Ibsen les effraye un peu; ils se contentent de revêtir d'une forme raffinée la forte matière qu'ont pétrie les vieux maîtres. Ils lisent Baudelaire, Gautier et pratiquent exclusivement le précepte de l'Art pour l'Art. Leur chef est Wilhelm Krag, un beau garçon de vingt-cinq ans qui a publié déjà plusieurs volumes de vers, non sans mérite. Mais attendons pour les juger!

saient autour de lui. Il a mieux aimé entrer dans la
peau des malades que de les soigner. Il satisfait ainsi son
goût du pittoresque, de l'inédit ; il exerçait sa rare
faculté d'objectivation ; il rassasiait sa curiosité en éveil
et toujours affamée. Il a merveilleusement fait son
métier de peintre. Mais de philosophe, non pas. Dans
aucun de ses romans ne passe ce grand cri douloureux
du cœur, cette irrésistible prière à la sereine justice
qui plane sur le monde, refuge dernier des vaincus terrestres. A peine s'émeut-il parfois. Il ne se donne pas
même la peine de protester ; il constate, curieusement,
sans rien vouloir détruire ou réprimer, sans jamais
plaider, sans jamais conclure. Sceptique? Il l'est ; il ne
croit qu'à la beauté rare et délicate, faite pour certains
seulement. Son œuvre s'adresse aux déliquescents, et sa
renommée, universelle dans sa patrie, vient de ce qu'en
Norvège les déliquescents ne sont pas rares. Sa nature
est trop exclusivement esthétique pour cadrer avec un
tempérament vigoureux de lutteur, de dogmatique. Son
œil clairvoyant lui a appris qu'en ce monde il est plus
d'un point de vue d'où regarder les choses. Aussi
laisse-t-il à chacun pleine liberté de les considérer sous
l'angle visuel qui lui plaira. Jonston et Bratt, Moïsa
Jons, et les autres, tous ont raison, s'ils sont sincères ;
ce qui était faux il y a cent ans est vrai aujourd'hui et
ne le sera plus dans un siècle, peut-être. C'est le mot
d'Ibsen, dans sa lettre à Brandes. Ibsen, pour se faire
du moins une certitude, s'accroche à la pierre solide de
l'individualisme, contre qui rien ne prévaut ; Lie, comme
Platon, dirait volontiers que rien n'est absolument
certain au monde, si ce n'est la beauté. Non absolue,
non idéale, placée sur un trône où tous également
devraient l'adorer, mais subjective, mais réelle, mais

aussi variable et personnelle que les sensations qui nous la donnent. A quoi bon discuter ? A quoi bon combattre, endoctriner les autres ? « Ne soyons pas des juges ! » Et, le vrai n'étant qu'un point de vue essentiellement trompeur, que peut-on, que doit-on aimer ? Ce qui est aristocratique. Lie n'est rien autre chose qu'un aristocratique amoureux des belles réalités sensibles.

Mais la souffrance qui produit la laideur ? Elle existe, et l'on ne saurait d'un seul coup l'anéantir. Mais pourquoi serait-elle donc éternelle ? Il est optimiste esthétiquement ; le ravissement qu'il avait à voir de par le monde de belles formes, à trouver des sensations rares, le conduit tout doucement à une douce indulgence. Il n'a pas le courage de s'irriter. Il espère, et son espérance est née de l'heureuse vision qu'il avait des choses. Elle circule à travers son œuvre, souffle vivifiant, et s'exprime ainsi : La vie, c'est la beauté ; la beauté, c'est l'Amour. Fils du siècle, témoin des progrès réalisés depuis cent ans, il croit à la perfectibilité humaine acquise par l'amour. Mais l'amour, qu'est-ce ? L'amour « est un art « de cœur ; il y faut des mains charitables ; il faut prendre, « mais encore plus donner. » La charité est le dernier pilier du monde et la pitié est la seule base de la morale. Elle seule rend indulgent, elle seule donne la force de repousser la dure parole dantesque : *Lasciate ogni speranza*, et c'est en s'appuyant sur elle qu'on peut suivre d'un œil tranquille la pauvre humanité en marche le long du calvaire éternel, vers le triomphe promis et la résurrection...

... On a comparé Lie à Balzac. Il est plus serré, moins vigoureux, moins colossal. Il est de la famille de Daudet et de Dickens par son tempérament artistique ; il est de l'école de Flaubert et de Maupassant pour ses procédés d'écrivain. En somme, il est le seul maître scandinave qui ait été presque uniquement préoccupé de la beauté matérielle de la forme et qui ait eu à ce point l'horreur de la thèse dogmatique. Il avait, je le répète, en ses veines, quelques gouttes de sang latin. Il est le seul Parnassien du Nord, un des plus parfaits et scrupuleux artistes qui aient manié la plume depuis cinquante ans. Et il a écrit cinq ou six œuvres de premier ordre !

EDVARD GRIEG

Pour Mme Réjane, la *Nora* désirée.

Dans une de ses plus exquises nouvelles, une idylle qui fait bien souvent songer à Théocrite, Björnson raconte l'histoire du fils d'une pauvre veuve dont un mari noceur a fait la perte. Le sentiment profond qu'il a des dangers héréditaires et de la lutte incessante que se livrent en lui les principes également puissants du bien et du mal, le tient à l'écart de tous, mais il arrive que la solitude éveille en son âme la poésie. A l'époque où le soleil ne se couche plus, au cours des jours sans fin et des nuits qu'emplit, mystérieuse et pâle, une éternelle lumière d'aube, il s'en va chasser l'ours sur les sommets, au pied des glaciers, au plus épais des bois de sapin ou à travers les prairies grasses. Un jour, il rencontre Éli, la fille rêveuse de Baard, le riche fermier, qui vient garder ses troupeaux dans la montage. Anxieux mais chastes, vêtus d'ignorance et de vertu candide, ils s'aiment dans la splendeur et la sérénité des choses, calmes et confiants comme aux premiers jours du monde. Et quand, le crépuscule venu, ils se séparent ; quand, avant l'aurore, il attend sa fiancée, Arne rêve et, inconsciemment, fait œuvre de poète. « Pres-« que sans y penser, Arne, par moments, se surprenait en

« train de composer une nouvelle chanson sur un air
« qui, soudain, s'était offert à lui. Tandis que son
« cœur troublé se remplissait étrangement de mélodies
« gracieuses, le rythme allait et venait à travers sa pen-
« sée, les mots se plaçaient d'eux-mêmes, voulant être
« chantés, ne fût-ce qu'une fois. »

Arne, c'est le Norvégien, fils de races troublées et morbides, profond poète, spontané musicien.

I.

Est-ce à dire qu'en Danemark ou en Suède la musique soit abandonnée? Non. On entend à Stockholm d'excellents concerts, et jamais le Danemark ne vit, comme de notre temps, pareille floraison d'artistes. Il avait été, jusqu'en 1850 environ, la proie des musiciens ambulants, compositeurs ou chefs d'orchestre venus d'Italie, d'Allemagne ou de France. Il fallait qu'un souffle profond et chaleureux vînt faire éclore sur le sol scandinave cette fleur tardive et maladive qui s'obstinait à se cacher dans la terre. Après Heyse et Kuhlau, après Hartmann et Gade qui préférèrent puiser au large fleuve de la mélodie mendelshonnienne, Copenhague a vu ces temps-ci un tout jeune homme, pauvre et longtemps inconnu, M. Enna, revenir à la source cachée, mais fraîche et jaillissante de la poésie nationale. Cette méthode naïve et spontanée qu'il a remise en honneur, ses prédécesseurs l'avaient rejetée pour s'attacher à la grandiose tradition de Beethoven et de Schumann, à la tradition du régulier et du bien fait, de la conduite imperturbable et logique des parties. Mais leurs forces étaient insuffisantes pour porter un poids aussi formidable, ils avaient mis le délicat génie de leur race dans une armure qui l'écrasait. Ils se cassèrent les reins à vouloir monter si haut. La masse des amateurs comprit qu'ils faisaient fausse route, et c'est pourquoi elle salua d'un cordial applaudissement l'opéra d'Enna, *la Sorcière*, qui ramenait la muse danoise dans un chemin plus aisé et moins audacieux, fleuri et verdoyant. Le thème de *la Sorcière* est emprunté aux vieilles légendes scandinaves, à je ne sais quel romancero du moyen âge. Dans un lointain château gothique éclôt, sous l'éternel soleil de la passion, l'amour chaste et blanc de deux beaux jeunes gens. Un chevalier errant aime la fille du châtelain et fixe là sa vie, jusqu'alors vagabonde, dans l'espérance du bonheur. Sommes-nous donc dans Wagner? Oui, ce semble; non, en fait. Dans Wagner, la musique amoureuse est sensuelle, mais mystique et profonde, le chant passionné monte dans le ciel lunaire, grave et paisible, épuré, candide comme le plumage du cygne que montait Lohengrin. Dans *la Sorcière*, la chair, non l'âme, s'émeut, frisonnante de désir, aspirant à l'union de deux êtres de faiblesse et de concupiscence, voués à la mort, et fatalement destinés à perpétuer la vie douloureuse à laquelle ils ont été condamnés. — Mais quelle est cette plainte douce, d'une suavité si profonde qu'on en voudrait pleurer? C'est la souffrance d'une amoureuse qui, trop jeune encore, n'était point faite pour souffrir; la mélancolie pénétrante de la sœur de cette châtelaine triomphante de beauté, sûre de vaincre, la pauvre dédaignée qui soupire et gémit dans l'ombre, vouée, semble-t-il, à l'impuissante jalousie, aux transports sans espoir. Les deux sœurs aiment le même homme; le chevalier cueillit deux cœurs. — Au deuxième acte, il est parti, il a repris sa course à travers le vaste monde.

> Beau chevalier qui partez pour la guerre,
> Qu'allez-vous faire,
> Si loin d'ici ?...

Enlever aux infidèles le tombeau du Christ. La foi l'appelle, adieu l'amour. Que feront les deux sœurs ? Elles pleurent, d'abord, et se lamentent, chacune à part soi, et prient pour le voyageur. Puis l'aînée, toujours confiante dans sa beauté, se console, prend patience. Elle lit des récits de chevalerie, chante des romances, laisse courir sa fantaisie. Elle trompe sa douleur, elle la tue à la longue, elle dédaigne la réalité pour le rêve. Et lorsque, vieilli mais toujours fidèle, le guerrier que l'on croyait mort revient frapper à la porte de ce cœur où jadis il entrait en maître, le cœur reste clos, gardé par la pensée trop clairvoyante pour laisser pénétrer la passion. Pourquoi aimer, puisque l'amour c'est la souffrance et le regret ? Vaut-il pas mieux rêver et lire, retrouver par la pensée qui ne trompe pas ces bonheurs qui, cherchés autrement, sont si difficiles à saisir et s'échappent, s'évanouissent si aisément ? Elle restera vierge et inféconde, cuirassée d'orgueil, ensevelie toute vivante dans son linceul de fausse sagesse, — et sa sœur, qui laissa luire en son âme le beau soleil qui donne la vie et s'offrit volontairement, avec bonheure, à l'ineffable Vénus, connaîtra les douleurs mais aussi les enchantements que donne l'amour, que donne la vie et la soumission aux lois fatales, dures souvent, mais parfois combien douces ! qui mènent les êtres vers l'Inconnu d'où l'on revient transfiguré.

C'est le cri de regret qui montait de l'âme de Grieg

le jour où, sur le Monte-Pincio, il voyait l'Italie frémissante au soleil, l'Italie, terre de jeunesse et de passion, terre si belle dans la splendeur et la maturité de ses formes, qu'elle attira de tous temps les peuples errants, épris de chaleur, de lumière et de beauté, et se livra à eux, glorieuse Messaline ! Qu'est la vie tranquille, mais incolore et froide, des nations du Nord, endormies dans leur brumeuse sagesse, réduites à rêver ce que d'autres possèdent, auprès de cette vie enchanteresse et parfumée, où la mort se couronne de roses, qui se grise éternellement du vin de la folie, de l'inextinguible espérance ? O la joie de vivre à pleins bords ! O la joie d'aimer sous le grand soleil, dans la palpitation frémissante de la Terre, inlassable Vénus, aux larges flancs féconds ! O le triomphe de la chair !... — Mais pourquoi le chant, si doux parfois, si délicieusement poétique se fragmente-t-il en nombreux morceaux, hors-d'œuvre souvent, au lieu de s'unir étroitement à la pensée, pour accentuer le mouvement, précipiter l'intérêt passionnel dont rien ne devrait retarder la marche victorieuse ? Pourquoi ce retour en arrière vers des traditions scolastiques, surannées et mortes ? Pourquoi ne pas laisser se développer la mélodie infinie, insaisissable, qui va, vient, court des voix à l'orchestre, se renouvelant incessamment ? Pourquoi condamner la muse ailée à l'esclavage des formules ?

Toutefois, *la Sorcière* est une œuvre de valeur, qui symbolise heureusement le renouvellement du génie musical danois. Mais c'est une œuvre plus aimable que forte ; en elle s'expriment quelques aspirations seulement de l'âme humaine ; elle a du mouvement, de l'expression, de la vérité ; elle est plus scénique, même, que purement musicale. Mais l'âme ardente, tout à la fois anxieuse et satisfaite, ivre de voluptés inconnues et ivre de douleur, l'âme insondable, enfin ?

II.

Et maintenant, écoutez *la Jeune Princesse* ou la *Chanson de Solveig*.

Dans les vallées intérieures de la Norvège, une fois l'hiver passé, quand la montagne s'éveille et se fleurit de toute la grâce hâtive et fraîche du printemps, les filles des fermiers s'en vont aux chalets, « Til Sœters », conduire aux pâturages les troupeaux de la maison. Elles y resteront de la Saint-Jean à la mi-septembre, ne descendant que rarement dans les vallées, livrées à elles-mêmes dans toute la liberté de la nature. Elles ont le soin de veiller au beurre et au fromage, et le soir, au crépuscule, elles donnent aux petits pâtres, placés sous leur ordres, le signal du retour au logis, en chantant quelques-unes de ces mélopées, vagues et flottantes comme le demi-jour qui là-bas enveloppe les choses, et les rend indécises, et qui sont l'expression spontanée de l'âme inquiète et morbide du paysan norvégien. La mélodie est simple, monotone même, mais il y revient toujours, comme un refrain mélancolique et doux, une même note, fréquemment répétée, tenue dans le mode mineur, le mode douloureux, et dominant l'ensemble de tout son charme triste. Elle dit la chevauchée du rêve sur la brume flottante, pendant les jours d'automne, trempés de pluie ; l'anxiété navrée qui fait frissonner tout l'être et tend, à les rompre, les nerfs qu'on dirait être à fleur de peau ; elle s'évanouit dans un sanglot. Parfois aussi elle chante l'enthousiasme irrésistible que verse à l'âme en fleur le vermeil renouveau des choses ; elle s'évapore dans une gaieté printanière, légère et fine, sans chaleur ni force, décevante comme la grâce toujours un peu farouche des paysannes du Telemarken ; elle éclate dans une phrase colorée, gerbe joyeuse de sensations pleines de soleil. Et toujours elle s'insinue insensiblement dans l'âme, éveillant on ne sait quelle tristesse savoureuse, on ne sait quelle inconsciente nostalgie de bonheurs dédaignés et de paradis perdus.

Certaines de ces romances ont tenté la plume artiste des plus grands écrivains de la Norvège : « Ingerid « Sletten, dit Björnson, née à l'Étang du Saule, n'a « point dans son coffret le moindre bijou, le moindre « ruban, rien qu'un pauvre petit bonnet de laine. Il « suffit à ses rêves.

« Pas le moindre pompon à son léger tissu, mais il « emplit son cœur d'un trésor de souvenirs. Elle le re« çut de sa mère mourante et ne le donnerait certes « pas pour son poids d'or.

« Pendant vingt ans entiers elle l'a serré, tremblant « d'en briser le moindre fil. « Je ne mettrai ce bonnet, « disait-elle, que quand à mon fiancé j'aurai livré mon « amour. »

« Pendant trente ans entiers elle l'a serré, tremblant « qu'il ne perdît ses fines couleurs. « Je ne mettrai ce « bonnet, disait-elle, que quand à mon fiancé j'aurai « donné mon amour. »

« Pendant quarante années elle l'a serré, se souve« nant de sa mère morte. « Je ne mettrai ce bonnet, « disait-elle, que quand à mon fiancé j'aurai donné mon « amour, mais le lui donnerai-je ? »

« Un jour, enfin, elle a ouvert le tiroir où reposait le « petit bonnet, mais hélas ! les yeux lui ont fait mal et

« son triste cœur a été douloureusement serré : le bon-
« net est tombé en poussière. »

N'est-ce point là cette strophe oubliée par Baudelaire dans son poème « Les Petites Vieilles », et n'a-t-elle pas sa place, cette plaintive Ingerid Sletten, dans la galerie des vaincues de la vie et de la passion, sur qui

> Pèse la griffe effroyable de Dieu,

et qui s'en vont, par les durs chemins de la vieillesse, en remuant dans la solitude de leur cœur les cendres froides d'amours à jamais éteintes?

... Voilà ce que chantent les filles, le soir, au crépuscule, pour rappeler les pâtres vers le chalet où, la nuit, tout le monde dort dans une simplicité patriarcale, et ces cantilènes où s'épanche l'âme fruste d'un peuple encore enfant, voilà le fonds solide et original de la poésie de Grieg.

Petit, fluet, pâle, l'air souffreteux, Grieg est à peu près l'homme de son œuvre. On dirait à le voir avec sa mise très simple, ses gestes menus et débonnaires, un de ces vieux professeurs de piano comme en peignait Balzac et qui s'en vont, pauvres bohèmes de l'idéal, à travers les rues boueuses des cités, donner pour cinq francs d'art à des demoiselles de bonne maison. Mais une crinière frissonnante, indomptable et fougueuse, accentue fortement le profil, donne à la physionomie je ne sais quel déconcertant hérc?sme, et l'œil vert, où semble dormir la couleur changeante des vagues, l'œil profond et doux, laisse plonger jusqu'au fond obscur où dort la poésie. Le musicien habite le plus souvent Bergen et n'en quitte guère que pour aller, comme Liszt, comme Rubinstein, comme tant d'autres errants de la musique, donner des concerts à travers l'Europe. Le chauvinisme norvégien est fier de lui. N'est-il pas, aussi bien, avec Svensen, — l'auteur brillant du *Carnaval de Paris*, — le dernier représentant de cette grande génération de musiciens scandinaves qui commence à Tellefsen, l'indépendant et original ami de Chopin, pour finir à Kjerulf, dont la pénétrante et tranquille mélodie fait parfois songer à Schubert! N'est-il pas aussi le plus grand de tous, si la grandeur est faite de la variété du génie, lui, le plus national à la fois et le plus cosmopolite, le plus moderne, en un mot, celui de tous ses compatriotes qui sait le mieux faire naître et courir dans les veines ces frissons intenses, ces larges sensations dont la musique contemporaine est la divine inspiratrice? Il a peu produit, pourtant, à peine une soixantaine d'ouvrages, courts pour la plupart, en trente ans, mais il y en a bien dans le nombre une quinzaine qui sont hors de pair, et voisins des classiques chefs-d'œuvre.

Ce sont les moins importantes d'idées, les moins prétentieuses d'allures qui sont, de toutes les productions de Grieg, les plus charmantes. Bien qu'en effet il ait brisé, avec une décision toute norvégienne, le cadre vénérable, mais trop étroit, de la sonate, pour ouvrir à celle-ci une liberté de rythme qui fait frémir les vieux amis des traditions; bien que, même, dans le recueil des *Danses populaires norvégiennes*, il ait montré combien son âme d'artiste est étroitement unie à l'âme commune, et qu'il ait exposé, avec une sobriété, une simplicité irréprochables, les thèmes les plus caractéristiques de l'âme du peuple, c'est surtout dans ses *Compositions vocales* et ses *Lieder* que se manifestent dans toute leur grâce l'énergie souple et la fraîcheur de son inspiration. Les *Compositions vocales* sont des chants avec accompagnement de piano ou avec accompagnement symphonique. Certaines sont célèbres sous le nom plus particulier que leur a donné Grieg lui-même de *Lieder*. Ce sont les perles mélodiques les plus pures et les plus rares que le grand artiste ait serties, — courts motifs, enrichis le plus souvent d'un refrain régulier qui revient systématiquement comme une plainte légère ou un doux éclat de rire et dont le thème est une ballade naïve empruntée aux poètes, presque tous scandinaves, à Andersen, à Björnson, à Ibsen, à Drachmann, mais surtout à Henri Heine. Les qualités musicales qui en font le charme sont captivantes de fine élégance, de gaieté voilée, d'ardeur sensuelle ou d'enthousiasme. Parfois, comme dans *Aus Fjelds and Fjords*, quelque réminiscence involontaire atteste que l'auteur a connu Wagner et n'a point complètement échappé à sa tyrannique influence, mais le plus souvent elles appartiennent en propre au poète qui s'est fait l'écho fidèle, mais artistique et conscient, des cantilènes ou fougueuses ou plaintives, que chantent les filles amoureuses de son pays, les soirs d'été, en gardant leurs troupeaux dans la montagne ou quand elles vont faire la cueillette des noix, dans les taillis pleins de cascades. Elles sont empreintes de cette grâce du Nord, un peu mièvre et anémique ; elles versent la rêverie des ballades allemandes, avec je ne sais quoi de tourmenté, de désolé, d'anxieux qui dit les longues nuits d'hiver et les tristesses de la terre. Ce sont des fleurs des neiges, au coloris exquis, aux nuances fines et pâles, mais sans parfum. Et c'est comme un regret qui montait du cœur du poète le jour où, à Rome, sous le grand soleil de l'Italie, il composait la plus belle de ces romances, senties plutôt que vécues, le *Monte-Pincio*, le regret de la belle lumière et de la nature ardente, où poussent les fleurs éclatantes et pourprées, où passe dans le vent embaumé la chanson rieuse et triomphale qui célèbre le bonheur de vivre.

*_**

C'est dans *Peer Gynt*, le seul opéra complet que Grieg ait encore écrit et où éclate, malgré des préoccupations symphoniques qui parfois semblent les étouffer, les qualités mélodiques qui font des lieder et même des sonates des œuvres toutes particulières, que se manifeste au grand jour la différence radicale des deux génies. Le thème est cet étrange poème où Ibsen a, de son aveu même, écrit la déconcertante épopée de sa race, retracé tous les avatars du peuple norvégien. *Peer Gynt*, c'est une sorte de Faust scandinave chez qui l'imagination, à défaut de la science, tue la volonté.

Mais le musicien est inférieur au poète : il a perdu cette indépendance qui fait sa force. L'œuvre, pourtant, renferme des morceaux de premier ordre. Grieg a été visité par l'esprit nouveau ; il a fait acte de foi au dieu wagnérien ; il est entré, lui aussi, dans le sacré temple de Bayreuth où ont afflué les fidèles de toute la terre. Est-ce à dire qu'il ait rien perdu à cette assimilation de sa maîtrise, de sa couleur, aucun de ses dons originaux ? Non. Un artiste créateur peut modifier son style, sa forme, mais non son tempérament. Il a, seulement, une manière *allemande* d'interpréter la vie. Car c'est ici qu'apparaît la radicale antinomie entre le génie latin et le génie germanique, — l'un, créateur d'idées et de formes idéales, régnant sur le monde abstrait dont il rend concrètes les images par un souffle divin, l'autre dévoué à un art absolument plastique, d'humanité moyenne, remuant des couleurs et des sons ; — l'un s'ingéniant à personnifier des idées, l'autre à reproduire des sensations. Verdi ira choisir, dans Falstaff, un héros de ripaille galant attardé, d'humeur fanfaronne, qui, sous sa fatuité grandiloque, laissera percer les regrets d'un Casanova vieilli ; Grieg, voulant caractériser dans une comédie la paresse irrémédiable et le déséquilibre de sa race, le traînera de pays en pays, de rivage en rivage, sous tous les soleils, à travers toutes les mers, pour le ramener, las et désenchanté, Don Quichotte de l'idéal, dans sa cabane, au bord du fjord, où une vieille femme bavarde le traitera de fainéant et d'imbécile !

Cependant, à travers tous ces avatars, il y a place pour la sensation pure et simple, pour la reproduction presque littérale de la matière. Certains morceaux de *Peer Gynt* sont merveilleux de coloris. Mais point de soleil, jamais. Toujours la rude nature du Nord. Le plus curieux, comme aussi le plus vivant, est celui qui termine le poème « Dans le Hall du Roi des Montagnes » : un thème unique, exposé sourdement par les basses, d'allure lourde et embarrassée, symbolise le corps, la matière qui oppose à l'imagination ailée son épaisse enveloppe. Peu à peu le thème s'élève, il monte, il s'enfle en un rythme orageux, désordonné, furieux ; l'imagination, enfin, triomphe, mais se perd en une fantaisie déréglée. La déesse indisciplinée s'en va courir, sans but et sans guide, affolée de liberté, à travers les grands chemins inconnus de la fantaisie, jusqu'à la chute lourde et douloureuse dans laquelle, les ailes cassées, elle se brise au choc de la dure réalité. Rien, dans cette danse farouche qui rappelle les rondes, diaphanes, légères, enveloppées de lune et parfumées de thym où s'enlacent, sur les bruyères d'Écosse, les folâtres et lumineux esprits du *Songe d'une Nuit d'Été ;* c'est la joie impétueuse, toujours farouche, des belliqueux génies du Nord, des durs kobolds qui tournent, durant les nuits funèbres, sur la steppe glacée, envahie par la neige, où hurlent les loups.

**

Grieg n'a point été, comme les très grands, comme Mozart, Beethoven ou Wagner,

> Mis au centre de tout, comme un écho sonore,

un de ces fleuves d'harmonie d'où tout émane, en qui tout revient, et qui se déroulent majestueusement à travers les âges, gonflés du flot toujours plus large des angoisses et des aspirations humaines. Mais ce qui fait son charme exquis, la grâce ondoyante et flottante de son œuvre, c'est le don qu'il a eu de la forme et de la couleur, le sens de la vie délicate et rêveuse. Il écoute les âmes chanter dans la solitude, il entend les passions, mais dans une sorte de lointain qui en atténue l'âpreté violente. Ce murmure sentimental est exquis, et le musicien de *la Chanson de Solveig* est un doux musicien d'amour. D'autres connaissent par l'esprit, par la science ; lui connaît par le sentiment ; autant que Mozart ou Gounod il a le don de la tendresse, de la tendresse timide, hésitante, et comme enveloppée d'un léger brouillard, mais qui se traduit et s'exprime sous une forme mièvre et pittoresque, dans des analyses délicates et ciselées de psychologie musicale. Il n'a connu, peut-être, qu'une tendresse matérielle et sensuelle, comme les amants de Björnson, mais de cette sensualité, il en a tout connu :

la naissance, les surprises, les déchaînements, les explosions soudaines ; il en a noté les troubles et les frissons, le désarroi qu'elle produit dans l'être tout entier, et aussi les joies infinies, les satisfactions indicibles, la libre allégresse dans les montagnes verdoyantes, sous le clair soleil. Et toute cette intensité de passion s'allie sans effort apparent avec une pureté plastique qui rappelle l'art souverain des demi-dieux disparus, Mozart encore, et Gluck, ceux que, pieux, il adora. Il est le dernier des mélodistes et sa phrase rythmique est belle comme un rivage bordé de flots bleus, comme la silhouette d'une vierge dansante, dans une frise du Parthénon. C'est un artiste du rêve enchanteur, un délicieux manieur de rythmes, le poète des délicats malheureux et des femmes...

... Quelqu'un, Hans de Bulow, je crois, l'a surnommé le Chopin scandinave ; certains l'ont comparé à Schumann, d'autres à Schubert ; en réalité, il est autre chose et il n'est qu'une chose, mieux que tout cela : lui-même, la poésie chantante et sonore de sa patrie !

STEPHAN SINDING.

Pour Auguste Rodin, statuaire.

Il naquit en 1846, à Trondjhem.

Quand, au sortir de Melhus, après des lieues courues dans l'obscurité des forêts et des gorges, on pénètre dans l'Orkedals-fjord, on a la vision d'un de ces paysages anglo-normands qui bordent la Manche d'une crudité verte, d'une âpre rectitude de lignes. Mais l'illusion dure peu, se brise en rencontrant les monts énormes, envahis par les pins sombres, toute cette austérité tourmentée et farouche qui se dresse à chaque pas qu'on fait en Norvège. En hiver, on dirait que la nuit s'est abattue sur cette terre étrange, en éteignant l'ardeur ; la neige monte au deuxième étage et le froid est tel qu'il ne faut pas sortir sans masque ni toucher les poignées des portes. Seuls des Lapons, noires silhouettes falotes, osent aborder cette formidable steppe ; ils apportent aux montagnards prisonniers, isolés du reste du monde, des quartiers de renne gelé. Mais, en été, on dirait un pays de rêve, une féerie shakespearienne baignée de lumineux soleil ; des jardins fleuris, des haies blanche d'aubépine font un cadre verdoyant aux clochetons en bois, aux tourelles, aux coupoles des chalets rustiques, — un coin d'Italie. Et au bout du chemin, Trondjhem, la ville de la légende et de la poésie, où l'herbe qui pousse entre les pavés, dans les rues, assourdit les pas, pour permettre aux souvenirs de continuer leur sommeil ; — Trondjhem nonchalamment couchée au bord du fjord, poursuivant un songe brumeux au bruit de la vague inlassable, durant « les grandes nuits magnifiques où la lune écaille « d'argent la surface de la mer » (1).

Les hommes sont ce que cette terre les a faits, rudes, ombrageux, indépendants. La solitude leur a donné je ne sais quelle inclination à la poésie et à la tristesse, l'éducation luthérienne les a façonnés à l'intolérance. Taciturnes et violents, mais fiers et d'une énergie indomptable, en eux bouillonne un océan de passion contenue qui parfois démolit ses rives et s'échappe en éruptions effrayantes. Dans les fêtes, dans les noces, partout où ils se trouvent ensemble, il est rare qu'il ne s'élève des rixes meurtrières, des mêlées terribles, et les femmes, qui prévoient le cas, emportent le matin de ces jours de réjouissance « la chemise de mort » de leurs maris.

Le talent de Stephan Sinding est pétri de cette terre ardente, nourri de cette sève énergique, imprégné de cette sensualité contenue, timide mais saine et toute-puissante, comme celle qui jette aux bras l'un de l'autre, les soirs d'été, les farouches amoureux de Björnson. Lui est petit et maigre, noiraud, presque malingre, mais ses yeux noirs, chargés de flamme, sa parole forte et sonore, son geste souverain, disent tout ce qui dort en lui de vigueur vivante. Pourquoi, le jour où je le vis pour la première fois, par un de ces mouvements d'idées qui viennent on ne sait pas d'où et signifient on ne sait

---

(1) Björnson.

pas quoi, ai-je songé à Puget, qui, quand il sculptait, « faisait trembler le marbre » ? Sinding est de la race de Puget, un de ces vaillants athlètes de l'Art, désintéressés, amoureux seulement de la Réalité esthétique, si belle qu'elle fait battre le cœur.

*
* *

Il eut la jeunesse d'épreuves que méritait son talent. Étudiant médiocre de l'Université de Christiania, ayant trempé son corps à la vie singulière que mènent là-bas les étudiants, vie de travail furieux et des furieuses saôuleries, à dix-neuf ans, il cherche sa voie, tâtonne, hésite. A ces incertitudes il gagne de connaître la fortifiante misère. Mais il ne se décourage pas, il est jeune et le montre de reste. « Je vivais alors, me disait-il un jour dans son français pittoresque, sillonné d'éclairs, émaillé de fortes images revêtant de fortes pensées, je vivais alors avec un franc par jour et je m'endormis plus d'une fois le ventre vide; mais j'avais bon espoir et confiance en moi. Non loin du port, dans le quartier populeux, je louai un vaste atelier dans une masure abandonnée, si mal close que les quatre vents du ciel y venaient jouer aux barres, si humide que je n'avais pas besoin de couvrir mes argiles et qu'elles ne séchaient jamais. Mais j'étais mon maître, je respirais à l'aise, dans ma baraque immense, et, me réchauffant au feu des pensées qui brûlaient mon cerveau, je n'avais jamais froid. J'eus beaucoup de peine à trouver des modèles, et je me désolais; le climat du nord nécessite d'épais vêtements, et les épais vêtements font la pudeur farouche ; les femmes ne montrent pas leur chair. Mais la fille d'un marchand de bois de Konswiger, morte depuis, qui s'enthousiasmait pour l'art et rêvait des héroïnes de la légende, consentit longtemps, jusqu'à mon départ de Norvège, à se dévêtir pour moi. Je n'eus jamais, à son endroit, un désir, une pensée charnelle. Mais je travaillais comme un forçat, et peu m'importait vraiment tout ce que j'avais souffert quand je pouvais me dire que ma besogne était solide et bien créée. »

Mais son maître? Son tempérament fougueux le portait à la révolte, et, du reste, il tenait à son originalité. Le souvenir de Thorwaldsen régnait alors despotiquement en Scandinavie. Dernier des Grecs antiques, Thorwaldsen avait su, après dix-huit siècles, animer le marbre du souffle divin de Praxitèle; il avait repeuplé l'Olympe, il avait été le puissant amant de cette Muse long drapée qu'autrefois, dans les bois sacrés, allait entendre soupirer Virgile; elle l'avait bien des fois visité dans sa solitude de la Campagne Romaine. Ce Danois avait eu des yeux façonnés pour la riche lumière du Sud, pour la noble et précise ondulation des lignes, pour la sérénité heureuse des attitudes; il avait ignoré la lassitude moderne, le morne affaissement des muscles fatigués, l'amère mélancolie du regard et de la bouche. Il avait trouvé la vie belle, harmonieuse et souverainement bonne; il n'avait pas soupçonné ce qui la fait anxieuse et misérable, l'angoisse de l'inconnu, la lutte tragique entre l'action et le rêve, le désir et l'amour. Il était doué, au contraire, d'une sensibilité classique et mesurée; en lui palpitait, exquise et discrète, l'âme d'un ancien. Mais un tel don ne se communique pas; celui qui l'a reçu l'emporte dans la tombe, et les disciples du Maître se brisèrent les reins à vouloir monter jusqu'au sommet céleste où planait l'ombre mystérieuse du demi-dieu disparu. — Pourtant, quelle autre route choisir quand on est Scandinave et qu'on reste en Scandinavie, pays de la chimère et de la brume, d'où la lumineuse certitude des lignes, qui fait la beauté plastique, semble à jamais exilée ?

Sinding comprit obscurément que le secret de la statuaire antique était perdu et que la méthode de Thorwaldsen était dangereuse pour des mains moins fortes que les siennes. Il comprit encore qu'aux seuls initiés peut convenir un art d'une simplicité si raffinée, que l'humanité moderne veut autre chose. Ces formes magnifiques enchantent ses yeux, sans doute, satisfont son impérieux besoin de calme et d'harmonie ; mais, inquiète, elle cherche sous ces formes on ne sait quel inconnu qui vibre comme elle vibre, qui soit affligé des mêmes angoisses, exalté par les mêmes espoirs, qui souffre et jouisse à l'unisson d'elle-même. Les anciens, sages trop clairvoyants pour tenter de sonder l'insondable, se bornaient à célébrer, à reproduire la divine matérialité des choses. Nous, plus audacieux, moins sains aussi, nous voulons pénétrer cette matérialité, faire surgir l'esprit qu'elle recèle ; nous demandons à nos artistes de dépenser toutes les forces de leur cerveau, de leur cœur, de leurs muscles, pour nous donner, ne fût-ce qu'un instant, le frisson sans pareil que fait naître « le baiser d'une âme sur une âme », comme dit Henri Heine.

Mais, pour être sculpteur, il ne suffit pas d'adorer les riches et savoureuses manifestations de la vie ; il faut aimer le soleil, créateur de la vie. La statuaire est un art de joie, qui chante la volupté d'être et la splendeur de la force, — tout ce qu'il y a de parfait en ce monde. Et la joie s'épanouit dans la lumière, et il faut de la chaleur pour que jaillissent du sol les formes idéales. Aussi, pour le lointain exilé aux pays nocturnes qui veut s'emplir les yeux, faire couler en ses veines cette magnificence, il n'est qu'un moyen : boucler son sac et s'en aller, pèlerin vagabond, vers la patrie où l'art fleurit, abondant et touffu, en pleine liberté sensuelle.

Donc Sinding se tint à l'écart de Thorwaldsen et quitta la Norvège.

Il s'en alla d'abord à Berlin. Je ne sais s'il se crut à l'école d'un maître, en pénétrant dans le temple vieillot où Wolf, pédagogue officiel, enseignait à des élèves béats les éléments d'un métier qu'il connaissait à peine ; ce qui est sûr, c'est que sa forte nature triompha de cette médiocrité qui voulait l'étouffer. Resté un an et demi dans « l'Athènes de la Sprée », il y chercha vainement l'aliment esthétique, dont voulait être rassasié son robuste appétit ; il n'y trouva que l'ennui. Il vit sortir du sable brandebourgeois la vaste caserne rectiligne et couler dans les rues le flot d'or venu de France, mais rien, pas même les frêles et frileuses statues qui grelottent sous les ombrages clairsemés de Potsdam, ne lui révéla ce que pouvait être cette beauté supérieure qu'il implorait en vain. — Il finit par se révolter contre l'Académie, où, du reste, il n'allait jamais, contre le docteur Wolf, contre tout cet enseignement fade, qui l'écœurait. On lui montra la férule : il s'enfuit.

Il arrive à Vienne en 1872, en pleine exposition, et, là, fait connaissance avec notre école française contemporaine. C'est une révélation. Il vient enfin de découvrir la vérité éternelle de l'art, et qu'il n'est pas seulement une reproduction scrupuleuse des choses, et qu'il doit en exprimer l'âme ; il apprend que chaque manifestation de la vie, plaisir ou douleur, angoisse ou sérénité, porte en elle son symbole que les grands ouvriers sculptent en rêvant dans la pierre; où ils versent et scellent à jamais, comme en un précieux vase, la liqueur inaltérable de l'émotion qui bouillonne en leur cœur; il sait désormais qu'un homme, un animal, une effigie effacée, semble-t-il, est un raccourci des forces redoutables de l'univers, et qu'en les imitant, on peut et l'on doit résumer le monde en elles. Il fut ébloui, et résolut d'aller voir les maîtres dont la haute pensée pétrissait ainsi la matière enfin domptée. Il fit à Paris cinq voyages successifs et de longs séjours. Bientôt, à la chaleur qui rayonnait de ce foyer intense, il sentit mûrir son génie, éclore en lui les œuvres dont la sourde germination le travaillait si fort, et, en 1875, de Rome où, entre deux séjours en France, il était allé planter sa tente, il revint avec son *Groupe barbare* qui, du jour au lendemain, le fit célèbre.

Dès lors, l'histoire de sa vie est l'histoire de ses œuvres. Las de la bohème et de la misère, il asseoit sa vie dans une solitude tranquille et laborieuse. Il vient se fixer à Copenhague, centre artistique de la Scandinavie, à proximité de l'Allemagne et de la France. En 1886, il se fait naturaliser Danois et se marie. Il épousait une charmante femme, Norvégienne comme lui, mais l'une des plus aimables comédiennes du Théâtre Royal de Copenhague. Instruite, intelligente, d'un tempérament légèrement enclin à la tristesse, affinée par une rare éducation artistique, elle aura sur le talent de son mari une influence dominante; plus d'une fois elle lui suggérera la pensée dont il sera le puissant ouvrier. Souvent, dans l'œuvre de Sinding, on trouve de chaudes et discrètes allusions à cet amour qui bâtit son bonheur. Si la femme lui a paru savoir la douloureuse énigme de la vie, c'est qu'une femme lui a révélé quels trésors de tendresse infinie elle dispense à ceux qui souffrent et qui luttent. Elle l'a fait ce qu'il est avant tout : le poète amoureux, passionné, de cette « argile idéale », la chair féminine, et le spectateur ému, vibrant de la douleur humaine.

***

Dès sa première œuvre importante, *Groupe barbare*, il apparait comme tel.

Une vieille femme, à demi-vêtue, aux traits austères et durs, aux muscles anguleux, relève son fils mort et le tient dans ses bras. Il vient sans doute de tomber à ses pieds, dans un combat ; de sa bouche ouverte s'échappe un cri d'agonie. Le sculpteur, ceci le prouve, est jeune encore ; il n'a pas su se dégager de la sensation matérielle ; il ne sait pas que la douleur doit être exprimée par l'ensemble des attitudes, non par l'expression de telle ou telle partie du corps, en particulier. Un cri déforme la bouche, déforme le visage, et ce cri muet les déforme sans remède. Cette déformation détruit l'harmonie générale à qui tout le reste doit être sacrifié. On dira : Mais la nature le veut ainsi, elle se soulage en criant. Sans doute, mais, le soulagement obtenu, la souffrance diminue, s'apaise, et l'impression qu'elle nous procurait, impression toute nerveuse et physiologique, s'émousse et s'évanouit. Elle était trop soudaine, trop vive, pour durer longtemps. Du reste, pourquoi la mère ne crie-t-elle pas, comme son fils ? Elle est frémissante, farouche et résolue, droite dans sa sombre désespérance, mais sa tête à demi penchée sur ce corps dont la vie s'échappe, ses bras raidis, le morne alourdissement de ses paupières disent l'immense accablement de son cœur. Et une admirable expression de tendresse illumine son dur visage ! Elle est résignée ; elle sent peser sur elle et sa progéniture la griffe effroyable du Destin, mais elle triomphe de cette fatalité par la force irrésistible de son amour. Au reste, et bien que le corps de l'éphèbe garde, jusque dans son mortel abandon, je ne sais quelle raideur pénible, l'ensemble est vigoureux et bien bâti. Il s'éveille, à le considérer, en mon esprit, un grandiose souvenir historique : celui des femmes barbares, blanches épouses des Cimbres vaincus par Marius, qui, leurs enfants égorgés, se pendaient au timon des chariots plutôt que de tomber en servitude.

Cette tendance fâcheuse vers l'art romantique, vers l'art populaire du mélodrame et des gros effets de style, Sinding la suivit quelques années encore. Il semblait vouloir surtout frapper les sens d'une vibration brutale, il ignorait la douceur, la grâce molle et souple, la délicatesse éclairée des nuances. L'artiste est un « homme-femme », dit Michelet. Le Norvégien rude et féroce répugnait à cet hermaphrodisme esthétique. Il restait le mâle, le mâle ardent et sanguin, plus fort qu'habile, d'une énergie âpre et farouche. Sa *Valkyrie* est la plus belle œuvre qu'il ait réalisée, durant cette période tourmentée, inconsciente, hésitante encore de sa carrière. La déesse est dressée, vaillante et orgueilleuse, sur un cheval frémissant, qui se raidit sur ses quatre pieds avant de fondre sur le Monde. Elle brandit sa lance guerrière ; on la sent emportée, crinière au vent, dans la tempête qui fait claquer au vent son armure. — Mais l'œuvre qui suit celle-là est d'un tout autre genre et la *Mère enchaînée allaitant son enfant*, procède d'une toute autre inspiration. On voit poindre la pitié, fleur timide encore, dans le cœur du poète, et l'émotion humaine ; on comprend qu'il a tenté d'animer le marbre de cette vie expressive, vie intérieure, bien supérieure à la vie du corps. La femme, nue, est à genoux, assise sur ses talons, les mains liées sur les reins. Elle tord péniblement son torse pour faire descendre jusqu'aux lèvres du petit vagissant, d'une grâce frêle et comme meurtrie, ses pendantes mamelles. Or, voici l'impression qu'on éprouve devant ce groupe, et qui vous serre au cœur : d'abord, le tragique de l'aventure, — gros effet facilement saisissable pour la masse ignorante, — qui mit si bas cette femme, la dépouilla de toute beauté charnelle, et l'écrasa sous le malheur. Les muscles sont faussés, la ligne du dos douloureuse. Mais, peu à peu, la brutalité semble s'adoucir, se fondre, disparaître, et l'impression pénible est éclipsée par l'éclatante lumière du symbole qui, crevant ces formes lamentables, jaillit dans un soudain éclair. Cette mère, pauvre femelle rampante, qui est-ce, sinon l'humanité donnant sa propre substance aux enfants gloutons qui lui doivent la vie ? Et que signifie cette tête inclinée vers le sol et ces yeux baignés de larmes de détresse et d'amour ? La résignation à la Destinée qui la force, cette humanité plaintive, à poser sur la terre ses genoux ensanglantés, qui lui lie les mains, mais, consolation suprême ! ne peut ravir la pitié ni l'espérance du jour attendu où brillera le triomphe certain. Si la souffrance est atroce, la joie sera ineffable. Et cette mère revivra jusqu'à la consommation des siècles dans cet enfant débile qu'aujourd'hui elle allaite en pleurant et qui deviendra un homme. Protégé par la Vénus glorieuse et féconde, la Vénus éternelle, il perpétuera la vie toujours, toujours, à l'infini.

> C'est elle, c'est Vénus qui, le cœur plein de fièvres,
> Nous pousse dans tes bras chargés d'humanité,
> Femme! et nous fait trouver, dans le miel de tes lèvres,
> Le secret de la vie et de l'éternité!

Au reste, il a grandi, et il triomphe, et c'est la grande Déesse qui l'inspire et l'anime dans ce groupe admirable, digne des meilleurs maîtres, le chef-d'œuvre de l'artiste, que Sinding appelle simplement *Homme et Femme*, qui pourrait s'appeler *Le Baiser* et qui, exposé chez nous en 1890, fut classé hors concours. Un éphèbe baise sur la bouche une jeune fille. Le poète a saisi les attitudes et les formes dans l'instant précis qui précède la possession complète. La chair de la vierge est exquise, d'une noblesse divine, d'une sensualité discrète et savoureuse. C'est un corps de vierge du Nord, aux lignes à peine infléchies; il a la candeur hésitante et fraîche d'un bouton qui va s'ouvrir. La ligne du ventre et des hanches est presque droite, sans ondulations fortes, et les seins, menus et durs, ont une grâce précieuse. Plus tard, sans doute, ces seins se gonfleront; ce ventre, ces hanches, s'élargiront sous la poussée des maternités fécondes; mais la tête aux longs cheveux dénoués, au front bas, au nez droit, aux yeux languides et profonds, mais les jambes souples et fuselées, fines colonnes d'un temple d'élection, garderont leur charme adorable. — Cependant elle s'abandonne mais résiste encore; ses épaules se raidissent, elle offre sa bouche dans un baiser furieux, mais refuse, prise d'une peur obscure, son sexe désiré; mais déjà elle est couchée sur le genou droit de l'amant, ses pieds ont quitté le sol. Aussi bien comment résisterait-elle à la vigueur du mâle victorieux, qui triomphe et protège à la fois, résumant dans un geste toute la signification profonde de l'amour masculin? Le côté droit du jeune homme est affaissé, et les lignes en sont apaisées et molles, et son bras soutient doucement la tête de l'aimée. Mais le côté gauche est emporté dans un élan farouche, le genou en avant, et le bras gauche collé sur elle, et la main gauche crispée ravissent la proie. La victime est prête pour l'autel de la Déesse. Elle comprend, et, de ses bras un peu grêles, elle entoure le cou puissant du ravisseur, elle colle ses lèvres à ses lèvres, éperdument.

> Ces délires sacrés, ces désirs sans mesure
> Déchaînés en leurs flancs comme d'ardents essaims,
> Ces transports, c'est déjà l'humanité future
>   Qui s'agite en leurs seins !

Oui, ils ne se livrent si pleinement l'un à l'autre que parce qu'ils ont la mystérieuse mission de créer, et leur avidité n'est si douloureuse que parce qu'ils pressentent obscurément la souffrance encore inconnue qui sortira de leur enlacement. Qu'importe ? La palpitation de leurs cœurs fait palpiter le marbre, le monde applaudit. Et quand même le Destin mauvais s'acharnerait sur ses victimes; quand même, ainsi que le dit le sage antique, la vie serait à nos yeux comme l'étincelle que produit le frottement du bois s'allumant et s'éteignant sans que nous sachions ni d'où elle vient, ni où elle va ; quand même les générations infinies, nées de la brève étreinte de ces esclaves de la chair, traîneraient sur la terre marâtre une chaîne écrasante, vouées à la douleur, au désespoir, à la mort, — cette étreinte, cette union charnelle n'en reste pas moins sacrée, au-dessus des outrages et des malédictions. En un point de l'espace et du temps, deux êtres jeunes, beaux, transfigurés, se sont aimés.

*
* *

Influencé par Mercié, par Frémiet, surtout par Falguière dont il ne se lasse pas d'admirer « la Diane au corps antique, au squelette solide, aux muscles vivants », Sinding, comme Rodin, n'eut en réalité qu'un seul maître : Michel-Ange. Mais, ce qui lui plut, tout d'abord, ce qu'il admira surtout dans les œuvres du prodigieux Florentin, ce fut la rudesse outrancière, l'énergie étrange et violente qui nous trouble et nous déconcerte, mais qui s'harmonisait à la férocité originelle de sa nature. Il crut que, pour émouvoir le cœur, il faut frapper de grands coups, il eut de la réalité une conception démesurée, il la dépassa. Mais un jour il connut la Femme ; il fut jeté dans une angoisse étrange ; il douta de lui-même. Guidé, aidé, soutenu par cette rayonnante influence qui fondait les rudesses de son être, il comprit que les grands ne sont que des hommes, après tout, et qu'il n'est qu'un maître, un maître immense, infiniment varié, toujours nouveau : la nature. Comme Rodin encore il prend la résolution, et la pratique, de lutter contre la nature, seul à seul, comme Jacob contre l'Ange, et de la forcer à lui livrer son secret, dût-il en mourir. Ce secret, quel est-il, et comment le connaître ? Il s'attache à dégager des choses la profonde signification du symbole qu'elles renferment, sachant que dans tout être cosmique se cache une âme, image de la grande âme du monde. Les efforts qu'il faut tenter n'ont qu'un but : fixer dans la matière rebelle, frissonnante et vibrante encore, la vie. Or la vie, qu'est-ce ? sinon l'amour, et l'amour ? sinon la douleur. Et qui, dans l'univers, vit le plus, aime le plus, souffre le plus ? sinon la femme, la femme crucifiée au sommet du calvaire et qui ne se plaint pas, mais nous enseigne au contraire l'espoir et comment nous devons souffrir? La vie est émouvante et c'est parce qu'elle est émouvante qu'elle est belle. Réaliser la beauté, c'est faire sentir, c'est toucher au cœur.

Sinding, comme Rodin toujours, n'est donc un poète de la douleur que parce qu'il est un poète de la femme, en qui dort le symbole humain. Et, de même que Rodin son *Enfer,* il projette un *Jugement dernier* où il symbolisera l'épouvante qu'inspire la vie à ceux qui l'ont traversée, qui l'ont vécue, et en sont morts. Ces deux maîtres sont grands, ils résument tout l'effort artistique de notre siècle, épris de vérité, profondément humain. Ils ont posé beaucoup de problèmes, ils ne les ont pas résolus tous, mais on peut dire de l'un comme de l'autre qu'en sculpture ils ont créé un frisson nouveau et donné à la pierre une vie anxieuse et tourmentée que, depuis Rude et Carpeaux, elle n'avait jamais eue.

BJORNSTJERNE BJÖRNSON.

Au tournant d'un rocher à pic, et surplombant la route, une villa. Carrée, lourde, sans grâce à l'extérieur, cachée au fond d'un parc, entourée d'un jardin, elle ressemble à tous les *gaard* norvégiens. Mais quand on a franchi le vestibule à colonnade, tout de suite, à mille détails, apparaît la délicatesse artistique. Une antichambre élevée sur marches s'ouvre dans une grande salle dont les boiseries blanches alternent, le long des murs, avec des ornements sculptés. Peu de luxe, mais du confort, et cette intimité pénétrante qui dit les douceurs de la famille et les sérénités d'une vie calme. Des tapis à terre; aux murs, quelques toiles de Dahl et de Munthe, paysages de neige ou de soleil, fjords endormis, rivages écumants, — et quelques-unes de ces belles tapisseries multicolores, que fabriquent les femmes au long des veillées d'hiver, et qui sont devenues, m'a-t-on dit, introuvables. Et des meubles, des tapis, des tableaux, des tentures, de toute cette demeure lointaine et solitaire, monte comme un parfum de poésie heureuse.

Tout à coup un homme apparaît, en veston de drap,

accueillant. Une tête puissante, aux larges méplats, que domine et couronne une chevelure abondante et courte; de grands yeux étincelants; une bouche rasée, à la fois austère et brutale, aux longues lèvres, aux commissures amères et lasses, — le tout sur un corps immense, musclé, râblé, trapu, solide, un corps de montagnard trempé dans la froidure et les tempêtes. En somme, une physionomie éclatante et lumineuse, inoubliable, de mystique et de lutteur, pétrie de passion vivante et d'énergie superbe, — une physionomie de Lamartine démocratique et paysan.

La ferme, c'est Aulestad; le fermier, Björnson.

I.

On m'a raconté qu'un matin Björnson, qui se trouvait alors en ce domaine rustique où je l'ai présenté, descendit de sa chambre comme transfiguré. On eût dit saint Paul se relevant de sa chute, sur le chemin de Damas. Il réunit sa famille, ses serviteurs, et à tout ce monde il annonça qu'après de longues réflexions, il avait reconnu l'erreur religieuse dans laquelle, jusqu'alors, il avait vécu. Et, de ce jour, il devint, paraît-il, le fougueux libre-penseur qui s'est attiré tant de haines et conquis tant d'enthousiasmes par son zèle indiscret. De la crise morale qu'il avait subie il sortait jeune et comme nouveau. Brusquement, sans hésitation, sans le moindre soupçon de ces luttes poignantes qui faisaient crier Pascal sous leur étreinte, il avait obliqué à gauche.

Cette histoire, vraie ou non, est celle de la nation norvégienne depuis cinquante ans. Ce demi-siècle qui finit aura été le Germinal philosophique et littéraire de cette nation, une période aiguë de puberté morale. Après que les grands vapeurs qui miraient dans l'eau morte des fjords leurs flancs brunis par les soleils du Sud, eurent jeté sur cette terre, trop longtemps oubliée, l'écrasante cargaison des sensations et des idées contemporaines ; lorsque l'âpre angoisse où nous nous débattons, tous, tant que nous sommes, et qui fait à plus d'un verser de cuisantes larmes, eut enfin ébranlé, réveillé ces âmes autrefois figées dans une sécurité séculaire, — une vie nouvelle, fébrile et douloureuse commença pour ce peuple, brusquement emporté dans le tourbillon des doctrines orageuses d'où, semble-t-il, allait sortir un monde plus jeune et purifié. Aux dieux chancelants, bien vite enveloppés dans un crépuscule de plus en plus obscur, des audacieux tentèrent de substituer d'autres idoles ; les livres des philosophes remplacèrent en beaucoup de mains les livres des prophètes. Mais ce ne fut pas sans lutte ardente, — et tout Björnson est dans cette lutte et cette révolution.

La Norvège, sauf les deux ou trois grandes villes où viennent aborder tous les peuples du monde, n'est, principalement dans l'intérieur, qu'une agglomération de villages ou de bourgades dont les maisons se groupent autour de l'église qui les domine et semble les protéger. « L'église est l'âme profonde du village. » — De même, la société norvégienne n'est qu'une agglomération de petits groupes autonomes qui ont pour noyau central le clergé des campagnes et des districts. L'influence de ces groupes individuels est souveraine, dangereuse pour l'État lui-même. Les paroissiens vont chercher le mot d'ordre au presbytère et n'ont, avec le reste de la nation, d'autres liens que les liens religieux.

Les murailles rocheuses qui sont comme les fondements du pays, de-ci de-là s'écartent, s'ouvrent en couloirs verdoyants et forestiers, humides, où il fait en été jusqu'à trente-cinq degrés de chaleur. Chaque vallée, séparée de celles qui l'avoisinent par la montagne, forme un monde à part, qui a ses mœurs, ses traditions, son dialecte, ses légendes, que n'altèrent pas les grands souffles universels. Le *Hardanger* est unique en Europe, et le *Hallingdal* doit à son isolement d'avoir pu conserver l'originalité des coutumes et du tempérament des paysans demi-barbares qui le cultivent. Car, en ces coins perdus, l'horizon de l'esprit est plus borné encore que l'horizon des yeux. Pour contempler les vastes étendues il faudrait monter jusqu'aux sommets; mais la montagne est haute, les chemins difficiles et les *Varde*, les tas de pierres surmontés d'une figure de bois et d'un poteau gravé d'une inscription rustique et courte, lapidaire, enseignent au voyageur qu'il ne faut pas s'aventurer trop loin. « Fuis au plus vite, comme une biche! Ne « vois-tu pas l'orage qui monte au pic neigeux du Faa« narak? » Le fjeld n'est praticable que durant deux mois de l'année. D'octobre à mai, il reste enseveli sous la glace, battu par les vents, noyé par les pluies, perdu dans les ténèbres qu'illuminent parfois, durant les nuits sans fin, le tragique et sanglant reflet des aurores boréales.

L'éducation religieuse avait façonné les âmes à la vie intérieure; le climat, les conditions matérielles de l'existence les forcent à la vivre. Une exaltation dangereuse, une mélancolie invincible qui trop souvent mène au désespoir, deux pôles entre lesquels oscille la sensibilité norvégienne. Sensibilité exaspérée par une tension séculaire, sensibilité de race antique et fatiguée, qui bien rarement se fixe à l'équilibre stable qu'est l'heureux génie de Björnson. Pourtant la solitude l'a maintenu dans une sorte de jeunesse factice et prolongée qui mérite à ce peuple le nom de Benjamin des peuples d'Europe. A force d'énergie cérébrale et d'audace métaphysique, il est revenu, de guerre lasse, à cette religion du respect qu'ont en nous ruinée les railleries des sceptiques et l'analyse des philosophes; il a conservé cette intrépidité dans la conviction, que nous jalousons un peu, nous autres, décadents irrésolus dont la volonté est malade et l'esprit surmené. C'est un privilégié qui se retrempa dans sa nature vierge, qui poussa en pleine franchise, loin du bruit des paroles sonores, à l'abri du torrent des idées. En un mot, il a gardé le don de la croyance et, plus que de toute autre chose, il a besoin de foi.

Foi religieuse, philosophique et politique : il la pratique sous toutes ses formes ; l'essentiel est qu'il en soit une et que d'elle, l'individu qui l'accepta puisse tirer les règles immuables de sa vie morale comme de sa vie active. Mais la foi politique, la croyance à l'indépendance qui se manifeste si clairement dans l'esprit d'égalité qui anime la société norvégienne et inspire ses institutions, n'est qu'un aspect de la foi religieuse. Dans l'esprit de tout Norvégien, d'Ibsen comme du dernier pâtre des *Valders,* veille, obscure ou brillante, cette idée évangélique, allumée au flambeau biblique, qu'on ne peut se conduire au hasard et sans guide, et que les élus sont rares qui, ayant marché dans une nuit profonde et pendant longtemps, trouvent enfin, par grâce spéciale, la vraie lumière qu'ils ne cherchaient pas. Et c'est pourquoi les uns et les autres ont le respect de la gravité de la loi morale qu'ils s'imposent; pourquoi les écrivains, bons ou mauvais, qu'ils lisent, et les pasteurs qu'ils écoutent, leur parlent en un langage si fort des redoutables problèmes de la vie. Le génie luthérien les a pénétrés; la doctrine luthérienne a pétri leur âme, — ce peuple est un peuple austère et méthodique, sectaire. Aussi, vivre, ce n'est rien autre chose « qu'avoir une vocation ». Connaître quelle est sa vocation, la bien remplir, et sans faiblesse, — telle doit être la substance cachée des pensées et des actes d'un être humain, quel qu'il soit. Or, pour qui veut connaître sa vocation, il faut réfléchir, et, pour réfléchir, beaucoup discuter. On ne doit se décider qu'à bon escient, et l'esprit calme. Et, pour mieux assujettir en son âme l'idée à qui désormais sera suspendue toute la vie morale, il la faut dépouiller des draperies illusoires dont la couvre un art raffiné. Étonnez-vous, après cela, qu'une jeune Norvégienne de classe moyenne puisse avoir, comme presque toujours il arrive, la même liberté dans la parole et dans la pensée que dans ses mœurs journalières; qu'elle marche seule, ignorant peu de chose et ne craignant rien, sans qu'on songe à l'arrêter et sans qu'on s'en étonne; qu'elle parle chastement, sans même qu'une lueur douteuse vienne troubler ses yeux purs, des choses les moins chastes, et qu'elle échappe à cette poésie charnelle des idées qui, bien souvent ailleurs, détraque les volontés en troublant les esprits? Comment encore s'étonner que la controverse soit l'aliment nécessaire à l'intelligence de ces hommes du Nord comme le pain à leur corps? Que les arts plastiques, les arts de la chair, joie des yeux, émoi dangereux du cœur, ne soient guère en ce pays appréciés que par des snobs? Que les maîtres scandinaves, dévots de beautés et de formes impeccables, se plaignent de la démocratie grossière qui fait loi dans leur patrie et parfois les en chasse, et qui préfère une vérité toute nue à une demi-certitude enveloppée et gracieuse? Qu'enfin, et pour cette raison, les personnages imaginés par Ibsen, par Björnson, par Lie même, ne soient guère que des abstractions vivantes, douées de conscience, pour un moment réalisées, et qui craquent de tous côtés sous la poussée des symboles qu'elles portent dans leurs flancs? Tout ce qui pousse et fructifie en dehors de la vérité est nuisible, inutile tout au moins, et, par cela même, de la conscience, doit être arraché comme l'ivraie du champ de blé. Comparaisons bibliques? Et pourquoi non? Cette exaltation morale, elle est nourrie jusqu'à la pléthore par cet ardent piétisme, religion étrange et tragique, dont la froide raison est souvent impuissante à contenir les écarts tumultueux, et dont les versets brûlants s'étalent dans les livres des romanciers comme sur les murailles des villes.

Et quand l'adolescent, quand l'homme mûr lui-même affermi par la réflexion, a résolu d'entrer « dans la voie de sa vie », quand il a découvert sa vocation et consent à la suivre, il n'en doit plus sortir. Nora, qui n'est pas un être d'exception, Nora, l'étourdie, la folâtre poupée, s'en ira jusqu'au bout du rude chemin qu'elle a choisi, debout dans sa conscience, puisant des forces insoupçonnées dans sa personnalité enfin conquise. Personnalité? D'intention seulement, de fait, non. La personnalité, c'est la révolte de l'esprit contre tout ce qui l'entoure et le domine, c'est le doute éternel, non la foi. Or, l'esprit de Nora n'est point un esprit de doute, mais de foi; Nora a changé de croyance, voilà tout. Et elle symbolise l'esprit norvégien. Mais un but volontairement choisi au-dessus de la réalité, en dehors des expériences contradictoires qu'elle suggère, n'est point un but, mais une chimère, dangereuse aux rêveurs qui la créent, aux imprudents qui l'écoutent. Aussi bien, de tels hommes n'agissent pas comme nous agissons; ils n'ont pas autour d'eux, nettes et précises, mathématiques, découpées par une lumière éclatante et pure d'obscurité, les silhouettes des choses et les arbres, et les montagnes; ils se meuvent dans la brume éternelle, dans un crépuscule qu'aucun triomphant soleil n'illuminera jamais; ils perdent aisément les notions positives, ce sont des imaginatifs. Et quand de cette imagination exorbitante que ne saurait contenir aucune notion positive, ils font, comme il arrive, un instrument de foi, l'instrument se retourne et les blesse; la foi, trop lourde pour leurs forces, les écrase. Et quand ils s'aperçoivent, hélas! que l'énergie qu'ils ont déployée pour s'en rendre maîtres était inutile parce que cette foi était un mensonge, ils tombent lourdement dans un effrayant désespoir. Les uns n'ont de refuge qu'en cette paresse, ce désintéressement apathique de la pensée et de l'action qu'on a trop reprochés aux compatriotes d'Ibsen, et qu'il a raillées lui-même; elles ne sont que du désenchantement, la disproportion est trop grande entre ce qu'ils rêvent et ce qu'ils ont. Les autres, envahis par une angoisse irrésistible, crient leur douleur avec une si poignante éloquence qu'à travers les mers et les espaces le frisson mystérieux en parvint jusqu'à nous. Car, s'il est vrai que de cœurs troublés par des passions contradictoires montent à certains jours ces larges clameurs d'humanité souffrante qui s'en vont par le monde et font lever les idées comme, dans la campagne, la plainte d'un animal blessé fait envoler les oiseaux des buissons, n'est-ce pas à cette crise qu'a depuis vingt-cinq ans traversé la Norvège que nous devons la glorieuse floraison de penseurs et d'artistes qui sont comme son magnifique épanouissement? Et pour les esprits supérieurs qui répugnent aux inconscients compromis dont les esprits vulgaires font la rançon deleur repos, n'y a-t-il pas, dans ces luttes tragiques d'un peuple contre lui-même, une cause inextinguible d'anxiété qui les brise? Ils sont écrasés dans la lutte qu'ils engagent, pauvres amoureux d'une sagesse et d'un bonheur chimériques, avec la réalité inerte. Après avoir connu l'ineffable ivresse des espoirs, ils tombent dans une mélancolie mortelle dont aucun ne peut s'évader. Arne Garborg a écrit « Les Ames lasses », l'histoire d'une génération qui n'a plus la force de vouloir parce qu'elle n'a pas eu la force d'agir, et qui s'ensevelit sous les ruines de son amour, de sa religion, de sa foi dans les hommes. Et la tristesse d'Ibsen dans les dernières pages de Solness! D'où viendra le renouveau? De quelle mer idéale et splendide sortira la Vénus immortelle, aux flancs féconds, ineffable symbole de l'éternelle jeunesse?

II.

Ce qui sauva Björnson de ce désespoir, ce fut l'action. Björnstjerne Martinius Björnson naquit le 8 décembre 1832 à Kvikné, dans le Dovrefjeld, au fond d'un ravin perdu au milieu des âpres montagnes, dans un champ de boue liquide couvert de glaces dix mois par an. Pays de sauvages, si rebelles et si féroces, que son père, le pasteur, prêchait avec un pistolet sous sa robe et que plus d'une fois, en rentrant à la cure, il la trouva pillée. Il finit par dompter, par évangéliser cette peuplade, car c'était un vaillant lutteur, un apôtre ardent et de plus un colosse qui n'avait peur de rien. On l'en récompensa en l'envoyant dans le Romsdal, autre pays, coin de Sicile poétique et joyeux, baigné de clartés, ruisselant de cascades sonores, de clairs torrents qui courent vers des lacs en dentelle, semé de villas blanches enfouies dans les verdures, et dont on dit communément « qu'il est au reste de la Norvège ce que le soleil est aux étoiles ».

Le garçon poussa sur cette terre heureuse, tout à la fois ardente et froide, en plein roc, au bord d'un torrent; il y prit ciel et terre, sève et parfum, fier et tout droit comme un sapin. Son être physique, son être moral, jaillirent spontanément de ce sol tourmenté par des révolutions séculaires, y jetèrent des racines profondes. L'ampleur de la force, l'énergie intellectuelle, l'âpreté batailleuse, il les dut à son père, mais aussi à la contemplation première de cette nature farouche et puissante qui refusa de se soumettre à l'harmonie des lois universelles; il tenait de sa mère une sensibilité émue qu'affina et rendit gracieuse le charme flottant, l'insaisissable beauté qui, discrètement, voilait les formes des choses épanouies sous ses yeux. Il ouvrit ses sens vierges aux frissons infinis qui passaient dans le vent, dans les forêts, sur les monts; son cœur aux désirs sensuels qu'éveillaient les multiples aspects de la fécondité inépuisable; son esprit aux rêves. Car, bien que taciturne et quelque peu barbare encore, il connaissait déjà l'école, et ces amitiés enfantines, plantes timides qui fleurissent dans la virginité sentimentale; il connaissait les récits des vieillards conteurs et les douces chansons des filles, et les légendes dorées qui couraient les vallées. Et tout de suite, sur les ailes de l'imagination, il s'envola dans la poésie. — Et quand, à dix-sept ans, il quitte le Romsdal pour s'en aller étudier dans le Sud, à Christiania, c'est un grand et rude montagnard, résistant, comme taillé dans le roc et trempé dans l'eau glacée des torrents;

difficile à manier et à conduire, riche de sève et de virilité, mais cachant sous ces apparences farouches une âme ardente et inquiète, impétueuse et mélancolique, avide d'action, débordante de lyrisme. En elle s'unissaient déjà, profondément, avec une exquise harmonie, l'orgueil de la force et l'émotion poétique.

Tous ces germes fleurirent au printemps de la vingtième année, à Christiania. A peine arrivé dans la capitale, il s'y était lié d'amitié avec Ibsen, avec Vinje, avec Lie, avec toute cette jeunesse bouillonnante d'ardeur et de sang généreux qui allait révolutionner la littérature et la morale de la Norvège. Le trop-plein d'énergie qui s'amassait en ces natures fougueuses, elles le dépensaient en travaux fiévreux, meurtriers pour tous autres que ces rudes gars du Nord, en saoûleries magnifiques. D'âpres discussions maintenaient en haleine leur humeur de bataille, d'interminables controverses, comme seuls en peuvent soutenir ces esprits concentrés et comme enfermés en eux-mêmes par la tristesse des choses extérieures, occupaient leurs loisirs. Et des maîtres, alors dans tout l'éclat du talent, en pleine bataille, Welhaven, Wergheland, excitaient leur jeune enthousiasme.

Le fils du pasteur, timide, aveugle encore, tout plein de cette belle santé robuste qu'il avait puisée dans la terre, au milieu des paysans, porté par sa nature heureuse et son enfantin optimisme vers la joie de vivre, se sentit attiré tout d'abord par le puritanisme bon enfant, prédicant et moral, indulgent et joyeux du pasteur danois Gründtwig, le panscandinaviste résolu qui venait de fonder une secte, presque une religion nouvelle, avec laquelle les gouvernements des trois pays étaient obligés déjà de compter. Il était de ceux qui reçurent, en 1850, la délégation des étudiants de Copenhague venus à Christiania pour conclure l'alliance intellectuelle et morale entre tous les Scandinaves ; il fut emporté comme eux, comme tous les hommes de sa génération, dans le grand mouvement qui soulevait alors tous les peuples d'Europe vers la constitution des nationalités, affermies sur une identité de races, d'aspirations et de génie. Ces idées simples et grandioses convenaient à la simplicité, à la grandeur de son esprit original, ignorant encore et mal éduqué ; il n'allait être, sans doute, qu'un merveilleux instrument entre les mains de chefs puissants et compromettre tous ses dons dans une œuvre banale dont l'initiative n'était pas la sienne. Il se reprit vite, heureusement. De Gründtwig il passa à Wergheland, qui fut le véritable maître de sa jeunesse comme Kjerkegaard de son âge mûr. Ces deux philosophes ont véritablement pétri la riche matière de sa pensée ; à travers les modifications, les transformations qu'apportèrent successivement les années et les maîtres nouveaux, Björnson est resté leur disciple vibrant, celui dont on peut dire qu'ils ont ouvert son âme et façonné son cerveau.

J'ai déjà parlé de Kjerkegaard, de l'apôtre brûlant d'enthousiasme et d'éloquence, sorte de Pascal scandinave, aussi douloureux que l'autre, qui mourut victime du combat qui se livrait en lui entre la foi et la raison. Björnson ne le connut qu'assez tard, vers 1860, au commencement de cette seconde phase de sa vie dont j'essaierai d'esquisser plus loin les origines et les périodes. Mais, lorsque le 17 mai 1885, en face du palais du Storthing, à Christiania, après l'exécution de la cantate composée pour la circonstance par le poète Jonas Lie et le musicien Johann Sphensen, Björnson, à

son tour, prit la parole, en face de la statue de Wergheland que, ce jour-là, on inaugurait, c'était d'un cœur ému et reconnaissant, et en songeant à lui-même, qu'il disait : « Une légende raconte que certaines statues réson-
« nent quand le soleil levant de ses rayons les frappe ; de
« même toute idée de liberté et de développement intel-
« lectuel qui se lèvera en Norvège, elle commencera par
« frapper l'image de Henrik Wergheland et, repercutée par
« ce bronze sonore, elle résonnera à l'infini dans l'esprit
« des générations... Et je dirai en parlant de lui ce qu'il
« disait de vous, de moi, de tous les hommes de ce pays :
« Par ton corps, tu es lié aux rochers de notre patrie,
« mais ton âme est faite pour parcourir, en pleine liberté,
« le ciel et la terre ! » Fils d'un pasteur d'Eidsvold, au bord du Mjössen, la terre classique de l'indépendance, né en 1808, mort à trente-sept ans, Wergheland avait été une grande intelligence et surtout un grand cœur. Dans les anecdotes empreintes d'une bonhomie exquise, qu'il raconte dans son autobiographie, et qui sont « des
« noisettes, avec ou sans amandes, cueillies sur le buisson
« fané de sa vie », on reconnaît que cette vie fut un trop court apostolat, une poésie en action. Un voyage qu'il avait fait à Paris, au lendemain des journées de juillet, l'avait conquis à la cause de la Révolution, l'avait promu citoyen de la France, adepte brûlant du libéralisme contemporain. « Je sens, écrivait-il à un ami, couler en
« mes veines le sang d'un Français, depuis que j'ai mis
« le pied en ce pays qui m'est le plus cher après le mien. »
— De ce libéralisme bienfaisant, il voulut faire profiter tous ses concitoyens, car il adorait sa patrie et, jusqu'à vingt-trois ans, s'était montré scandinaviste intransigeant. Le livre et la parole, la pensée et les actes, tout lui fut bon pour évangéliser la barbarie intellectuelle de

ses compatriotes et leur intolérance morale. En même temps qu'il créait des bibliothèques pour les travailleurs, qu'il répandait à profusion dans le peuple de petits catéchismes philosophiques dans lesquels il avait condensé les formules les plus simples du nouveau dogme qu'il prêchait, qu'il parcourait les districts et les villages, faisant des conférences, entrant dans les chaumières, glorieux Juif-Errant de la libre-pensée, en même temps, pour les dirigeants et les bourgeois, les étudiants et les artistes, il écrivait un poème épique : *L'homme, la Création, le Messie*, en pur dialecte norvégien, en vers exquis et parfumés, drame humain gonflé de beautés obscures, désordonné, bizarre, maladroit, mais traversé de lumineux éclairs de génie et qui conclut, idéaliste à la manière de Rousseau, à la seule religion désormais possible, accessible à tous, la fraternité. De cette nature abrupte avait jailli, comme d'un rocher sauvage, un flot trouble, mais abondant, d'impétueux lyrisme; de ce cœur illogique, mais frissonnant, qui s'était dépensé dans toutes les luttes de la vie inquiète et agitée, préparatrice de grandes choses, qu'à ce moment vivaient les peuples, étaient montés de larges cris de patriotisme et de tolérance. Björnson se sentit jeté vers ces maîtres souverains par des affinités inconnues, mais irrésistibles, comme vers des frères aînés de même sang, de tempérament pareil. Ces glorieux devanciers firent du rêveur inconstant et peu sûr de lui qu'il avait été jusqu'alors, un rude lutteur de l'idéal; tous deux en firent un homme.

A Christiania, donc, de 1849 à 1860, il est Norvégien de corps et d'esprit, de désirs, de paroles et d'idées. C'est le temps de ses premières idylles rustiques, de ses poésies populaires, le moment aussi de sa lutte acharnée pour conserver dans leur intégrité la langue, l'art fruste et mal venu pourtant, les légendes, les traditions, les mœurs, toutes les originalités de sa nation. Le prétexte de la bataille fut un personnel mécompte. Un soir, au sortir d'une représentation au théâtre de Christiania, avec cette belle ardeur de jeunesse que tous ont connue, mais qui, chez lui, dura toujours et dure encore, il improvise une comédie qu'il porte au directeur et qu'on refuse. Ce directeur, Borgaard, était Danois. Comprenez la colère et les récriminations d'un bon Norvégien ! Ce petit paysan piétiste veut réformer la capitale et chasser l'étranger; il attaque tout le monde, sans pitié ni merci, et c'est simplement lui qu'on chasse. Il en profite pour voir du pays, va d'Upsal à Stockholm et de Stockholm à Copenhague. Dans cette ville, il reste le temps d'écrire sa première nouvelle villageoise, *Synneuve Solbakken*, et un drame héroïque, puisé au riche trésor des légendes nationales, *Entre les Batailles*. Leur fortune fut diverse ; celle de la nouvelle heureuse, foudroyante, d'un retentissement immense, même à Christiania ; — celle du drame, éphémère et décourageante. Mais comme la mère patrie avait désarmé devant la jeune gloire de son enfant prodigue, il revient à Bergen, où il succède à son camarade Ibsen dans la direction du théâtre. Il n'y reste que deux ans, de 1857 à 1859, car la bicoque est infâme et la pluie incessante; il aime trop la joie de vivre pour s'ensevelir dans la brume et l'éternel ennui. Mais il n'y a pas perdu son temps; il en revient avec, dans chaque main, un chef-d'œuvre : *Hulda la Boiteuse*, Médée scandinave, dont la tragique passion se déroule en trois actes pleins de cris de colère, d'armes entrechoquées, et de sang, et de flammes; — et *Arne*, la première et la meilleure de ses idylles réalistes, un roman comparable aux plus exquis de Georges Elliot, nuancé, discret, mélancolique, délicieux de simplicité. Il rapportait aussi, dans les profondeurs de sa pensée, les impressions, les théories qu'il avait recueillies dans sa courte carrière directoriale, — riches matériaux d'un roman futur, *La Fille de la Pêcheuse*.

Le voilà de retour à Christiania. Son égoïsme de patriote, le sentiment personnel de son « moi » lyrique, atteignent alors leur paroxysme. L'échec de son ami Ibsen, dont le drame, « les Guerriers de Helgeland », d'abord reçu, avait été refusé plus tard par Borgaard, ralluma toutes ses colères : de nouveau il se jette furieusement dans la mêlée. Il fonde « la Feuille du soir », sorte de Lanterne dont il fut le Rochefort, préludant par d'injurieuses polémiques à sa carrière de journaliste. Borgaard, comme on pense, y était fort malmené, et Wilhelm Wiehe, le premier sujet de la troupe danoise, et Tideman, le professeur à l'école de Dusseldorf, qui défendait la vieille peinture monotone et grisâtre contre la jeune et fraîche peinture impressionniste qu'enseignait Dahl, qui venait de mourir ; du reste, Björnson n'était pas seul. « La Feuille du soir » devint rapidement un des organes les plus écoutés du parti séparatiste, de l'opposition démocratique et nationale. Ibsen, Lie, Botten Hansen, Vinje, toute la jeune pléiade intransigeante y vint combattre le bon combat. Et c'est dans un café de la Tolbuldgade, l'Orsaskafe, que se fonda, le 4 décembre 1859, cette fameuse « Société norvégienne » qui fut comme la première et vigoureuse affirmation de la vitalité du peuple nouveau. Le mouvement aboutit, l'opposition triompha aux élections générales de 1860 ; Borgaard et les siens quittèrent la capitale ; Ibsen, dans une crise de misanthropie, s'exila dans le

Sud ; la « Société norvégienne », désormais sans but, se disloqua bien vite ; la « Feuille du soir », devenue journal officiel et gouvernemental, changea d'orientation. Et Björnson, abandonné par ses compagnons d'armes, resté seul centre tous, dut quitter encore une fois sa patrie (1860).

Il retourne à Copenhague, s'enferme dans la solitude; il en sort pour jeter à la face de ses ingrats concitoyens ses délicieux *Smaastykker* (Petits Poèmes) et, gratifié d'une bourse de voyage dont l'a honoré le parti national intransigeant, traverse l'Allemagne, le nord de l'Italie et s'arrête à Rome. Ce fut un éblouissement. Son âme, prisonnière dans l'étroite prison de son patriotisme et de son intolérance politique et religieuse, s'ouvrit aux souffles puissants de la vie des peuples et du monde entier ; elle s'épanouit dans des fleurs de lyrisme et de poésie, non plus délicates et faciles, mièvres et fugitives, mais somptueuses et magnifiques, enivrantes de parfums. Au grand soleil de l'Italie son être tout entier, comme pour Ibsen, comme pour Lie, comme pour Grieg et Sinding, jaillit en floraisons superbes. La grandiose trilogie, romantique et épique, du roi *Sigurd Slembe* est datée des bords du Tibre. Surchargé de longueurs, de hors-d'œuvre, d'interminables digressions, mais héroïque d'allure et de fougueuse éloquence, ce noble drame qui ressemble, par toutes ses qualités et tous ses défauts, à ceux de Victor Hugo, est impossible à la scène, mais saisissant à la lecture. Le succès en fut immense ; on comprit en Norvège que les plaintes du vieux chef regrettant, même à Catane, au bord des flots bleus, au milieu des belles filles brunes, sa brumeuse patrie et les mers orageuses, et les blondes vierges des torrents, toute sa jeunesse adorée, c'était Björnson lui-même, implorant son pardon. On le rappela, on le dota richement, et on lui donna la direction du théâtre de la capitale (1863).

Sauf le séjour qu'il fit en France, de 1880 à 1885, et pour son agrément personnel, il ne devait plus quitter la Scandinavie.

*
* *

Il avait rapporté d'Italie des impressions ineffaçables, et c'est vraiment alors que commença sa nouvelle existence, si différente de la première, si passionnante et si active. Au milieu des occupations qui l'assaillent, il prend le temps de réfléchir plus qu'il n'avait jamais réfléchi ; il se fait dans tout son être à la fois artistique et moral une transformation profonde, sourde et lente, mais sûre, analogue à celle qui, depuis des siècles, fait émerger peu à peu de la mer Baltique la presqu'île norvégienne ; son voyage dans le Sud l'a changé, a troublé sa quiétude, démoli ses croyances, sapé ses certitudes, tout ce dont, jusqu'à ce jour, il avait vécu. Il approfondit Wergheland, lit avec passion Kjerkegaard. Il écrit, il est vrai, et toujours dans sa première manière, le *Roi Sverre* et *Marie Stuart*, cette noble tragédie qui, quoi qu'en dise Brandes, n'est point ennuyeuse ni surchargée de psychologie, ses *Poèmes et Légendes*, *La Marche nuptiale*. Il semble qu'il recommence sa vie littéraire avec plus de méthode et de maîtrise de soi, moins de charme spontané. Mais voici qu'en pleine gloire, au moment même où, heureux, célèbre, enfin accepté par les uns et les autres et s'imposant à tous, lu par les artistes, les paysans et les pêcheurs des côtes, sorte de Victor Hugo tranquille, inviolable et respecté, il écrit le premier de ses romans révolutionnaires : *La Fille de la Pêcheuse*, où il exprime, sans trop s'en rendre compte encore, les théories et les idées qu'il développera plus tard avec une fougue irrésistible et qu'il s'écrie, comme son héros *Arniolt Gelline*, avec je ne sais quel accent dramatique et désespéré où passent et frémissent les douloureuses incertitudes qui bouleversent cette âme si loyale et si forte : « Oui, « vers la mer laissez-moi partir ! Oh ! laissez-moi voguer « et mourir en voguant ! On m'ensevelira dans un linceul « humide, et ce sera enfin sur mon être le silence que « rien ne trouble ! Tandis que la vague jamais lasse « roulera mon corps vers les rivages inconnus où, durant « les nuits magnifiques la lune écaille d'argent la sur- « face des flots ! » — C'est qu'il avait, comme il l'écrivait lui-même à Brandes, « des yeux qui voulaient voir, des « oreilles qui voulaient entendre » ; — jusqu'à ce moment il n'avait été qu'un Norvégien ; c'est alors qu'il devient un homme.

La guerre de France éclate, qui meurtrit notre patrie, mais émotionna profondément l'Europe entière. Lui, l'ancien Gründtvigien, dont l'horizon humain était si mesquin, si étroit, si égoïste, il sent monter en lui la marée toute-puissante de sentiments de fraternité qu'il ne connaissait pas. Il ouvre dans les trois pays des souscriptions pour nos blessés, il veut susciter une pacifique intervention des trois pays du Nord, il veut châtier l'outrage que fait la force brutale à la morale sacrée qui vient de lui être révélée. Il réussit peu (1), mais ce fut, pour lui, l'explosion soudaine de toutes les aspirations qu'il avait étouffées. On était au plus fort de

---

(1) C'est alors, et pour cela, qu'il reçut la Légion d'honneur.

cette renaissance littéraire et philosophique qui révolutionnait le Danemark et s'étendait jusqu'à la Norvège. Il arriva soudain que Strauss, et Feuerbach, et Moleschott et Hartmann, tous les Allemands contemporains, que Stuart Mill, que Darwin, que Spencer et tous les artistes anglais de Shelley à Swinburne, et tous les artistes français de Balzac à Baudelaire furent révélés à ce génial ignorant qui n'en avait probablement jamais entendu parler. Il avait peu lu, comme Ibsen, et sa nature, plus ardente mais moins réfléchie et clairvoyante que celle de son glorieux rival, ne trouvait pas au fond d'elle-même de quoi suppléer à ces lectures. Il prit tout, accepta tout ; à quarante ans, avec une simplicité, une énergie admirables, il refit son éducation. « Étant connues « les circonstances de ma jeunesse, écrivait-il encore « à Brandes, je devenais la proie de Gründtwig. Et dans « ce monde, rien ne me corrompit, bien que je ne me « laisse conduire que trop facilement. Mais, du jour où « je *vis*, j'abandonnai ces croyances. Mon plus mortel « ennemi peut cacher la vérité dans ses mains, je reste « obstiné et idiot. Mais que j'aperçoive cette vérité, « même par hasard, alors elle m'attire et je ne saurais « lui résister. Dites-moi, est-ce qu'une telle nature n'est « pas facile à comprendre, surtout pour des Norvégiens ? « Je suis Norvégien, sans doute, mais je suis aussi « homme, et, dans ces derniers temps, j'ai presque envie « de signer « un homme ». Car ma tâche, c'est de me « raconter aux autres, et il me paraît que ces mots : « « Un homme » suscitent immédiatement, surtout dans « ce pays, dans ces années, une foule d'idées nouvelles. »

Son histoire morale est, depuis lors, celle de Jean Rosmer, d'un Rosmer actif et vigoureux, délivré des doutes et des incertitudes qui, chez le mystique amant de Rebecca

West, tuent la volonté. Car toujours, à ses yeux, l'action fut le complément du rêve, la fleur de la pensée ; il avait le génie de l'apostolat et la stérile analyse lui répugnait comme une sorte d'avortement intellectuel. Il rencontra sur son chemin plus d'un recteur Kroll, des haines sans nombre, des haines furieuses qui ne reculèrent devant rien, que n'arrêta pas même le mystère inviolable de sa vie privée, de sa famille, qui jetèrent la boue sur son nom. Il resta debout, sans faiblesses ni compromissions lâches, noble champion de ce qu'il crut être la vérité. Depuis vingt ans il est sur la brèche, au premier rang, recevant et rendant les coups, n'ayant rien cédé, n'ayant rien perdu de ses illusions, de son juvénile enthousiasme, ardent et ferme comme au premier jour. Il a traversé bien des intérêts, détruit bien des traditions, amoncelé les ruines, mais sans qu'on puisse dire qu'il a travaillé pour lui-même, s'est fait de ces ruines un piédestal. Son cœur, au contraire, est un foyer qui rayonne à l'infini sur sa patrie, ranime plus d'une vigueur hésitante ou épuisée, réchauffe plus d'une intelligence engourdie dans la froide prison luthérienne. Car, amené par ses lectures et ses réflexions à une sorte de positivisme idéaliste, il tient compte, et résolument, des données que nous fournit la science sur la nature et l'enchaînement des phénomènes, mais il se garde bien, pourtant, de nier, à l'exemple de Littré, de Taine, ou même de Renan dans ses jours de hardiesse, le monde inconnu dont les flots mystérieux viennent battre nos rivages et qui côtoie le nôtre sans que nous y puissions pénétrer. Il se borne à accentuer le dualisme que le positivisme absorbait dans la science, que le christianisme absorbait dans la foi ; il pose le problème douloureux, la tragique alternative entre les pôles de laquelle oscille éternellement, errante et meurtrie, l'âme. Mais, pas plus qu'il ne sacrifie le relatif à l'absolu, il ne sacrifie pas l'absolu au relatif. La religion de sa jeunesse lui semble insuffisante, elle repose sur un postulat, sur une vue conventionnelle, plus idéale que réelle, de la nature humaine ; elle aboutit à l'enfer, elle est un pessimisme idéaliste et, conséquemment, ne peut convenir qu'à certaines sensibilités. Son âme, à lui, n'en veut plus, parce que son âme a soif de liberté responsable et clairvoyante, tandis que le luthéranisme, toute religion née du Christ, se résume en un mot, la prédestination. Mais il embrassa notre vie d'un regard trop sincère pour ne pas constater qu'elle est toute remplie d'inconnu, que ni l'observation ni l'expérience, aucun moyen d'investigation ne peuvent déterminer. Les deux mondes sont éternellement pénétrés l'un par l'autre, mêlés l'un à l'autre, le mystère à la clarté, la science à la croyance, la vie au néant, les baisers des amants aux regrets des morts. Et c'est en constatant, dans chacun de nos actes, à chaque minute de notre existence, cette union effarante et si profonde du connaissable à l'inconnaissable, de l'éphémère à l'éternel, la poussée effroyable de l'inconscient dont nous ne sommes que des manifestations chétives, que nous pourrons arriver un jour à contempler l'auguste face de la vérité radieuse, que nous entrerons *Sur le chemin de Dieu*, ou, du moins, un des aspects de cette vérité multiple, car elle est aussi variée que les phénomènes qui nous la font pressentir. Et comme nous sommes éternellement condamnés à l'ignorance, il nous faut user, les uns à l'égard des autres, de tolérance et de douceur. Bonté, indulgence, voilà les derniers mots du monde. Comment ces idées de libéralisme et de bonté sont par lui mises en œuvre, comment il en comprend l'application à la vie individuelle et à la vie sociale, c'est ce qu'il démontre et ce qu'on peut voir dans ses derniers romans et dans ses drames philosophiques : *Les drapeaux flottent dans la Ville, Une Faillite* (1873), *Le Rédacteur* (1876), *le Nouveau Système* (1879) *Un Gant* (1883), *Léonarda* (1881), *Au delà des Forces* (1886).

Ainsi il fait craquer tous les vieux cadres où jusqu'alors s'étaient enfermés son esprit et l'esprit norvégien. Venu à Paris en 1882, il en revient en 1887, aussi inconnu qu'en arrivant; mais il a respiré un air pur d'indépendance politique et d'équité sociale qu'il veut faire souffler en Norvège. Il en revient, en un mot, plus résolument révolutionnaire qu'il était parti. Il achète Aulestad et s'y fixe, et, retranché dans cette forteresse, il lance sur ses ennemis, les piétistes intransigeants, les conservateurs aveugles, tous les intolérants, une pluie de brochures, d'articles de journaux, et n'en sort que pour les attaquer dans des conférences audacieuses, admirables d'éloquence, de fougue et de logique, qui effraient l'adversaire et font taire la contradiction. Orateur magnifique, polémiste subtil, il consent à combattre, mais sans jamais quitter son artistique armure et toujours comme général. Depuis dix ans il joue le rôle que joua Lamartine en 1848, et, comme son génial devancier à qui, par tant de points, il ressemble, ce qu'il veut, ce qu'il demande dans ses discours, dans ses articles, dans ses plus célèbres brochures : *la Lutte constitutionnelle en Norvège* (1881), *la Crainte du grand nombre* et *la Souveraineté du peuple* (1882), c'est l'abaissement de la démocratie piétiste et fragmentaire, égoïste et fanatique, au profit de la démocratie unitaire et libérale, la fusion de tous les éléments autonomes de la Norvège dans une unité vigoureuse, en une nation qui, prenant alors conscience de sa force, pourra rompre les liens séculaires qui la gênent et l'entravent, vivre de sa vie, et, d'un pied hardi, marcher librement vers l'accomplissement de ses destinées. La communauté de religion, la foi étroite, ne suffisent plus pour asseoir et consolider nos sociétés modernes; il faut la communauté d'intérêts, d'aspirations et de langage. La science a révolutionné le monde contemporain et malheur au peuple qui, piétinant sur place, n'ose pas ou ne veut pas la suivre vers l'avenir ! En avant ! Guidés par quelques hommes d'élite, par les aristocrates non pas de la richesse, mais de la moralité et de l'intelligence loyale, les peuples, plus sages, plus clairvoyants, mûris par la douloureuse expérience des siècles, désabusés par la chute successive des traditions, des idées sur qui s'appuyaient leurs aînés s'en iront, la main dans la main, vers la fraternité souveraine, vers le bonheur tant désiré. Noble et beau rêve d'un philosophe naïf et doux ! Suprême élan d'un grand cœur ému qui n'est pas seulement le cœur sonore de sa patrie, mais encore de notre humanité contemporaine !

L'action, à laquelle toujours il se complut, fit de Björnson, suivant le mot de Georg Brandes, « un optimiste sanguin, vigoureux et génial », — ou pour mieux dire, son optimisme fut celui d'un lyrique épanoui et spontané. — Il ne fut jamais qu'un lyrique, aux temps lointains de sa jeunesse heureuse, comme aux heures de lutte et de souffrance de son âge mûr. Le charme, un charme irrésistible, fait de virilité et de rêverie, de vulgarité puissante et de délicatesse, de rudesse rustique et d'élégance exquise, — telle fut sa qualité prépondérante et qu'il eut toujours au plus haut degré. Qu'un grand vice ait gâté malheureusement ces qualités rares, ait compromis son œuvre et entravé sa vie, l'exagération morbide, exaspérée du *moi*, cela n'est pas douteux. Et que la foi qu'il portait en lui-même ait trop souvent en son âme engendré l'orgueil, c'est possible. Il est plein de feu, de cœur, de grâce, mais qu'on lèse un tant soit peu ses idées, qu'on touche à ses illusions, il veut démolir la société. Son orgueil l'a fait tour à tour conservateur, patriote intransigeant, moraliste rigide, comme plus tard agitateur des foules, indiscret amoureux des popularités grossières. Cette âme ailée et hautaine se traîna trop souvent dans la boue où rampent les ambitions vulgaires qu'elle ne partageait pas. Il inaugura, malgré lui, sans le vouloir, dans sa patrie, l'ère brutale du nombre, et ne comprit pas qu'il allait à l'abîme où s'engouffrent l'aristocratie et la noblesse des sentiments humains. Il bâtit sur des ruines l'individualisme d'un grand homme, sans se douter qu'il travaillait à l'individualisme des malins ou des sots. Et, sur la fin de sa vie, il s'aperçoit peut-être qu'il a démoli bien des temples, sans avoir bâti même une humble chapelle où viendrait s'agenouiller la pauvre race des hommes. — Mais est-ce sa faute?

Non, car ce qui fit son malheur et la caducité malsaine de l'œuvre qu'il entreprit fait aussi son génie. Poëte lyrique, il vécut avec son cœur, un cœur qui vibrait à l'infini, à toutes les grandes paroles du siècle, plus qu'avec son intelligence, et c'est là son excuse, qu'il fut sa propre dupe et qu'il comprit moins qu'il n'aima. Sa vie littéraire comme sa vie active fut un perpétuel acte de foi, foi religieuse ou philosophique, dont l'une a détruit l'autre, mais qui furent également respectables parce qu'elles furent également sincères. Il est d'abord, au sortir de son enfance, grisé par la sensualité saine et puissante qui monte, vapeur enivrante et parfumée, de la grande terre immortelle; il est roulé, frémissant, dans la vaste fécondité du monde. Bientôt les années apportent, chacune à son tour, leurs gerbes d'incertitudes et de problèmes, d'angoisses et de réflexions. « Mes yeux, « disait-il autrefois avec un de ses personnages, ne « savent plus voir lorsque mon âme pense; ce qui doit « arriver arrive, et ce n'est pas la peine de tant réfléchir. » Maintenant il faut agir, et agir selon sa conscience, honnêtement et comme on doit. Or cette action à laquelle il veut désormais consacrer toutes ses forces, à quoi la suspendre et comment l'orienter ? Jadis il a subi la forte discipline de son père, le pasteur, et, bien qu'optimiste par nature, il pratique et respecte encore l'austérité luthérienne. Il consent donc à s'enfermer dans une synthèse étroite et rigoureuse, d'une concision énergique, dans les limites d'une observation sympathique et pourtant inflexible, dans un examen attentif et scrupuleux des apparences et des formes, des hommes et des choses, qui lui permettront, il l'espère du moins, d'arriver à l'essence de la vie universelle. Mais cette forte méthode à laquelle il se condamne contient mal les élans de son lyrisme ; cette observation curieuse et minutieuse ne suffit pas à satisfaire son passionné désir d'absolue vérité. C'est pourquoi, de tous les grands chercheurs de notre temps, s'est-il, certes, montré le plus fortement préoccupé du problème religieux en qui s'absorbent tous les autres, et se l'est-il posé à lui-même avec un courage, une franchise admirables. Et, mieux instruit et plus mûr, comme, par habitude et respect de la tradition, il avait répondu *oui*, d'abord, de même, alors, il répond *non*, mais toujours avec bonne foi. Mais, tandis que ses maîtres nouveaux, les positivistes, avaient tenté de résoudre ce problème au moyen de leur intelligence, lui l'étudie et l'analyse à la lumière de sa passion. Sa vie, pour toutes ces causes, fut tourmentée. Ibsen a peu connu l'incertitude ; il démontre, et déduit, et conclut, — c'est un intellectuel. Björnson cherche, devine et s'enthousiasme, — c'est un sentimental. Et c'est parce qu'il ne fut jamais qu'un sentimental, qui n'avait d'autre guide à travers le monde qu'un large cœur gonflé d'humanité tragique que sa vie, comme celle de Hugo, de Balzac, de Lamartine encore, n'est qu'une suite apparente de contradictions, qu'il erre d'opinion en opinion, d'église en église, d'idole en idole, toujours en quête de mieux, sublime Don Quichotte de la liberté d'être. Ignominie ! disent ses ennemis ; mais n'est-ce pas cette divine angoisse de l'idéal qui l'a fait si grand ? Versatilité ! dit la foule ; mais est-ce du cœur qu'on peut dire qu'il est illogique, et Pascal, le maître souverain des glorieux indécis, n'a-t-il pas constaté qu'il a des raisons que la raison ne connaît pas ?

Et voici un des plus curieux phénomènes que l'histoire littéraire, depuis bien longtemps, ait eu à enregistrer. Un homme est né sur une terre boréale, mystérieuse, aux confins du monde, qui a rempli de sa personnalité superbe toute la moitié du siècle le plus changeant qui fut jamais. Cet homme, toujours ouvert à l'espoir, d'une indomptable énergie dans la bataille, improvisateur abondant et dupe de sa propre éloquence, grisé par sa pensée, par ses paroles, par ses désirs, par toutes les vigueurs débordantes de son être, gaspillant sa vie, dur à lui-même, implacable aux autres, ne craignant personne et n'épargnant rien, — mais désintéressé, mais généreux, mais incapable d'un bas calcul et doué d'une probité rigide, doux aux humbles, ému par toutes les souffrances qui crient misérablement à travers le monde ; cet homme, enthousiaste et inconstant, désordonné et magnifique, qui fit du mal et du bien, et, impuissant à se fixer, se laissa ballotter par tous les souffles purs ou empestés du siècle, se trouve avoir réalisé un des types les plus complets et les plus émouvants du caractère humain...

III.

« ... Dans la montagne, le printemps est tardif. La
« poste qui, durant l'hiver, ne passait sur la grande
« route qu'une fois par semaine, y passe quatre fois en
« avril, et les habitants des hauteurs savent alors que la
« vallée est débarrassée des neiges, que la glace est
« fondue, que les bateaux se risquent sur les fjords et
« que la charrue peut enfin mordre la terre. Mais,
« autour de leurs maisons, six pieds de neige couvrent
« encore le sol, les bestiaux restent aux étables ; et les
« oiseaux, sentant le froid, se tiennent blottis dans leurs
« cachettes. Parfois survient un porte-balle ; il est à
« pied, ayant laissé dans la vallée sa roulotte et ses
« marchandises ; il s'est chargé de fleurs que les prison-
« niers regardent avec curiosité et dont ils ornent les
« côtés de la porte. Et seulement alors les montagnards
« se préoccupent de la marche du temps, causent de
« leurs affaires, observent le soleil, répandent de la
« cendre sur la neige et pensent aux semailles (1). »
C'est quand la montagne s'éveille et se fleurit ainsi de
toute la grâce hâtive et fraîche du printemps, à l'heure
où les garçons quittent les champs pour la mer, s'em-
barquent pour les terres lointaines ou vont se louer

---

(1) Björnson, *Arne.*

dans les villes, que les filles montent aux chalets, *til Sæters*, et conduisent les troupeaux de la ferme aux pâturages. Elles y resteront de Pâques à la mi-septembre, descendant rarement au village, livrées à elles-mêmes dans toute la liberté de la nature. Là-haut, vers les sommets, on vit en pleine ignorance des conventions sociales, en pleine poésie ; dans les chalets, tout le monde dort en commun, dans une simplicité patriarcale. Si, parfois, des idylles s'enchaînent et se déroulent au cours des longues journées d'été, entre les montagnards chasseurs et les filles de la plaine, qui apportent avec elles la grâce enchanteresse et l'inévitable tentation, cette chute est divine, de la femme au milieu de l'éternelle églogue, de l'éternelle splendeur des choses. Le touriste qui passe devient mélancolique, et songe aux temps sacrés où rêvait Théocrite.

Le soir, au crépuscule, les filles chantent pour donner aux pâtres dispersés le signal du retour, et leurs chansons sont adorables. « Je prétends, écrivait G. Sand,
« que l'art du paysan le plus simple et le plus naïf est
« encore supérieur au nôtre. C'est une autre forme,
« mais elle porte plus à mon âme que celle de notre ci-
« vilisation. Les chansons, les récits, les contes rusti-
« ques, peignent en peu de mots ce que notre littérature
« n'a fait qu'amplifier et déguiser. » Ils sont, en effet, bien simples, les thèmes sur lesquels roulent les cantilènes des bergères du Telemarkken ou du Hardanger ; elle est bien fruste la poésie qui s'échappe inconsciemment de leurs lèvres ignorantes, fille immortelle de l'illusion. Du symbole, du mystère, je ne sais quoi de mélancolique et de flottant, qui circule invisible comme la brume sur les cascades, à travers les mots vagues et doux et comme inexpressifs, où passe tout l'infini de l'âme. Tantôt

cette mélancolie éclate et s'épanouit dans une phrase colorée, comme une gerbe joyeuse de sensations fleuries de soleil ; tantôt elle s'insinue insensiblement dans les nerfs doucement ébranlés, éveillant on ne sait quel nostalgique et plaintif regret de bonheurs dédaignés et de paradis perdus. De ces cantilènes, les unes disent les paysages endormis sous la neige, les nuits interminables et glacées que bercent les froids rayons de la lune, reflétés sur la glace, et qui semblent veiller des morts ; les jeux des Nixes cruels dans le mystère des lacs perdus, les rondes des Huldres amoureuses sur la bruyère aromatique, des Kobolds farouches sur la plaine gelée où hurlent les loups, et la résurrection des défunts. D'autres, au contraire, sonnent comme une fanfare, la fanfare triomphale de l'amour, vainqueur éternel du néant, comme la légende de ce beau Jonson, le svelte et hardi montagnard, qui se lève à l'aurore, prend son poignard et, leste comme un chevreuil, court, court et court à travers la bruyère vers la dolente amoureuse que garde son père, tyran domestique. « Voulez-vous point, chère
« tourterelle, devenir aujourd'hui mon heureuse épousée ?
« — Hélas, que ne le puis-je ? Mais ignorez-vous que
« mon père et ses gardes me tiennent ici prisonnière ? —
« Est-ce donc là qui vous ennuie ? Regardez ! » En selle les-
« tement il monte, délicatement met la belle en croupe,
« et le courrier part au galop, emportant ce jeune cou-
« -ple, si bien uni. » Les gardes du roi le viennent assiéger dans sa tour ; il lutte, repousse, tue, assomme, mais, vaincu par le nombre, se sauve et court demander justice au roi lui-même. « S'il me la refuse, je le renverserai de
« son trône. » Et il le ferait comme il le dit si le roi, après l'avoir soumis à une série d'épreuves, ne lui accordait la main de sa belle, couronnant en sa glorieuse

personne, la vaillance que rien n'abat. — D'autres chansons, enfin, disent en quelques vers les amertumes de l'amour et les trahisons qui font mourir, et toutes, le tragique de l'éternel combat qui se livre entre les amants. Et toutes ces légendes exquises se déroulent sur un thème naïf, en rondes légères aux notes piquées, aux syncopes naïves, au rythme sautillant, aux cadences capricieuses et babillardes, — ou au contraire sont racontées d'une voix plaintive, tenue dans le mode mineur, le mode douloureux, dans lequel revient comme un navrant refrain, une même note, fréquemment répétée, qui domine l'ensemble de tout son charme triste. Et presque toutes sont célèbres. Elles ont fourni à Grieg la plupart des motifs de ses délicieuses *Rondes norvégiennes*, et plus d'une a tenté la plume artiste de Björnson.

Fils de paysan et paysan lui-même, élevé en pleine nature vivante, baignée de sons, de couleurs, de parfums, son âme était de la même essence que l'âme des paysans des hautes vallées. Il a fait passer tout entier le charme de ses cantilènes naïves que chantent en chœur les pastourelles dans ses divins *Petits Poèmes*, où s'exprima toute sa jeunesse, toute la fraîche et virginale tendresse de son cœur. Il leur a conservé cette simplicité savoureuse, la grâce nonchalante et rêveuse des allures, et en transplantant dans ses romans, dans ses drames, même les plus nobles et les plus austères, ces fragiles fleurs de montagne, sa main délicate n'en a flétri ni la fraîcheur neigeuse, ni le coloris à la fois tendre et somptueux. Le lyrisme d'Ibsen est grave, l'élévation d'une intelligence haute et souveraine vers les sommets où planent les vérités suprêmes ; il n'y circule d'autre émotion que le respect du penseur pour l'absolu sacré ; le lyrisme de Björnson est subtilement sentimental, l'effusion spontanée d'un cœur touché d'émotions, d'impressions légères et passagères, exquises dans leur fragilité. Car, cultivées par lui, ces fleurs poussées dans la montagne, en pleine nature estivale, prennent un charme plus chaud, plus rare et plus sûr. L'art n'a pas abdiqué ; l'artiste a sculpté les formes qu'il leur impose dans une fine matière précieuse, il les encadre dans de curieuses trouvailles de style, dans l'éclat de métaphores imagées. Et, sorties de ses mains, elles sont incomparables. Que sont-elles ? Rien, un nuage qui passe, un rayon de lune endormi dans l'eau, le cri d'un oiseau dans la brise, la rêverie d'une cloche qui pleure sur les champs, le soupir amoureux d'une vierge que surprend son premier désir, — « un baiser mis sur une âme », comme disait Henri Heine. Il est évident qu'on ne les peut traduire, autant marcher sur des roses... et pourtant !...

Et pourtant, l'univers de la passion n'est-il pas résumé dans ce petit drame intérieur, fait de regrets, de douleurs inexprimées, de tristesse profonde comme est profond le sentiment, — le débordement du cœur trop rempli, et d'où tombe lentement une goutte tremblante d'amertume ?

« Le cœur gros, il se laissa choir sur le banc, — et,
« hardie comme à l'habitude, elle dansa, elle dansa avec
« l'un, avec l'autre. Et il pensait : Il faudrait bien que
« je l'oublie. — Mais cela, personne ne l'a vu.

« A la borne du champ, un jour, au crépuscule, il vint
« pour prendre congé d'elle ; alors, défaillante et pleu-
« rante, elle se jeta sur le gazon, en criant qu'il ne
« voulait que lui arracher le désir de vivre. — Mais
« cela, personne ne l'a vu.

« Aux lointains pays, il chercha, sans le trouver,
« l'oubli qui rend heureux ; après des années, il revint.

« Pour elle, tout allait bien, elle dormait en paix. A lui,
« il lui resta les prières des morts. Nul ne s'en est douté !
« Personne ne l'a vu ! »

Et ne dit-elle pas, elle aussi, l'illusion pitoyable de l'amour et cette folie de croire à l'éternité de la passion, à la fidélité du sentiment, cette délicieuse romance qui se trouve dans *Arne*, et que chantait si doucement, d'une voix si légère et si émue, cette petite fille que j'entendis à Christiana, un soir d'octobre, auprès du port.

« La svelte Venevil s'en vint sautant, le cœur léger,
« vers le bien-aimé de son âme. Elle chantait, et sa voix
« claire résonnait par-dessus le toit de l'église. « Bon-
« jour ! bonjour ! » Et les oiseaux fous, dans les haies
« vertes, l'accompagnaient, chantant comme elle.

« A la Saint-Jean, il y aura danses folles et cris
« joyeux, mais la tressera-t-elle, sa couronne de fiancée ?

« Elle tisse à son ami une guirlande d'éclatantes
« fleurs bleues. « Regarde, c'est la couleur de mes pru-
« nelles. » — Il la prend, la lui rend, puis la reprend
« plus vite encore. « Adieu mon amour ! » — Par la
« bruyère il file comme la brise, en poussant des hourras
« de joie. »

« A la Saint-Jean, il y aura danses folles et cris
« joyeux, mais la tressera-t-elle sa couronne de fian-
« cée ?...

« ... Elle lui tresse une autre guirlande de cent fleurs
« claires et chatoyantes. « Vois, dit-elle, en les secouant
« au soleil, ma blonde chevelure ! » — Et tout en la
« nouant elle relève la tête. Il prit encore celle-ci, puis,
« tout enflammé, cria : « Comme mon cœur l'aime ! »

« A la Saint-Jean, il y aura danses folles et cris
« joyeux, mais la tressera-t-elle, sa couronne de
fiancée ?...

7.

« ... Elle en tresse, elle en tresse de toutes les cou-
« leurs. « Pourvu qu'il en veuille ! » — Elle cueille, elle
« enlace, mais y mêle ses pleurs.

« Prends-les toutes ! » Il se tut et les prit, mais ne
« pouvait tenir en place.

« A la Saint-Jean, il y aura danses folles et cris
« joyeux, mais la tressera-t-elle sa couronne de fiancée ?...

« ... Elle en tresse une grande, toute verte : « Ma cou-
« ronne de vierge ! » Elle tresse et meurtrit ses doigts
« Mets-la, mon ami. » — Mais quand elle se retourne,
« il est déjà parti, parti comme la tempête !

« A la Saint-Jean, il y aura danses folles et cris
joyeux, mais la tressera-t-elle sa couronne de fiancée ?

« Elle tressa, et ses yeux en perdirent leur éclat,
« elle tressa sa couronne de vierge ! Et passe la Saint-
« Jean ! Et passe tout l'hiver ! Et Venevil toujours
« tresse sa pâle guirlande sans fleurs.

« A la Saint-Jean, il y a eu danses folles et cris
« joyeux, mais l'a-t-elle tressée sa couronne de fian-
« cée ? »

D'autres disent seulement la joie de vivre dans la
splendeur des choses, comme cette scène de fraîcheur
enchanteresse où le poète décrit le bois emperlé de rosée
où, dans la clarté du matin, la reine vient danser avec
ses filles d'honneur, — ou les rondes des Elfes sur la
bruyère, au bord des lacs silencieux et complices où
voguent en dormant les cygnes candides « qui portent le
printemps sur leurs ailes », — ou les amours des bergers,
dans les champs vastes et verdoyants, avec les déesses
mystérieuses des rochers, des eaux et des arbres.

« Assise auprès de tes brebis, sur ce rocher, dis-moi ton
« nom, ma belle fille, réponds à mon ardent désir :

« — Je flotte comme le cygne au fond du ciel immense.

« Que t'importe mon nom, hardi garçon aux noirs che-
« veux ?

« — Au moins dis-moi quel est ton père ? Dis-moi
« quelle est la demeure ? Vas-tu quelquefois à l'église ?

« — Mon toit, la foudre l'incendia, mon père est mort
« et mes pas ne me portèrent jamais vers l'église.

« — Es-tu donc une Huldre ? En ce cas, fais grâce
« à mon audace et chasse loin de moi le malheur... Mais
« qu'importe ? Viens !

« — Pauvre fou ! Laisse, laisse là tes rêves orgueil-
« leux. Va plutôt faire dans la forêt ta provision de bois
« mort, car l'hiver va bientôt venir.

« — Je suis dompté par l'amour. Je te veux, c'est de
« toi seule que je rêve. Tu m'éblouis comme, en été, les
« rayons du soleil. S'il le faut, je t'offre ma mort.

« — Ta mort, qu'en pourrais-je faire, et que faire de
« ton amour ? Va plutôt faucher ton seigle qui se pour-
« rit dans ton champ.

« — Que m'importe le monde entier ? Ne pas t'a-
« voir ? Mieux vaut mourir ! Et pourtant je te
« croyais une fée bienfaisante !

« — Meurs donc, insensé ! » L'oubli poussera sur ta
« tombe. Et moi je m'en vais, dans les bois sonores,
« vers des amours plus glorieuses ! »

Un berger sicilien tombant amoureux d'une Dryade,
son malheur infini eût-il donc été mieux chanté par
Bion ou par Moschus, les divins pâtres ? — Mais la perle
de cet écrin lyrique, si riche dans sa diversité, c'est, à
mon avis, dans ce beau drame, *Marie Stuart d'Écosse*,
qu'il faut l'aller chercher. Taylor est assis à la fenêtre
de la tour ; il regarde sans la voir la campagne qui
rayonne et palpite sous les baisers féconds du soleil
et il chante :

« C'est d'un cœur attristé, c'est d'un cœur douloureux que tu comptes les instants de ton bonheur terrestre.
« Et pourtant, sois-en sûre. C'est par grâce que tu les as
« vécus, car elle sonnera bientôt, l'heure de la souffrance,
« et tu ne riras plus, alors. Hélas ! à ce moment tu le
« paieras, ce bonheur qui te sourit aujourd'hui.

« Ah ! Mary-Anne ! Mary-Anne ! Mary-Anne ! Mary-
« Anne ! Ton visage ne brille plus à mes yeux, et pour-
« tant, regarde ; ils ne pleurent plus en ce moment !

« Le Seigneur est indulgent à qui donna tout son
« cœur sans jamais en rien garder ; le temps peut venir où
« la douleur s'abattra sur son âme. — Le Seigneur est
« indulgent pour qui jamais n'oublia, et celui qui n'a plus
« rien, pas même sa pauvre raison, au moins il lui rend
« le bonheur !

« Ah ! Mary Anne ! Mary Anne ! Mary Anne ! Mary
« Anne ! Ma fleur trop épanouie le doux printemps l'a
« gelée ! Mon pauvre cœur ne vit plus dès que tu n'es
« plus à moi ! »

Les sensations inconscientes et confuses qui spontanément jaillissent dans les chants des paysannes sont
devenues ces fines notions psychologiques, curieusement
nuancées, que revêtent des mots adorables. La perfection
du poème lyrique, la grâce de la poésie spontanée, à
la fois simple et raffinée, pénétrante et superficielle,
inoubliable de saveur et de délicatesse, est réalisée dans
ces vers. Mais ne vous l'avais-je pas dit, que traduire ces
vers-là c'est marcher sur des roses ?...

IV.

... Octobre est fini, c'est novembre et la neige ; alors

accourt l'hiver, la saison des fantômes et des hantises. Un tourbillon emporte au doux pays du songe idylles et chansons, émois d'amour, regrets évanouis derrière l'horizon. Tant que les chemins sont praticables, jusqu'en décembre, garçons et filles s'en vont, couples rieurs et souvent chastes, vers les salles communes où quelque virtuose exécute le *Halling*, la danse nationale de la Norvège. Le halling n'est point sans ressemblance avec ce chahut dont quelques professionnelles illustres ont, en notre âge, fait un grand art. Même épilepsie, mêmes bonds désordonnés, mêmes déhanchements voulus et quelquefois pénibles. Mais il est violent et furieux, l'autre est farceur et dévergondé. Le chahut veut aussi les gaz flambants, et les dessous nuageux, et les formes plantureuses, et les fortes odeurs charnelles, toute la joie hilarante de vivre, — il veut être dansé par de belles filles qui, en sortant, iront souper ; le halling s'emballe, et se démène, et se démène dans une salle basse, mal éclairée, un couteau à la main, au milieu des femmes apeurées ; — il doit être bondi par de rudes gaillards en bottes qui se battront, qui se tueront à la sortie pour un seul mot mal entendu. Voir exécuter, comme je l'ai vu, le halling par un matelot légèrement pris de whisky donne mal aux nerfs, étreint le cœur. O la séguédille éclatante et sensuelle qu'à l'autre bout de l'Europe, en Espagne, battent les souples manolas aux pieds menus, un poing sur la hanche, des fleurs dans les cheveux ! Mais quand la neige tombe, encombrante, obtinée, que le ciel est noir et les chemins fermés, on reste chez soi, entre voisins, auprès du poêle ronflant. Les hommes sculptent au couteau, les femmes font des tapisseries ou du tricot, et tout le monde conte des histoires. Les imaginations, emprisonnées par la nature et par la vie, s'échappent et vont battre les routes inconnues de la fantaisie. Mais pas un des conteurs n'oublie les dures fatalités qui l'étreignent, lui et les autres ; de ce qu'il invente ou de ce qu'il rapporte, toujours il dégage un enseignement. Un conte de fées, une légende séculaire lui sont matières à maximes morales, à réflexion qui décèlent l'âpre intensité de la vie intérieure. La lecture de la Bible, l'éducation luthérienne ont fait germer et pousser en lui ces indéracinables besoins de vérité pratique ; la solitude les développe, les nourrit, les fait tyranniques et quasi monstrueux. Il n'en peut être autrement. Représentez-vous pour un instant l'état psychologique des gens de la montagne ou des vallées intérieures, qui restent pendant huit mois par an isolés du reste du monde, livrés à eux-mêmes, seuls à seuls avec la nature écrasante. Songez que durant cette nuit sans fin, quand meurt un des membres de la famille, dans une de ces cabanes suspendues entre deux abîmes, le ciel qu'on ne voit pas et le torrent qui gronde, on ne peut l'enterrer, car le sol est trop dur, et qu'on garde le pauvre mort dans le sel, jusqu'au printemps, où la terre amollie s'ouvrira pour le recevoir, et que celui qui n'est plus reste là, rêvant son rêve mystérieux, insondable, côte à côte avec les vivants. — A quelle effroyable intensité ne doit pas monter la pensée, dans ces âmes affolées par l'effarant, par l'hallucinant qui les entoure ? Quels obscurs drames de conscience doivent se dérouler dans ces ténèbres monotones, dans ce noir isolement, dont les dénouements sont tragiques et que nul n'écrira jamais ! Quelle exaspération doit aiguillonner, pousser aux pires écarts, ces passions sans pâture ! Quelle énergie doivent prendre les moindres incidents de l'existence et les contours familiers des choses; à quelle puissance significative doit les élever la vision ! L'intelligence est vaste comme le monde, et, le monde n'étant plus là, elle ne peut pourtant rester vide, il lui faut un aliment. L'imagination lui fournit tout ce qui lui manque, l'imagination lâchée en plein possible, travaillant librement, sans nul réducteur, sans qu'aucune réalité lui vienne crier : Halte ! C'est elle qui donne à chaque molécule de la matière un corps, une signification, une vie inconnue et féconde qu'en temps ordinaire elle n'a pas ; c'est elle qui, exilée temporairement du nôtre, crée un nouvel univers, différent de celui que nous connaissons, qu'elle organise, qu'elle anime, dans lequel elle se complaît, qu'elle élargit toujours, toujours, à l'infini ; c'est elle enfin qui superpose les deux univers l'un à l'autre, le fictif au réel, les absorbe l'un dans l'autre, les unit en un mot par des liens si puissants qu'ils se trouvent confondus, indistincts, méconnaissables et que celui qu'elle mène, le pauvre isolé des vallées perdues, celui qui la suit comme la souveraine consolatrice, ne sait plus où il est, dans la réalité ou dans le symbole. Car il est entré tout vivant, lui, créature de chair et de sang, dans un symbole, clair quelquefois, obscur souvent, saisissant toujours ; il a vécu de la vie symbolique, sorte de projection humaine de la vie absolue, il ne s'en affranchira jamais plus, il la vivra jusqu'à la mort.

Ce besoin de fiction, ce symbolisme spontané, création d'un esprit exaspéré par la solitude et par la nuit, ce fantôme hivernal tantôt grandiose et magnifique, tantôt lugubre et désolé, il est aussi familier à l'esprit norvégien que le lyrisme printanier dont s'inspira Björnson. Et Björnson, la première ivresse évaporée au contact de l'expérience, en son âge mûr, quand la réalité trop longtemps travestie par le rêve se fut imposée à ses sens dans toute son austère et forte nudité, dut chercher, lui aussi, sa consolation dans une vie nouvelle et idéale, dans ce symbolisme grand ouvert, tentateur, où se réfugient, l'hiver venu, ses compatriotes. Et en cela encore il restait paysan. Ce symbolisme, il partait d'une observation scrupuleuse de ce qui est. Björnson était porté naturellement, par amour de la vie, vers la vie, vers la contemplation sympathique, mais curieuse, de toutes les formes qu'elle revêt ; c'était, ce fut toujours un grand visionnaire. Dans un cadre tout norvégien, fjord ou montagne, vallée ou torrent, il fait évoluer, agir et se mouvoir une humanité restreinte, mais complexe, variée de physionomie, d'allures, de langage, vaste et diverse en un mot comme l'humanité tout entière. L'inspiration qui, à d'autres heures et pour d'autres motifs, élevait si haut son génie, jusqu'au sommet, par exemple, du rocher où gémit et se lamente, en paroles grandioses et byronniennes, le vieux roi Sigurd, vaincu, près de mourir, ici se faisait moins vagabonde et moins large, gagnant en intensité ce qu'elle perdait en amplitude ; elle le poussait vers les apparences plastiques et corporelles. Et dès *Synneuve Solbakken*, son premier roman, il se mit à examiner les réalités du monde avec une acuité de l'esprit, une netteté du regard qu'ont seuls possédées les très grands créateurs d'âme. Il découvrit qu'un paysage est un être, et qu'un être n'est qu'un ensemble relativement simple de lignes, de gestes, d'expressions. Ces traits dominants lui parurent seuls dignes d'exciter son effort ; il s'étudia à les rendre, dans leur sévérité, tels qu'ils sont : éloquents, saisissants, ineffaçables, — concis et précis en un mot. En quelques touches il esquisse un coin de nature, la silhouette d'un personnage avec une énergie qui vous surprend et

vous domine, s'impose. « Grande, les épaules tombantes,
« dit-il de Ragni, de beaux bras un peu maigres, mais
« très bien faits, on en pouvait dire autant de toute
« sa personne. Elle avait des yeux de toutes les couleurs;
« la plupart des yeux chantent un solo, d'autres un
« duo tout au plus; les siens chantaient une symphonie
« rayonnante. Et l'accent nordlandais de sa voix faisait
« songer Kallem à la mer, qui console l'âme quand on
« la voit et rend mélancolique quand on y pense (1). »
Et quoiqu'elle eût l'air « muette et insignifiante », n'est-
ce pas qu'on imagine, à ce portrait, la mystique amante
du docteur, appelée à de si hautes destinées? Ailleurs,
au commencement de *Synnœuve*, c'est Aslak jetant, à
peine entré, sa brassée de bois mouillé dans la cuisine
propre, tapant ses sabots, chantant, sautant pour se
réchauffer et demandant, avec un rire niais et libertin,
au garçonnet qui l'accompagne, pourquoi les poules se
serrent ainsi autour du coq. Ailleurs encore, dans *la
Fille de la Pêcheuse*, n'est-il pas à jamais fixé dans
l'esprit ce pauvre Pedro Ohlsen, le père illégitime de
Pétra, qui, dans l'ombre de son remords et se torturant
lui-même, aima d'une folle affection la petite fille qu'il
avait abandonnée, lui légua sa fortune et mourut, ayant
traversé la vie, ni bon ni méchant, ni laid ni beau, ni
grand ni petit, nul, zéro humain par le corps et par
l'âme ? « Il avait l'air (dans son enfance souffreteuse),
« d'un pauvre petit canard sans plumes, boitillant der-
« rière la bande des polissons et grapillant sans rien dire
« tout ce qu'il pouvait attraper. » Et comme on comprend après cela qu'il ait toujours été dominé par cette

(1) *Sur le chemin de Dieu*, trad. Quillardet. *Revue Bleue*, août-octobre 1893.

terrible Gunlang, sa maîtresse d'un jour, et chassé par elle du cœur de son enfant. « Il ne se lassait jamais de « la regarder; elle avait des cheveux aussi noirs que « l'aile d'un corbeau et tout bouclés, qu'elle ne peignait « qu'avec ses doigts; ses grands yeux gris luisaient « d'audace, elle effrayait beaucoup Pedro. » Björnson arrive à cette concision puissante, à cette énergie picturale dont Flaubert, seul, chez nous, et parfois Maupassant, ont eu, de notre temps, le secret, par l'impersonnalité de sa vision. Il voit la réalité dans sa nudité austère et magnifique : il la photographie dans les accidents qui l'expriment, dans la banalité vide des conversations, dans un mot, dans un geste, dans la couleur de la prunelle, dans une ride du visage. Et sans jamais la déformer, sans lui donner, comme Tolstoï, une signification mystique, ou dramatique, comme Flaubert, grandiose et turgescente comme Balzac ; il ne la transforme que pour la ployer à son but, établir entre elle et le sentiment qu'elle nous cache une complète harmonie d'où jaillit la vie entière. A peine se permet-il, parfois, une émotion, un mot de pitié, comme quand Nils, affreusement ivre, rentre et bat Marguerite, tremblante et subjuguée, ou quand il raconte la veillée douloureuse de Petra qui agonise sous les outrages, les sifflets, les huées, les pierres dont toute la ville l'accable. Mais le fait, en ce cas, porte en lui-même le sentiment, crie l'émotion ou la pitié. Et toujours cette intensité de vision amène l'écrivain à une intensité d'expression miraculeuse, lui fournit des trouvailles de style, des phrases exquises, d'une largeur infinie, d'une adorable poésie, qui ouvrent un monde illimité de sensations :
« Les yeux de Ragni erraient sur le pasteur et sur
« sa femme comme l'ombre d'une aile. » — Et quand

la douce victime va mourir, il a des mots profonds, mystérieux, insondables comme le néant lui-même.

« Un après-midi on entendit Sissel sonner, sonner.
« Sigrid se précipita, puis Kallem, puis Karl, mais celui-
« ci resta dehors. Il entendit un horrible accès de toux ;
« il ne comprenait pas qu'elle eût encore tant de force ;
« chaque coup lui déchirait la poitrine, la transperçait,
« la brisait. Ses gémissements de douleur lui arrachaient
« une sueur d'angoisse ; il ne pouvait ni les écouter ni
« s'enfuir... Un instant plus tard, il put entrer. Elle
« était étendue, blanche comme les draps ; Kallem lui
« tenait la main. Il ne voyait pas son visage, mais
« de temps en temps un frisson secouait ses épaules et
« on l'entendait gémir. De l'autre côté était Sissel.
« Quelle chose étrange que ces différents degrés dans
« la douleur ! Bien que son visage énergique et ouvert
« exprimât une compassion profonde, c'était pourtant
« la compassion d'une personne étrangère, à mille lieues
« du désespoir muet de Kallem. — « Est-elle morte ? »
« murmura Sigrid. Et Ragni entendit la question ; elle
« leva les yeux. Réunissant ses dernières forces, elle
« voulut encore leur faire du bien en essayant, —
« on ne peut pas dire de sourire, — mais de leur en-
« voyer une pensée. Sigrid et Karl la reçurent au
« passage, mais elle alla tout droit à Kallem. Peu après,
« Ragni était morte. »

L'intelligence lucide, épurée, et comme froide, celle d'Ibsen, par exemple, possède le pouvoir souverain de créer, de vivifier les idées ; mais cette faculté de créer, de vivifier ainsi des sensations confuses, de leur donner une forme artistique sans qu'elles perdent rien de leur énergie, qu'on ne s'y trompe pas, elle est une puissance du cœur. C'est le cœur dont la chaleur anime cette matière, illumine ce chaos grouillant qui n'est, en somme, qu'une confusion d'éléments sans âme, — lui qui sent la vie, qui s'en pénètre et spontanément, par un effet de sa fécondité inépuisable, la fait germer, la fait surgir dans un sévère et vigoureux épanouissement. Et c'est parce qu'il sentait fortement, avec émotion, que Björnson, en descendant au fond des âmes dont il avait si bien fixé les fugitives apparences, y trouva, non la volonté comme Ibsen, mais l'amour, — qu'il fut un grand psychologue de la passion.

L'amour qui fleurit dans les premières et gracieuses idylles de Björnson, l'amour qui, aux approches du printemps, vers la vingtième année, travaille les paysans, les paysannes qu'il met en scène, n'est ni une rêverie sentimentale, ni un libertinage amusant et cynique, ni une phraséologie abondante et sonore ; — c'est l'Amour, en un seul mot, l'amour des paysans, des ouvriers que décrit Émile Zola, l'amour charnel et brutal, éternel soutien du monde. Ces êtres poussés en pleine terre, en pleine nature, gonflés de sève, ivres de vie exubérante, sont frappés un jour de soleil, en face d'un être jeune et débordant comme eux, d'une crise de sensualité foudroyante ; ils se sentent poussés par une puissance irrésistible vers un but qu'ils ne connaissent pas. Ils désirent et veulent assouvir leur brusque désir. Nulle poésie, pas de phrase, à peine l'ébauche d'un rêve ; l'instinct grossier, mais fort, mais glorieux, infini comme la mort. La crise a des phases, mais rapides, à peine senties, qui courent, se hâtent, se précipitent vers le paroxysme après lequel ne reste plus que l'assouvissement. C'est d'abord le besoin nerveux d'épancher le trop-plein de son cœur en affections qui naissent et disparaissent comme les roses, un jour d'orage, et s'expriment en élans désor-

donnés, sans but ni cause : « Ce printemps-là, Margit
« prit si grand soin d'un petit agneau malade que sa
« mère la crut folle. « Ce n'est qu'un agneau, après tout, »
« disait la bonne femme. « Sans doute, mais il est ma-
« lade, » répondait Margit. Elle n'était pas allée à l'église
« depuis des mois et des mois ; il fallait, disait-elle, que
« quelqu'un gardât la maison, et mieux valait que ce fût
« sa mère qui s'en allât prier. Pourtant, un dimanche
« de la fin de l'été, le temps leur parut si beau qu'elles
« pouvaient, sans danger, laisser le foin par terre tout
« le jour et la nuit qui suivrait, et s'en aller toutes deux
« à l'église. A ces paroles de sa mère, Margit ne trouva
« que répondre et s'habilla. Mais sur la route, quand
« elle fut assez près pour entendre le son des cloches,
« tout à coup elle fondit en larmes (1). » Puis, les premières rencontres avec l'être adoré que toute la chair désire, des timidités et des maladresses, le frisson inquiet
des sens exaspérés, aveugles encore, errants, qui pressentent et ne savent pas, des nerfs qui se tendent dans une
surexcitation sourde et profonde, les timidités qui para-
lysent Thornbiörn aux côtés de Synneuve, sur le chemin,
Kallem près de Ragni, le soir du bal, quand ils reviennent dans la neige ; celles qui font rôder, comme un
voleur qu'on va surprendre, Arne autour du verger où
Éli se promène avec son amie ; celles qui rendent Hans
Odegaard si brusque, si sévère aux incartades, aux gami-
neries de Petra. Puis c'est l'illusion qui, pour un instant,
cache le but véritable, et fait croire les amants à l'u-
nion idéale dans un rêve commun ; c'est elle qui lie les
mains d'Arne et d'Éli dans la chambre où la jeune fille,
malade, est couchée, le soir, dans l'ombre grandissante

(1) *Arne*, chap. I.

où passent de discrets murmures. « Vous devriez venir
« plus souvent, dit Éli, ma mère vous aime tant. — Moi
« aussi, j'aimerais tant à venir,... mais encore faut-il que
« j'aie un motif. » — Éli se tut un moment, semblant
« tourner et retourner quelque chose dans sa tête... « Ah !
« que je voudrais être à l'été, » s'écria-t-elle soudain.
— « A l'été ! » répondit Arne. Et il lui sembla enten-
« dre la chanson des clochettes qui sonnent au cou des
« troupeaux, l'appel de la corne, dans les gorges, et les
« romances dans les vallées ; il vit les frondaisons claires,
« l'eau du lac frissonnant sous les baisers du soleil, les
« maisons blanches dans la clarté, et Éli quittant la
« ferme pour aller s'asseoir sur la colline, comme elle
« l'avait fait certain soir... « Éli !... » dit-il à voix basse.
« Eh bien ?... » fit-elle. « Vous ne pouvez pas me dire
« non... Je voudrais... vous demander... J'aimerais
« tant à... » Il lui parut que le souffle de la jeune fille
« se précipitait « J'aimerais tant à... tenir une de vos
« mains..., » acheva-t-il, oppressé. Éli ne répondit pas...
« il écouta, s'approcha plus près d'elle... puis saisit sa
« petite main brûlante qu'elle avait posée sur la couver-
« ture... Peu après, la mère entra, tenant une chan-
« delle : « Il me semble que vous êtes restés bien long-
« temps sans y voir, » fit-elle, en posant son chandelier
« sur la table. Mais Éli ni Arne ne purent tout de suite
« supporter la lumière; la jeune fille tourna sa tête sur
« l'oreiller, Arne abrita ses yeux avec sa main. « Cela
« gêne un peu, d'abord, mais c'est bientôt passé, » dit la
« mère en souriant légèrement... Le lendemain, lors-
« que Éli descendit de sa chambre, déjà convalescente,
« Arne était parti (1). » — Il ne la revoit que plus tard,

---

(1) *Arne,* v.

après un accès nouveau, et plus violent que les autres, de sauvagerie. Et dans le soir qui tombe, près de la fenêtre, pendant qu'il lui dit une des chansons qu'il a composées pour elle, la jeune fille, en silence, écrit avec son doigt sur la vitre gelée plusieurs fois son nom, Arne, Arne.

Enfin l'explosion de l'amour avoué, connu, certain ; la terreur immense qui s'abat, comme d'un mal meurtrier, sur Mildrid, le soir de son rendez-vous avec Hans Haugen au bord des prairies sans limites, dans la sérénité vaste du crépuscule, lorsque ne pouvant dormir, elle s'agite dans son lit, près de sa sœur Beret, et murmure au fond des ténèbres, d'une voix d'angoisse : « Mon Dieu! mon Dieu! ayez pitié de moi! » — et le premier baiser qui fait chanceler son robuste amoureux, le rude chasseur d'ours, sous le poids du bonheur ; et la première étreinte qui jette aux bras l'un de l'autre, après la scène de jalousie insoupçonnée encore qu'il vient de lui faire, Hans Odegaard et Petra. « Quand « elle sentit son étreinte, elle leva sur lui ses grands « yeux noyés de larmes ; leurs regards se croisèrent et « tout ce qu'un regard peut dire lorsque le « oui » de « l'un répond au « oui » de l'autre, tout cela fut dit. Ses « bras enlacèrent le cou gracile de la jeune fille, il mit « un furieux baiser sur ses lèvres pourprées... C'é- « tait son premier baiser, comme le premier baiser « de Petra (1). — Parfois aussi, quand la vie s'est appesantie sur eux, qu'ils sont jeunes par l'âge, mais vieux par l'expérience, l'ineffable douleur de l'amour enfin révélé les abat, les fait crier au moment de l'étreinte première, ouvrant à leurs yeux le dur chemin du calvaire que monte en trébuchant la pas-

---

(1) *La Fille de la Pêcheuse.*

sion. « Il entendait les battements de son cœur, mais
« continuait quand même d'avancer à tâtons. Il
« toucha des vêtements, il eut un frisson, mais se
« remit aussitôt : ces vêtements étaient vides et froids.
« A l'intérieur la voix épaisse de Kole, le babil des
« enfants. Il resta immobile comme un criminel, il
« eut honte d'en être arrivé là... Il entendait distincte-
« ment jaser les enfants, il lui semblait les voir,
« agenouillés sur leurs chaises, bâtissant de petites
« maisons sur la table. Il eut honte, que cherchait-
« il ?... Tout à coup il sentit un bras ferme et tiède.
« Il trembla, frissonna ; ses yeux lançaient des éclairs.
« Il s'arrêta, le bras se raidissait ; il glissa lentement
« la main jusqu'à la ceinture qu'il entoura doucement.
« Elle restait immobile, mais il sentait les frissons qui
« couraient en elle. De sa main libre il chercha la
« sienne, la pressa, elle tremblait aussi. Pas à pas
« ils revinrent ensemble ; elle se laissait mener sans
« résistance, mais sans consentement non plus...
« Ils arrivèrent enfin à sa chambre, il voulut l'y faire
« entrer, mais elle s'arrêta, essaya de retirer ses mains.
« Il entendait sa respiration, sentait son souffle... Quand
« il revint, elle se mit à pleurer. Il s'approcha, l'entoura
« de ses bras pour l'attirer à lui ; alors ses pleurs se
« changèrent en sanglots si douloureux que toute l'exal-
« tation de Kallem en tomba... « Veux-tu que je ne
« parte pas ? lui dit-il. Alors, elle se leva de la table
« et alla se jeter dans ses bras, avec toutes ses
« larmes (1). » — Car cet amour animal, sensuel et
magnifique, suprême élan des êtres vers l'immortalité
de la reproduction, peu à peu il s'épure quand la

(1) *Sur le chemin de Dieu*, 2ᵉ partie.

douleur s'y mêle, l'austère douleur qui sanctifie. Ce rêve charnel s'élargit, s'épanouit au souffle venu des hauteurs. Déjà dans *Arne*, le poète avait écrit : « Ce qui, « fait le plus souffrir ici-bas, c'est la solitude et le dé« sert du cœur. » A cette grossièreté première la pensée s'impose, et la contient, et la dirige vers l'idéal. Après avoir décrit les phénomènes de l'amour, elle en cherche la signification. Si le premier roman, *Synnœuve Solbakken*, est une idylle heureuse et simplement charnelle, qui chante les émotions des sens et la joie des baisers, déjà sur les amours ardentes et chastes d'Arne et d'Éli, de Mildrid et de Hans, plane un nuage inconnu, je ne sais quel frisson de fatalité redoutable, quel voile de mystère, quel symbole imprécis et pourtant effrayant. Arne, le fils du ménétrier ivrogne, Nils et de Margit, la fille voluptueuse et sans volonté, qu'est-ce, sinon un Oswald rustique, livré, comme le fils de Mme Alving, au douloureux combat qui se livre en son âme entre le mal et le bien, lâche pour le bien, accessible au mal, chargé des péchés de son père ? Il a le confus sentiment des responsabilités terribles dont il porte le poids, il s'isole du monde, vit dans la montagne et veut s'exiler en Amérique. Il résiste à sa mère, il la dédaigne, il la torture. Après une scène de débauche, il s'est endormi, le soir d'une noce, dans une grange, lourd de vin et d'alcool, se maudissant lui-même, rempli de l'épouvante de sa lâcheté morale. Mais la douce et bonne créature, cette infortunée Margit sur qui toujours la vie si lourdement pesa, l'admirable sacrifiée qui le garda par un mensonge le jette aux bras d'Éli. Et guéri par la poésie qui jaillit, abondante et fraîche, dans la solitude de son âme, guéri par l'amour virginal

et printanier de la fille du fermier Böen, il suit sa destinée heureuse, sentant fleurir en lui les penchants salutaires, et le bien et le dévouement, ayant enfin vaincu le mal! Les *Revenants* se terminent par un cri de navrante angoisse, *Arne* sur un cri d'espoir dans le soleil et la lumière, dans la vie glorieuse et saine.
— Les poètes, au reste, n'ont-ils pas toujours raison? Le vieux musicien, l'ami du diable, qu'une terreur superstitieuse environnait, Ole Haugen, a composé jadis une *Marche Nuptiale* qui porte, dit-on, malheur à ceux qui s'épousent sans amour. Il l'avait jouée pour la première fois au mariage de son Aslaug, fille de Bohème dont la grâce dansante séduisit, un jour de printemps, le beau Tyngvold, le riche fermier; il en fit sa femme, malgré sa famille et bien qu'elle n'eût d'autre richesse que ses cheveux d'or. Cette marche est devenue depuis le symbolique héritage de la famille, et les générations la chantent encore, lorsque depuis bien longtemps le vieux ménétrier est endormi sous les fleurs. La fille d'Aslaug épouse à son tour, malgré sa mère oublieuse des bonheurs d'autrefois, Knut le vagabond qu'elle aime et qui l'aime; la marche nuptiale les accompagne au temple, eux aussi sont heureux. Mais leur fils, presque vieux, sans amour, épouse Randi pour sa richesse, et la marche, ce jour-là, étouffée par la tempête, ne chante pas l'hyménée. Endrid et Randi, les violateurs de la loi souveraine, sont punis; le malheur, triste fantôme, s'assied à leur foyer; une destinée impitoyable leur tue leurs enfants l'un après l'autre. Et il faut que Mildrid, l'une des deux filles que la fatalité a épargnées, aime, sur la montagne où elle est allée garder ses troupeaux, dans la sérénité des premiers jours du monde, le

pauvre Hans Haugen, le jeune chasseur au bras fort, qui la soutiendra à travers la vie et ramènera la joie au vieux logis. Ceux-là, ils sont tels que les voulait l'ancêtre, l'aïeul endormi sous les fleurs, et le jour de leurs épousailles la marche nuptiale, fanfare triomphale, chante dans le ciel pur où montent les parfums, qu'inonde le soleil.

Sous le charme idyllique se cachait la leçon. Bientôt cette disposition moralisante du génie de Björnson s'accentue, devient dominante. La réalité chatoyante et complexe avait tout d'abord ébloui ses yeux; mais bientôt il maîtrise ses sensations tumultueuses; sous les formes il cherche l'essence et s'attache aux âmes. Il néglige peu à peu l'observation psychologique, il se limite à l'observation morale. Timide à l'origine, audacieuse enfin, se manifeste et grandit la préoccupation des recherches causales, des problèmes fondamentaux de la conscience et de la vie. L'harmonie qu'il conservait jadis entre le monde extérieur et le monde intérieur, de parti pris, il la détruit au profit du monde intérieur. La matière, il ne la travaille que pour en tirer des indications, des métaphores puissantes qui éclaireront d'un jour éclatant l'état d'âme de ses personnages. « Eywind restait à l'écart; l'avenir lui « semblait comme un fjord gelé qui s'ouvrait à lui et « qu'il osait aborder pour la première fois. » Il veut créer, analyser, dépeindre des pensées, comme il avait créé, analysé, dépeint des sensations. Les mobiles, les sentiments profonds, le mécanisme complexe et sûr de l'intelligence, tout cela, sorti de ses mains devient vivant. Mais, par suite, la réalité sensible devient plus vague, les figures perdent leur coloris, les gestes leur précision. Et cependant, ces personnages que nous connaissions autrefois si bien et qui maintenant s'effacent, ils prennent dans notre mémoire une expression plus haute, une allure plus noble ; devenus plus simples, ils sont plus grands. L'artiste ne nous montre d'eux que juste ce qu'il en faut pour allécher notre imagination, la convier à son œuvre, l'inviter à créer ce qu'il laissa pour elle; il nous force à joindre nos efforts aux siens pour donner à ces êtres, laissés par lui dans une obscurité voulue, la clarté symbolique dont s'illuminera notre intelligence. De la réalité, en un mot, il est monté jusqu'au symbole et nous y fait monter avec lui. Et alors se dégage des manifestations ordinaires de la vie la vérité supérieure, dont nous ne sommes que les instruments, les éphémères apparences. Ces hommes à qui le poète a donné le souffle, qui vont et viennent, aiment et haïssent, s'épanouissent dans la joie ou se tordent dans la douleur, ils ont pour ainsi dire atteint leur apogée, ils craquent d'énergie intense et toute intellectuelle, ils sont les expressions des grandes lois qui nous mènent. Chacun d'eux est un monde, il est tout l'univers, résume tout l'infini, l'infini des âmes, l'infini des forces, l'infini des destinées.

V.

« Dans l'obscurité de la vie, parmi ces hommes qui
« se dressent comme des arbres mystérieux aux cimes mur-
« murantes, dit Hulda à Thordis, tandis qu'au-dessous
« tout est silence, solitude, angoisse jusqu'à la mort, tu
« t'égarais brûlante d'inquiétude. Tu cherchais en trem-

« blant le long des troncs dépouillés par les tempêtes, mais
« tu n'osais aller plus loin. Et c'est alors que tu te cons-
« truisis pour toi-même une petite maison, avec un livre
« de prières. Et tu rêvais de ce que tu désirais, de ce que
« tu te désolais de ne point avoir : *Amour et bonheur.* »
L'amour, le bonheur, c'est ce que désormais, comme son
héroïne, va chercher Björnson. Et c'est pourquoi, se
dégageant avec une virile énergie des accidents qui jusqu'alors l'avaient intéressé plus que l'essence qu'ils cachent, il crée ses personnages dans l'éternité, il les élève
jusqu'à l'absolu symbolique, pour être en droit d'appliquer aux sociétés, à la nature entière, les vérités suprêmes
dont il trouve des réductions dans leurs âmes. Est-ce à
dire qu'il y parvint du premier coup ? Non, certes. *La
Fille de la Pêcheuse*, cette histoire d'une enfant née
de l'amour d'un bourgeois encrassé dans l'égoïsme social
et d'une fille de la mer, ardente et volontaire, est un
essai, timide encore, — comme le premier pas dans la
route inconnue qui monte à l'éternel. Petra pousse dans
l'indépendance et la sauvagerie, au bord des flots immenses, indomptée comme sa mère, jusqu'au jour où
Hans Odegaard, l'enthousiaste et bienfaisant philosophe,
le jeune homme au cœur pur, à la volonté droite, s'occupe d'elle et prend la résolution de façonner aux grandes
destinées qui l'attendent cette rebelle jeune fille. Il n'y
réussit qu'à grand'peine, car elle est toute d'instinct,
déjà menteuse, voluptueuse et coquette, aimant l'intri-
gue et la poursuite ardente des mâles. La vierge fougueuse semble ne devoir être qu'une créature d'amour
charnel. Mais la forte discipline d'Odegaard, qu'elle finit
par aimer, qui l'aime, lui aussi, mais qui s'enfuit dès
qu'il s'en aperçoit, dirige toutes ses forces vivantes, mais
incertaines et vagabondes, vers un but idéal auquel il

8,

aspire, sans le connaître clairement lui-même. Et il arrive que de cette libellule errante sort une créature adorable, née pour la passion suprême, pour l'art qui fait vibrer les cœurs et frissonner les corps, — une comédienne. Petra, qui pouvait être une prostituée, qu'on a chassée, sous les huées et les malédictions, de la petite ville où, pendant dix années, elle a vécu ; qu'on accuse d'être une cause de scandale et de perdition pour les hommes, devient, régénérée par un chaste amour, une femme magnifique dont toutes les passions se fondent en une seule, — le culte de la Beauté.

La femme, même la pire, peut donc nous révéler la beauté, et la science de la beauté est le commencement de la sagesse ; elle nous guide effectivement vers elle ; la femme est l'éducatrice de notre intelligence parce qu'elle est faite pour l'amour. Une plus noble tâche encore lui est réservée, celle d'instruire nos cœurs et de nous enseigner la bonté. C'est elle qui montre aux hommes, aveuglés par leurs passions, errants à travers le monde sous les coups de fouet de la douleur, *le Chemin de Dieu*. « La justification tire sa source de la grâce de « Dieu ; elle ne vient pas de l'homme ni de ses propres ef« forts puisque c'est un pécheur ; comme tel il ne la mérite « pas plus qu'il n'y peut prétendre. C'est la volonté de « Dieu seul qui peut le justifier (1). » C'est en ces termes qu'un dimanche, du haut de la chaire de vérité, le pasteur Ole Tuft résume à ses ouailles attentives la sagesse et les principes, toute la morale de la vie. Or, celui-là fut pasteur sincère et méritant, pasteur apostolique, et « sa vocation », dès son enfance, fut d'évangéliser les hommes. A douze ans, il s'exerçait déjà à la pratique de

---

(1) *Sur le Chemin de Dieu.* (*Revue Bleue,* août-octobre 1898.)

ce qu'il croyait être la charité; il allait aux hôpitaux changer la paille dans le lit des malades; une réflexion prématurée, surexcitée par une éducation religieuse austère, à la fois, et brûlante, le poussait à chercher le vrai chemin qui mène à Dieu. Ce chemin, c'est l'apostolat. Il veut s'en aller aux lointains pays, à travers les mers, porter aux Gentils idolâtres la parole sacrée qui germa dans son cœur. Mais Kallem, son ami d'école, qui vient ainsi de surprendre son secret, lui répond : « Quelle idée de s'en aller si loin quand il y a tant à faire en ce pays? » Et de ces deux enfants devenus hommes, l'un est un orgueilleux et un fou, sans cesse en contradiction avec lui-même et obligé de mentir, — le pasteur Ole Tuft; l'autre est le sage et le charitable, le véritable juste, selon l'esprit de la loi, c'est Kallem. Parce qu'il a su conquérir sa liberté morale, s'affranchir des préjugés et des dogmes, et que, de cette indépendance, une femme adorable, adorée, créature de douceur et d'amour, lui montra quel usage il fallait en faire. « Il « voyait la jeune femme parmi les flocons de neige ; elle « était ce qu'il avait vu de plus blanc, de plus fin... toute « sa personne lui apparaissait dans un vague délicieux. » Kallem aima Ragni dès qu'il la vit, mais d'un amour mystique, fait de respect, de rêve et de désir de l'infini; il comprit, le premier jour qu'elle vint à lui, que venait à lui sa destinée, que le salut, la sagesse étaient en elle, qu'elle seule pouvait enseigner l'une et mener à l'autre. Elle ne manque pas à sa noble tâche. Dégagée des liens abominables où l'enchaîna la société, maîtresse d'elle-même et clairvoyante, elle y voit pour elle et pour lui et l'entraîne par la main vers le souverain bonheur : la Charité. Elle a des doutes, des affres de conscience. Ces commandements qu'elle veut suivre, ne seraient-ils donc que les insinuations perfides d'une passion malsaine et condamnée? Lui, son mystique amant, missionnaire des corps comme son beau-frère, Ole Tuft, prétend l'être des âmes, sorte de saint laïque qui veut ramener la joie de vivre depuis si longtemps exilée du monde, et qu'intéressent « plus que tout, dans sa chasse à la maladie, les « vieilles femmes et les enfants qu'il soigne », n'est-il donc qu'un forban de la libre-pensée? Et elle, Ragni, n'a-t-elle pas, comme le prétend l'épouse du pasteur, Joséphine, sa belle-sœur, n'a-t-elle point sacrifié son devoir aux intérêts de sa passion? Est-elle sincère avec elle-même? Et tous deux, loin des hommes et plus loin de Dieu, n'ont-ils donc d'autre ressource que la solitude, que l'égoïsme à deux, douloureux et stérile? — C'est à ce moment que, côtoyant la terre sans jamais prendre pied dans la triste réalité du monde, elle pénètre, et nous avec elle, dans l'ineffable royaume des vérités éternelles.

Après une heure de torture et de désespérance, elle est allée, avec Kallem et le docteur Kent, leur ami, faire une promenade au bord d'un bois, par les champs clairs qui frissonnent et palpitent aux radieux baisers du soleil. Les deux hommes sont partis en avant, laissant Ragni toute seule au milieu des fleurs. Et c'est à ce moment que les fleurs, ses fraternelles et chastes amies, et les bois, et les champs, et la nature entière, dans une clameur inouïe de tendresse et de joie, lui crient, des quatre coins de l'horizon, son devoir et le secret de sa destinée, et le souverain principe du monde. « Elle « comprit que c'était là qu'elle devait arriver. Tout ce « qu'elle avait traversé jusqu'à ce jour, cette grandeur « des choses, ces dangers du voyage, ces menaces de « la mer, cette force et cette perfidie, cette confusion et

« cette lutte, cette splendeur et cette terreur, lui disaient
« de venir jusqu'ici. C'est là qu'il fallait qu'elle vint
« pour comprendre que tout ne s'écroule pas. « Nous
« aussi nous t'avons attendue; c'est ici qu'est le plus
« profond secret de ta vie. — Ah ! laissez-moi l'enten-
« dre! — Sois bonne! — Oui, c'est, il me semble, la
« seule chose que je puisse faire ; mais les autres, ils ne
« le sont pas! — Laisse les autres être ce qu'ils veulent ;
« mais toi, sois bonne. » Elle comprit alors, car elle
« était venue jusqu'au cœur des bois, et cette vérité que
« lui révélaient les douces voix qui chantaient dans la
« brise, les rayons, les parfums, dans la nature immense
« qui n'est qu'une vaste bonté, elle résolut de la mettre
« en pratique, toujours ». — Mais le monde est barbare
encore, les Gentils sont encore plongés dans les ténèbres
de l'égoïsme et de l'orgueil, et la douce évangéliste
meurt, victime exquise de sa foi. Elle a soigné les souffrants de la ville, pansé les blessures, consolé les agoni-
sants; elle s'est approchée, domptant ses répugnances,
de Kristen Larsen, l'horloger qui jadis a commis un
crime, qu'on dit l'ami du diable, que tout le monde mé-
prise, bafoue, écrase, et qui, chargé des péchés du peuple, finit par se tuer, un jour de désespoir. Elle a éveillé
dans l'âme obscure de Karl Meek, le divin sentiment
de la musique, dissipant ainsi les ténèbres où il languissait, et aussi un profond et discret amour qu'elle devine
et ne veut pas voir. Elle a supporté sans se plaindre,
sans vouloir en troubler la sérénité laborieuse de Kallem, les calomnies et les outrages que versent à flots sur
elle Joséphine et le pasteur, et la réprobation qu'ils ont
réussi à soulever sous ses pas ; elle a caché ses angoisses
et ses larmes, tout ce qui n'est que l'inconsciente expression de l'égoïsme humain ; elle a, enfin, traversé la vie

en long manteau de candeur et d'innocence, souriante et mélancolique, répandant le bien sur sa route, n'ayant d'autre joie que celle de la charité. Et elle meurt, tuée par la haine qu'elle n'a pu vaincre, restant jusqu'au dernier jour ce qu'elle avait promis d'être à ses amies, les fleurs. Et, même morte, elle fait encore le bien. C'est en songeant à elle, poussé par elle, que Kallem pardonne à Joséphine et à Ole Tuft. « Alors Kallem s'avança
« vers sa sœur et lui caressa les cheveux, mais il savait
« que ce n'était pas lui qui le faisait, que c'était Ra-
« gni. » — Et c'est en se rappelant ses vertus timides et délicates, si pures, si douces, que le pasteur, enfin guéri de son orgueil, de son intolérance, de tout ce qui lui barrait le chemin qui mène à Dieu, laisse tomber ces paroles sur la foule agenouillée, du haut de la chaire de vérité : « L'un l'oublie au milieu de ses peines,
« l'autre dans l'ardeur de la lutte, un troisième dans sa
« sagesse, un quatrième dans sa folie, un cinquième
« dans sa routine, et, tous, nous l'ignorons plus ou moins.
« Et si je demandais à tous ceux qui m'écoutent quelle
« est cette chose essentielle, tous, vous me répondriez
« sans hésiter : C'est la foi ! — Eh ! bien, non ! Penche-
« toi sur ton enfant aux prises avec la mort, regarde
« ta femme épuisée de luttes et de veilles, et l'amour
« t'apprendra que c'est la vie qui est la chose essentielle.
« Jamais, à partir de ce jour, je ne chercherai Dieu ou
« la volonté de Dieu dans une formule ou dans un li-
« vre, mais, avant tout, dans la vie : la vie telle qu'elle
« vous apparaît des profondeurs de l'angoisse de la
« mort. Le plus haut enseignement que Dieu nous ait
« donné, c'est la vie ; notre culte suprême envers lui,
« c'est l'amour de ceux qui vivent. »

... La vérité souveraine est enfin trouvée !

VI.

Or, pour mieux appliquer cette éternelle vérité à nos existences fugaces et douloureuses, il faut synthétiser ces existences, les résumer, les condenser, dans des drames, poignants comme elles le sont elles-mêmes, concis, vibrants, où l'âme tout entière s'exprime et crie sous la tragique étreinte de la souffrance. Et la manière la plus saisissante d'exprimer l'âme, c'est de reproduire, dans leur simplicité frissonnante, les mots, les paroles, les conversations en qui nos sensations, nos sentiments, nos volontés se fixent et se cristallisent, et qui montent à la surface de la conscience obscure comme les fleurs aquatiques à la surface d'un étang. Voilà pourquoi le théâtre est l'aboutissement logique et nécessaire de la carrière littéraire de Björnson, et pourquoi Un *Gant*, *Léonarda*, *Au delà des Forces* sont les drames dans lesquels il a résumé toute sa philosophie.

A vrai dire, depuis longtemps déjà il avait abordé la scène, et le *Roi Sigurd* et *Marie Stuart* sont deux chefs-d'œuvre d'art classique. L'influence d'Œlenschlager s'y manifeste sans entraves, et cette passion des légendes des anciens jours qu'on a prise trop longtemps pour l'amour de l'histoire. Le romantisme allemand n'épargna point Björnson, le réaliste épris de vie et de vérité, pas plus qu'il n'épargna son glorieux contemporain, Ibsen, le moraliste misanthropique et désespéré. Mais, comme tous les deux étaient des maîtres, qu'ils pressentaient la venue d'une formule nouvelle et qu'ils se sentaient capables de la créer, tous les deux purent dominer cette influence, s'en affranchir, alors qu'elle

était fatale à tant d'autres. Et c'était déjà l'âme émue de Björnson, et son âme seule, qui chantait dans les strophes magnifiques où le roi Sigurd, vaincu, près de mourir, exhale sa douleur au bord des flots impassibles, en face de la nature immense qui calme toute angoisse, apaise toute souffrance : « Comme cette soirée d'au-
« tomne est douce! Goutte à goutte le repos s'insinue
« dans mon âme! Ce soleil, cette mer, cette plage sont
« infiniment beaux; ils semblent la pensée de Dieu! Ils
« s'harmonisent les uns aux autres dans une paix enchan-
« teresse !.. Ma patrie, à qui pourtant j'ai fait blessure sur
« blessure, a pour moi une indulgence sans bornes, elle
« donne au dernier de mes jours un admirable crépus-
« cule. Et je veux, monté sur ces rochers, lui dire, du
« fond du cœur, un long, un long adieu !... Ils sont passés
« les songes d'or de ma jeunesse ! Elle est perdue, perdue
« sans retour, ma pauvre patrie adorée. Malheur à moi !
« Pour quelles souffrances suis-je donc né ? Et cela, mon
« Dieu, cela aussi, hélas ! sera bientôt passé !... Des mots,
« rien que des mots ! » — Mais le poète aimait trop la vie pour s'attarder aux oripeaux plus ou moins chatoyants qui la voilaient à ses regards. *Les Nouveaux Mariés* montrèrent qu'il entendait l'analyser et faire œuvre de philosophe, et non pas seulement de superbe rhéteur. Il eut sans doute, avec *le Roi Sverre*, avec *Magnhild*, avec *le Roi*, poème dramatique où palpitent des beautés grandioses, des velléités de retour vers cet art séduisant qu'il abandonnait, mais avec *Une Faillite*, le premier des drames dans lesquels il étudie avec fermeté, clairvoyance et rudesse les poignants problèmes que dissimule à grand'peine la banalité de nos hypocrisies sociales, il prend sa route et, désormais, ne la quittera plus.

Dans ce drame se manifestent et se précisent ces puissantes qualités de logique et d'émotion qui méritent à Björnson une place au premier rang de nos modernes dramaturges. Il a le don suprême de suggérer les âmes. Non pas, comme Tolstoï, ou Stendhal, ou Zola, par de longs monologues qui s'adaptent aux évolutions de la pensée, mais par des conversations décousues, insaisissables, vulgaires entre deux, trois, quatre personnages à la fois. Il a la notion rare de la valeur des mots. Il les arrange, les harmonise de manière à ce que, de leur union voulue, artistique, se dégage une symphonie énergique et saisissante. Des hommes, des femmes s'asseyent, ou, se prenant le bras, se promènent de long en large dans une chambre ou dans un salon, en causant. Vous écoutez : c'est la causerie que vous et moi nous entretenons tous les jours avec des familiers, à propos de menus incidents, de tracas passagers et futiles, du temps qu'il fait, de ce qu'on a vu. Cette minutie est oiseuse et fatigante ? Détrompez-vous. Car soudain une idée traverse ce chaos monotone, comme un éclair fait les ténèbres, laissant derrière elle un sillon, illuminant, jusqu'en leurs profondeurs cachées, ces êtres qui s'exprimaient devant vous avec une simplicité presque grossière. Et peu à peu les paroles se pressent, ardentes, vivantes, passionnées ; les voix montent, les cœurs jaillissent aux lèvres, et de ces êtres problématiques monte on ne sait quelle sensation tragique qui fait passer dans les nerfs un subtil et douloureux frisson. — Et, pas plus qu'il ne dédaigne les menus propos, l'artiste ne dédaigne les menus faits de chaque jour, ni les menues personnalités qu'il nous est arrivé, à tous, de coudoyer sur le chemin commun. Point d'inutilités, pas de Scapin, pas de Géronte ; des créatures animées, pensant, agissant, souffrant, que, parfois, nous apercevons à peine, et qui, cependant, restent fixées dans notre mémoire en traits ineffaçables. Et, pour varier cette monotonie, ce « déjà « vu » que nous montra notre journalière expérience, des détails imprévus, de géniales inventions, heureuses ou effrayantes : par exemple, dans *le Rédacteur*, le monologue d'Halvdan qui, malade, à demi paralysé, agonisant presque, voudrait lire, dans le journal du district, l'article infamant dans lequel on l'outrage. La feuille est là, devant lui, sur la table ; pourra-t-il l'atteindre ? Et doit-il l'ouvrir ? La tentation est plus forte que le désir du repos. Il cède, mais ses forces le trahissent, il agite dans le vide ses mains désespérées ; et quand il la tient, enfin, un coup d'apoplexie l'envoie rouler, assommé, dans un coin de la chambre, serrant encore entre ses doigts crispés le papier maudit. Enfantillage que toute cette recherche de petits faits prolixes et sans intérêt immédiat ? Mais non ; simplement désir, un peu naïf peut-être, et maladroit dans ses moyens, de donner l'illusion intense de ce qui est. Aucune des apparences de la vie n'est méprisable. Tout s'enchaîne en ce monde, rien qui soit isolé du reste, rien qui ne participe un tant soit peu de l'absolu. Et de cet assemblage jaillit enfin, éblouissante, la signification de l'idéal, car cette parole, et ce geste, sont aussi importants aux yeux du psychologue que le mot le plus vaste, le geste le plus noble : les uns et les autres mènent à la connaissance de l'âme, et c'est à l'âme qu'il faut parvenir.

Toutefois, cette vie qui défile sous nos yeux en sa monotonie savoureuse, elle n'est point toujours sombre et tragique. Pour qui l'aime et la veut faire aimer aux autres, il faut la considérer sous un double aspect. Pourtant, constatons le comique, ne le créons pas. Il n'y a pas une scène de vaudeville dans tout le théâtre de Björnson, mais on y trouve des scènes de haute comédie, comparables aux meilleures de Molière ou d'Augier dont elles ont l'âpre et saine et virile saveur. Car, si l'auteur de *Léonarda* s'attendrit quelquefois, il rit peu et ne raille jamais ; il observe avec une ironie calme et sans colère, une ironie intérieure qu'à peine décèle un éclat passager. Quand Léonarda entre chez l'évêque, à ce moment tragique où vont se décider son amour et sa destinée, M. et Mme Röst, qui, en passant, sont montés chez leur frère et viennent de l'engager à repousser sans faiblesse l'alliance à laquelle son affection pour son fils le ferait consentir, ils sont pris entre la crainte de se compromettre en se trouvant face à face avec l' « aventurière » et leur désir de la voir, de railler ses angoisses ; ils vont, ils viennent, ils tournent dans la pièce, se poussant, se gourmandant l'un l'autre et c'est seulement lorsqu'il est impossible de tergiverser davantage qu'ils passent le seuil en protestant de leur mépris. Et quand Mme Christensen, dans *Un Gant*, vient faire visite à Mme Riis pour rétablir les choses et raccommoder le mariage qu'a brisé la farouche intolérance de Svava, les bonnes dames, une fois assises l'une devant l'autre, minaudent, papotent, bavardent, causent chiffons en croquant des biscuits et si elles se hasardent enfin à toucher au terrible sujet, elles se lamentent, se désolent, épanchent un pleur, tout en trouvant plus agréables, plus gentils, les jeunes gens qui font un peu la fête. Telle encore la scène de l'arrivée du clergé dirigeant, dans *Au delà des Forces*, les bons mots des ecclésiastiques, parfumés de je ne sais quelle odeur de vieil encens, qui sentent la sacristie, et la sempiternelle remarque du bon évêque : « Mes amis ! Mes amis ! ne pré-

« tons pas au ridicule ! » Mais la plus jolie, en ce genre, est assurément celle de *Léonarda* où la grand'mère d'Hagbart, vieille dame indulgente, qui aime la jeunesse et les amours printanières, et regrette peut-être son passé joyeux, confesse son petit-fils, et l'approuve, et le console :

« HAGBART (*il va vers l'aïeule et s'agenouille à moitié près d'elle*). — O ma bonne et chère grand'mère, vous êtes la seule qui me compreniez, vous !

« L'AIEULE (*essayant de se retourner, comme pour voir*). — Sommes-nous seuls ?

« HAGBART. — Oui, grand'mère.

« L'AIEULE. — Eh bien, est-ce que ton père salue Mme Falk, maintenant ?

« HAGBART. — Hélas ! non. Il lui a envoyé une lettre ce matin.

« L'AIEULE. — Je m'en doutais.

« HAGBART. — Ne trouves-tu pas cela horrible, toi, grand'mère ? Ne pas même vouloir lui parler ni l'entendre, et la juger ainsi...

« L'AIEULE. — Ils sont tous les mêmes, tous ces... Sommes-nous seuls ?

« HAGBART. — Oui, grand'mère...

« L'AIEULE. — J'en ai tant vu, moi, vois-tu, tant et tant ! — Oh ! autrefois on était plus tolérant que cela... oui !... (*elle se retourne*). Nous sommes seuls, au moins ?

« HAGBART. — Oui, grand'mère, n'ayez crainte.

« L'AIEULE. — Sais-tu que je l'aime aussi, moi, cette petite ! Elle est, ma foi, tout comme les jeunes filles de mon temps, de mon bon vieux temps.

« HAGBART. — Et gaie, et courageuse !

« L'AIEULE. — Et fière, et indépendante ! Ah ! vois-tu, on n'en trouve plus beaucoup comme cela, vois-tu... (*elle se retourne.*) Sommes-nous seuls ?

« Hagbart. — Oui, grand'mère.

« L'Aieule. — Il faut te marier, vois-tu... alors (*tout
« bas*) je m'en irai chez toi et chez elle... Mais chut !
« chut (1) ! »

Cette ironie légère, fleur éphémère et délicate qui pousse entre deux branches, à l'abri des tempêtes, sur le tronc douloureux de la vie, elle exhale ainsi un délicieux parfum qui réjouit l'esprit et le cœur, fait oublier pour un instant les agonies de la passion aux prises avec la destinée et passe sur l'âme entière, apaisant et charmeur, comme le baiser frissonnant de la brise sur un gazon foulé aux pieds. — Mais, hélas ! l'orage est le plus fort, ces accalmies sont rares, parce que dans ces âmes dont le poëte vient d'écarter, d'une main sûre, l'un après l'autre, les voiles, nous y trouvons une seule chose, l'amour. Et l'amour est la grande épreuve. Il y a dans Björnson des clameurs de souffrance intolérable. Oh ! combien la vie est dure aux infortunés qui la vivent ! Peu de mots, mais des interjections, des dialogues hachés, oppressés, fiévreux, entrecoupés de longs silences. Ces jeunes filles, Svava du *Gant*, Karen du *Nouveau Système*, elles se tordent sous l'étreinte abominable ; elles ne pleurent pas, pourtant, ne courbent pas la tête ; leurs yeux restent secs et leur taille inflexible, mais on entend se briser leur cœur et l'on croit qu'elles vont mourir.

« Karen. — Maman croit que je dors. Je me suis
« faufilée jusqu'ici. Viens vite, Hans, viens vite.

« Hans. — Où donc ?

« Karen. — Très loin, très loin ! Viens vite !

« Hans. — Oui.

---

(1) Acte II, scène III (trad. Monnier ; Grasilier, éditeur).

« KAREN. — Car je ne veux plus retourner à la mai-
« son, oh ! non, jamais plus !

« HANS. — Es-tu malade ?

« KAREN. — Oui, je suis malade ! Cela me fait si mal,
« ici, et puis là, et puis là, surtout ! Oh ! si mal ! si mal !
« si mal (1) ! »

Cela, ce n'est encore que la plainte d'un jeune animal qui se sent blessé d'une blessure inguérissable. Mais la révolte de Svava, et l'écroulement de ses rêves, de ses illusions, de son bonheur, de tout ce dont jusqu'alors elle avait vécu.

« ALF. — J'avoue n'avoir jamais songé au cas dont
« parle Mme Riis, simplement parce qu'il ne pourrait
« pas se présenter. Jamais un honnête homme ne choisi-
« rait pour épouse une femme du passé de laquelle il ne
« serait pas sûr, jamais...

« Mme RIIS. — Et une honnête femme, Alf ?

« ALF. — C'est bien différent.

« NORDAN. — Parfaitement, la femme doit à son
« mari son passé et son avenir, et l'homme ne doit à sa
« femme que son avenir.

« ALF. — Oui, si vous le voulez.

« NORDAN (*il se lève et dit à Svava*). — Je t'exhor-
« tais tantôt à différer ta réponse. Maintenant, ma fille,
« il me semble que tu dois répondre tout de suite.

« SVAVA (*elle s'avance vers Alf et lui jette son gant
« au visage, puis tombe en sanglotant dans les bras de sa
« mère en criant, d'une voix éperdue*). — Maman ! ma-
« man (2) ! »

Mais Karen, elle, est séparée de son fiancé par une

---

(1) *Le Nouveau Système,* acte IV, scène v.
(2) *Le Gant,* acte II, scène vi (trad. Monnier ; Grasilier, éditeur).

série d'événements malheureux qui peuvent être oubliés, qui le seront, que réparera un avenir de félicité à deux ; et Svava, pour être heureuse, n'a qu'à dompter son orgueil, qu'à pardonner, à violer un peu les commandements d'un idéal trop haut pour des forces humaines. Mais quelle angoisse et quelle misère quand l'aimée d'autrefois voit se détourner d'elle la passion ineffable qui faisait son ivresse, quand cette tendresse immense et voluptueuse qui l'environnait se dissipe et s'enfuit sous le souffle cruel de l'infidélité, des brusques trahisons du cœur ?

« AGAT. — Oh oui! mon âme est blessée, torturée,
« brisée! Oui, il faut que je le dise, il faut que je le crie,
« car ce n'est pas seulement d'aujourd'hui, ce n'est pas
« seulement de cela, que je souffre.

« LÉONARDA. — Oh! je sais! Mais lui dire cela, c'est
« offenser son amour, Agat!

« AGAT (*ironique*). — Son amour...!

« LÉONARDA. — Mais tu es folle, Agat, tu es folle!

« AGAT. — Oh! non, je ne suis pas folle!

« LÉONARDA (*bas à Agat*). — Comment ?... Ses insul-
« tes ?... Vous qui dans le plus profond de vos cœurs
« avez échangé vos êtres ?... Toi qui connais sa fidé-
« lité, son amour ?... Toi qui sais ce qu'il est...?

« AGAT. — Oh! tais-toi! tais-toi! Mais tu ne vois
« donc rien ?...

« LÉONARDA. — Mais encore une fois tu es folle,
« Agat, c'est une honte!

« AGAT. — Une honte! Ah! s'il en est une, ce n'est
« pas de moi qu'elle vient, toujours!... Mais tu ne com-
« prends donc rien ?... Mais tu ne vois donc pas que
« ce n'est pas moi, mais toi, qu'il aime! (*elle pousse
« un cri et se cache la tête dans ses mains*)... Tante!

« Tante ! laisse-moi m'en aller quelques jours ! Laisse-
« moi réfléchir et voir clair en moi-même (*elle pleure*),
« tante ! tante !... Oh ! dis-moi, l'aimes-tu ?... Oh ! moi,
« je ne l'aime plus, va !... Je te le jure, si tu l'aimes,
« tante... eh bien... eh bien... prends-le !, oui... prends-
« le (1) !... »

Et dans la tragique obscurité qui, soudain, s'est abattue sur ces créatures et leur cache leur destinée, dans l'écroulement de toutes leurs joies, de toutes leurs espérances, de tout ce qui les portait vers le ravissement ineffable où l'on est près de Dieu, les mains glacées s'enlacent, les joues humides se touchent, des baisers morts sont échangés. Il semble que, noyés dans cet océan de misère infinie, ces pauvres êtres éphémères et condamnés, qui gémissent ainsi à la face du ciel morne, se raccrochent les uns aux autres avant de s'engloutir dans l'abîme éternel. Et c'est parce qu'ils ont aimé ! Mais ne blasphémons pas l'amour ! Ivres de souffrance, meurtris par les fatalités, frappant du poing leur front d'où la raison s'enfuit, ils n'ont jamais été si grands ! Ibsen a créé des intelligences, des consciences réfléchies, en proie aux affres de l'instinct, se raidissant dans leur volonté sublime pour arriver à l'idéal ; Björnson a pétri des cœurs dans lesquels il a scellé, liqueur divine, les larmes de la passion. Le stoïcisme et la passion ennoblissent l'un et l'autre. L'amour est la grande épreuve ; il est aussi le grand bonheur. Et c'est pourquoi les femmes, êtres d'amour, sont les souveraines du monde, les vestales du feu sacré qui ne s'éteindra jamais. Björnson, comme notre cher Dumas, est un poète de la femme ; il l'a embrassée du vaste amour que lui-même avait pour la vie ; elle est

---

(1) *Léonarda*, acte II, scène VI.

chargée par lui, sœur douloureuse de Ragni, de nous apprendre la bonté, vérité qui mène au bonheur. Car, ne nous y trompons pas, aveugles que nous sommes, ce n'est pas la société que nous avons construite à notre usage et que soutiennent nos égoïsmes ; ce ne sont pas les vanités grossières, les satisfactions instinctives où nous nous complaisons qui peuvent nous procurer ce bonheur, attendu depuis si longtemps. Toute félicité bâtie sur l'injustice et sur l'orgueil est bâtie sur le sable ; il faut qu'elle croule pour que, sur ses ruines, se dresse l'ange de la justice qui châtie et flagelle, mais ramène au devoir. Voyez plutôt (*Une Faillite*) la chute du marchand Tjælde qui s'est élevé sur un amoncellement d'infamies et de bassesses, et qui tombe, et ne peut se relever qu'en appuyant ses mains souillées sur le travail et la vertu. Voyez encore ce *Rédacteur* odieux dont la plume est à vendre, qui fait le malheur d'un honnête homme, qui le harcèle, qui le blesse, qui le tue pour assouvir une malsaine ambition, et qui, près de goûter au fruit de ses crimes, voit avec colère, puis avec détresse, puis avec remords, ce fruit échapper à son étreinte. Mais le génie, dira-t-on, les inventions sublimes qui font le bonheur de tout un peuple ? bonheur matériel, mais qu'est-ce que la conscience y gagne ? (*Un Nouveau Système.*) — Et le génie, qu'est-ce, sinon l'orgueil encore ? Et une invention, qu'est-ce, sinon un ingénieux mensonge ? Et quand un plus jeune et plus habile aura montré la caducité de tout cet échafaudage, celui que portait la gloire, qu'enivraient les acclamations, tombera en bas du trône que lui éleva la faveur irréfléchie des foules ; il tombera, entraînant dans sa chute tous ceux qui l'entouraient et mettaient en lui leur espoir. — Rien ne reste de nous, notre œuvre est un problème, nous ne valons que par nos bonnes œuvres. Le bonheur, en effet, c'est, comme le criaient à Ragni les voix mystérieuses des fleurs, c'est la pratique infatigable et voulue du bien, de l'amour des autres. « Soyons bons même quand les autres seraient méchants ! « Aimons, même quand on nous haïrait ! » Mais qu'est-ce que la bonté ? Qu'est-ce que l'amour ? Quel en est le principe caché ? La résignation, dit Mme Riis, — l'indulgence et le sacrifice, répond Léonarda, — l'amour absolu qui ne veut d'autre satisfaction que lui-même, répond le pasteur Sang, l'amour qui résume en lui la résignation, l'indulgence et le sacrifice, toutes les vertus ; l'amour qui est l'union mystérieuse des âmes et des corps, du ciel et de la terre, — l'ineffable harmonie que célèbrent les choses et qu'il nous faut pratiquer d'un cœur pur.

VII.

Une jeune fille, Svava Riis, trompée déjà dans une première expérience, s'est fiancée avec Alf Christensen. Elle l'adore, il l'adore et tous deux sont beaux. Jamais plus chaste passion n'est éclose aux baisers du soleil. Et soudain voici qu'elle apprend qu'elle est encore une fois trahie, que son fiancé n'est pas digne de son rêve, qu'il a flétri ses sentiments dans de hasardeuses aventures. Elle brise son cœur les yeux fixés sur l'idéal, ne voulant pas que rien « d'impur s'introduise dans sa vie ». Elle mourra vierge comme doivent mourir vierges toutes celles dont le royaume n'est pas de ce monde. Ses parents, dont elle compromet la situation sociale en offensant les Christensen ; ses amies, les jeunes filles, qu'elle entend répéter près d'elle les chansons d'hyménée qu'elles ont apprises en son honneur ; son oncle, un vieux sage ému, qui la raisonne et la console, nul ne peut ébranler cette résolution. Et pourtant elle souffre, elle souffre affreusement, et nul rayon d'espérance ne vient éclairer sa détresse et la nuit de l'avenir qui l'attend. Elle ne cède pas. A-t-elle tort ? « Elle « a répondu, dit Nordan à M. Riis : Je ne veux pas, « moi, qu'on enveloppe ma candeur dans un long voile « blanc pour que je ne voie pas au juste où l'on me « mène. Je veux m'engager en pleine sécurité dans le « saint état du mariage, m'asseoir au foyer de nos pères « et élever mes enfants sous les yeux de mon mari. « Mais il faut qu'il soit honnête comme je le suis moi- « même, car, sans cela, son baiser salirait la tête de « mon enfant et pour moi serait une souillure. Voilà ce « qu'elle a dit. Et elle était bien belle en le disant ! » Mais voici que, sous ses pieds, une plainte s'élève. Elle vient de reprocher à sa mère ses compromissions lâches, les efforts qu'elle a faits pour conserver autour de son mari un respect dont il n'était pas digne, d'avoir, en un mot, supporté les maîtresses de son père..., alors, tristement, avec un long regard chargé de souffrances passées, avec ses cheveux qu'ont blanchis les dures expériences de l'existence, la mère fait baisser à sa fille ses yeux d'orgueil et la dompte en un mot : « Mais si « c'était en pensant à mon enfant que j'ai tout sup-« porté ? »

Léonarda, elle aussi, se sacrifie à l'avenir éclatant d'espérance, à la jeunesse qui monte et conquerra peut-être ce qui manque à son âge mûr, à la vie éternellement renouvelée ; mais elle ne se borne pas à cette résignation passive et humiliante dont rien de grand, rien de fécond ne saurait sortir. Cette résignation n'est pas la bonté parce qu'elle est inactive et que l'action est la fleur de la bonté, la rédemption de nos misères. Il faut agir, dit la sublime héroïne. Héroïne, elle l'est certes, et des plus nobles ; c'est une femme faite pour la passion, qui, à quarante ans, est restée belle, dont le cœur ardent n'est point apaisé par les années. Son être tout entier resplendit de beauté morale; à tous elle apparaît telle que la vit Hagbart, le jour qu'il comprit qu'il l'adorait, compatissante et charitable, douce aux humbles, aux meurtris du cœur, sans cesse inspirée par une pitié abondante et sereine.

« HAGBART. — Oh ! tenez ! Je ne sais ce que vous
« avez fait pour être ce que vous êtes à présent, si
« belle, si bonne, si adorablement délicieuse et divine...
« Je ne sais, mais je me sens, à vous écouter, si petit,
« si timide, si gauche... Oh ! je ne puis rien y faire, je
« le sais... Mais si vous saviez..., dès le moment où
« j'ai senti que c'était vous que j'aimais, rien n'a plus
« existé pour moi, tout était en vous, le monde entier,
« c'était vous ! »

Et comme elle l'aime, elle aussi !

« LÉONARDA. — Je veux avoir le temps de réfléchir,
« de voir ; je ne veux pas me laisser ainsi perdre d'un
« seul coup cette puissance sur moi-même que j'ai ac-
« quise par dix ans de luttes et de sacrifices. C'était ma
« joie, c'était mon orgueil, cela ! Maintenant je ne peux
« plus ; quand tu parles, chaque mot de ton âme boit mon
« âme tout entière ! Oh ! s'il existe un bonheur ici-bas,
« c'est bien celui de se sentir prise ainsi peu à peu, pen-
« sée par pensée, dans une attraction infinie et irrésisti-
« ble ! Mais j'ai beau faire, je sens en moi je ne sais quelle
« crainte qui m'arrête... Oh ! non, ne me réponds pas, ne
« me parle plus ! Tu as trop de pouvoir sur moi parceque

« je t'aime, parce que je t'aime au-dessus de tout mon
« être, de toutes mes forces, parce que toi seul as com-
« pris le besoin d'amour immense qui avait envahi mon
« âme, et que je me mourais de ne pas aimer... Et main-
« tenant cet amour m'a envahie toute, et il me pèse
« comme si c'était une trahison vis-à-vis de mon en-
« fant » (1) ! Son enfant ? Sa nièce, Agat, qu'elle en-
vironna, telle une fille, de sa chaude tendresse, qui
adore Hagbart, qu'elle voulut joindre à lui, et qui s'est
dérobé pour lui apporter ses baisers, sa jeunesse, toute
son ardente adoration. Elle a fait plus, elle s'est humiliée, elle est venue se jeter aux pieds du père d'Hagbart,
de l'évêque qui ne veut pas de cette union parce que
Léonarda est divorcée, et qu'on la traite ouvertement
d'aventurière. Elle a courbé le front sous cette hautaine
parole, qui flagellait les erreurs de sa vie, les erreurs
dont elle n'est pas responsable et dont on l'accuse. Révoltée à la fin de cette iniquité cruelle, elle a bondi sous
l'outrage, et infligé au prêtre impitoyable, orgueilleux
de sa foi, peureux devant l'opinion, une amère et forte
leçon de morale véritable, de morale évangélique, désespérant de le fléchir et voulant au moins se défendre,
ne fût-ce qu'un instant :

« LÉONARDA. — Et vous ne trouvez rien qui puisse
« ... racheter un passé... que d'ailleurs vous ne connais-
« sez pas ?

« L'ÉVÊQUE. — Permettez-moi de vous dire, Madame,
« que je ne vous ai guère vue chercher l'expiation.

« LÉONARDA. — Vous voulez dire que vous ne m'avez
« pas vue à l'église depuis que je suis ici ?

« L'ÉVÊQUE. — Oui, Madame.

---

(1) *Léonarda*, acte III, scène III.

« LÉONARDA. — Aimeriez-vous mieux que je cherche
« des excuses par le mensonge ?

« L'ÉVÊQUE. — Non, car je ne connais qu'un seul
« chemin qui mène au repentir.

« LÉONARDA. — Il y en a d'autres, le travail et le de-
« voir... Et il y a une chose que vous avez oubliée, Mon-
« seigneur.

« L'ÉVÊQUE. — Et c'est... ?

« LÉONARDA. — La charité. »

Ainsi donc elle triomphe de toute cette intolérance humaine coalisée contre elle ; elle passera, comme jadis, fière et droite, dans la route qu'elle s'est tracée. Et voilà qu'elle ne peut plus se vaincre elle-même ? Eh bien, non ! Une nuit, après avoir exhalé tout son cœur dans ce splendide et mystique duo avec Hagbart, après l'avoir supplié de s'éloigner quelques jours pour lui permettre de voir clair en elle-même, elle se relève, vaillante et sublime, ayant vaincu, et elle s'enfuit comme une voleuse, vers les ténèbres et les solitudes d'une existence à jamais brisée, se sacrifiant sur l'autel d'un amour jeune, à l'aurore qui se lève, à l'avenir qui va germer dans l'étreinte des deux jeunes gens. Le sacrifice de ses désirs, la résignation de ses espoirs, autant de degrés douloureux qui montent au pur amour, à l'amour infini, vaste comme le monde, insondable comme la mort. Il faut que toujours résonne à nos oreilles l'admirable parole du Christ, la victime des victimes, du doux crucifié qui mourut sur le Golgotha pour expier les péchés des hommes. « Mon royaume n'est pas un « royaume de la terre ». Et la charité de Léonarda est une charité meurtrie, une charité troublée, en lutte contre elle-même, et qui se révolte, et qui se lamente, hélas ! La sublime amoureuse n'a point rompu les liens qui l'attachaient aux vanités charnelles, et toujours son âme, emportée dans un glorieux élan vers l'idéal auquel elle aspire, retombe, saignante et pantelante, les ailes brisées, sur la plaine fangeuse où grouille l'humanité. Elle est femme, en un mot ; le pasteur Sang est un saint, et c'est pourquoi il fait des miracles.

Aux confins du monde, au bord des mers mystérieuses qu'éclaire durant les journées pâles un soleil qui ne s'éteint jamais, sur un rocher où les oiseaux marins s'abritent durant les tempêtes tragiques, dans le Nordland inconnu et lointain, sur la limite du réel et de l'irréel, du vrai et du rêve, de la vie et de la mort, s'est fixé, entre deux abîmes, le pasteur Sang. Il s'est retiré du monde pour mieux pratiquer la vertu, pour répandre, à mains plus libres, les consolations et les remèdes sur la conscience malade. « Il lui manque un sens, dit de lui Klara,
« sa femme, le sens de la réalité ; il ne voit que ce qu'il
« veut voir, et ne trouve jamais de mal à rien ; c'est-
« à-dire il en trouve, mais il ne veut pas y faire attention.
« Je ne m'occupe que du bien que je rencontre, » dit-il,
« et, lorsqu'il parle aux hommes, il les trouve tous bons.
« Et, de cette façon, il est au-dessus de toutes les choses
« humaines, des grandes comme des petites ; s'il avait
« pu, il aurait pris tout ce que nous possédons, pour le
« donner, tout, jusqu'à notre nourriture de chaque jour.
« Dieu nous le rendra, dit-il, et puis... c'est notre de-
« voir d'agir ainsi. » Lorsque, parfois, il fait un temps
« tel que les matelots les plus hardis refusent d'aller à la
« mer, il s'embarque dans son petit bateau, avec son
« garçon. Il a passé ainsi des nuits dans la montagne,
« au milieu du brouillard, restant sans manger des deux
« et trois jours. On l'allait chercher, on le ramenait, et
« la semaine d'après, il repartait. Il avait un malade

« qui l'attendait, disait-il (1). » Mais, pendant qu'il développe ainsi toutes les puissances de son âme, qu'il guérit les malades, apaise les plus tristes souffrances, Klara, sa femme, est écrasée par l'effroyable nature qui l'environne ; toutes les énergies de son être se désagrègent, le fragile équilibre de son corps lamentable de femme est détruit, ses nerfs sont tendus à se rompre, ses sens exaspérés. Les odeurs, les caprices de l'air, de la lumière, du son, tout cet ambiant variable, ondoyant comme les flots qui viennent battre la côte, font vibrer douloureusement toute sa pauvre machine détraquée ; les choses se confondent avec elles, sont entrées, s'unissent en elle ; elle n'est qu'une vaste vibration. Ce fragile assemblage d'atomes, dont on ne sait quel souffle inconnu avait fait un être moral, va tomber en poussière, rentrer dans la grande circulation cosmique, emporté dans un tourbillon, par un vent venu de l'au-delà, vers d'autres combinaisons, d'autres assemblages, d'autres formes. Depuis six ans elle ne s'est pas levée, depuis deux mois elle n'a pas dormi. Une lueur, pourtant, veille, inextinguible, en ce temple chancelant ; elle respecte, elle admire, elle adore son mari, le doux mystique rêveur, et, quoiqu'il n'ait pu, jusqu'à ce jour, la guérir, elle a foi en lui, une foi contre qui rien ne prévaut. Mais, dirons-nous avec Hanna, sa sœur, pourquoi donc toi, son épouse aimée, pourquoi ne t'a-t-il pas guérie ? « Je n'ai plus la « foi, je ne sais plus prier. » Et il faut prier, et il faut croire aveuglément non dans un homme, mais en Dieu. Et c'est pourquoi le pasteur Sang a rappelé ses enfants d'Amérique, ses enfants qu'autrefois il avait embrasés de

---

(1) *Au delà des Forces,* acte I, scène I (trad. Monnier ; Grasilier, éditeur).

sa croyance, qu'il avait munis du viatique des forts. Avec eux il se mettra en prière au chevet de la pauvre malade, avec eux il implorera le Tout-Puissant. Et le Seigneur sera ému par cette grande douleur qui criera vers lui. Mais, avant de tenter la suprême épreuve, il veut unir son cœur au cœur de son épouse; qu'elle soit au moins avec lui d'amour, sinon de croyance. Il songe qu'elle aussi fut douce et sacrifiée. Alors, s'agenouillant près de son lit, il fait monter vers elle ce cantique d'action de grâces, cette invocation mystique aussi belle que la charnelle invocation de Salomon à la bien-aimée : « O ma
« chère Klara, ma Klara adorée! Écoute, avant de faire
« ensemble cette solennelle prière, laisse-moi te crier
« merci du fond du cœur. Voici que je me rappelle toute
« notre vie passée ensemble, et il me semble que je
« t'aime plus encore parce que tu ne partages pas ma
« foi... Et lorsque je songe que toi, toi qui n'avais pas
« la foi pour te soutenir, tu as eu la force de me donner
« ta vie... Oh! tais-toi, laisse-moi parler encore! Laisse-
« moi te dire la magnificence de ce que tu as fait là...
« Oh! que je t'aime! Que je t'aime! Oh! laisse-moi
« t'embrasser comme à la première aurore de notre
« amour! »

Mais, hélas! il sera tout seul. Elias et Rachel, ses enfants, ont laissé tomber de leurs mains fatiguées, sur quelque chemin du vaste monde, le sacré viatique qu'il leur avait confié; eux aussi ont perdu la foi. Comment cela est-il arrivé? Parce qu'ils ont vu les hommes mentir à leur conscience, plier leurs principes aux circonstances, et que l'âpre expérience leur a enseigné qu'un seul sur mille possède la vraie religion, « a reçu de « Jésus le secret de la perfection et le met en pratique ». La pauvre agonisante restera-t-elle donc, comme autrefois, clouée sur son calvaire ? Sang ne pourra-t-il donc faire un seul miracle d'amour, lui qui fit tant de miracles de pitié ? Eh bien, il le fera ! Il ira tout seul s'agenouiller dans le temple, face à face avec Dieu. Il tombe en extase, il prie, il prie sans lassitude, le cœur aux lèvres, si sublime et si doux et si pur qu'à la fin il est écouté. A force de charité, à force d'amour immense, il a vaincu le mal et recréé la vie, il a sauvé une âme.

« L'Évêque et le Clergé. — Alleluia ! Alleluia !

« (*Klara entre lentement, dans sa longue robe blanche, les yeux fixés sur l'église; elle s'arrête et tend les mains dans la direction d'où vient le chant.*)

« Le Clergé. — Alleluia ! Alleluia !

« (*Il arrive un moment où tous les alleluia semblent soulever la maison. On aperçoit Sang à la porte; tous se lèvent et lui cèdent la place. Il entre, tend les bras vers Klara qui se tient au milieu de la salle. Elle, se lève lentement, s'appuie sur son épaule; les alleluia s'arrêtent; seule, la cloche de l'église sonne encore.*)

« Klara, *debout, à Sang.* — Oh ! comme tu rayonnais... « tout à l'heure, lorsque tu es entré... Oh ! mon amant !... (*Sa tête retombe de nouveau, ses bras pendent, tout son corps s'abandonne.*)

« Sang. (*Il la soutient et met la main sur son cœur, puis il s'incline vers elle, comme étonné, puis il regarde en haut et dit doucement*). — Mais ce n'était pas cela que... (*il met un genou en terre, y appuie la tête de Klara, puis il la couche doucement à terre, regarde en haut encore une fois*)... Mais ce n'était pas cela que... ou bien alors...? Ou « bien...? Ah...! (*Il porte la main à son cœur et tombe à côté d'elle, mort.*)

« Ou bien alors ? » Le voilà l'effrayant problème que l'amour ne saurait résoudre ! « L'amour, dit le livre sacré,

« est fort comme la mort. » Non, l'amour est vaincu par la mort parce qu'il s'arrête à la limite où commence l'infini. Au delà rayonne peut-être un royaume ineffable où les élus qui y pénètrent trouvent repos, joie et bonheur; mais qui peut dire quelle route y mène ? Nous ne savons qu'une chose, c'est que nous sommes de pauvres êtres errants, flagellés par les passions contradictoires, les destinées inexorables, et qui marchons, les pieds saignants, les yeux en larmes, vers un but inconnu que pas un n'aperçoit. Nos aînés, les fervents chrétiens de jadis, espéraient et croyaient encore ; et sans doute ils étaient heureux ; des philosophes inflexibles nous ont démontré leur erreur. Les audacieux tels que le pasteur Sang se brisent, hélas ! les reins à vouloir s'élever si haut et tenter un effort qui dépasse l'énergie humaine. Que faire ? Descendre en nous-mêmes ! Ceux-là qui renversèrent les antiques idoles pour mettre sur l'autel la statue austère de la Réalité, les positivistes sans peur qui chassèrent de notre horizon les dernières illusions qui l'éclairaient encore, nous ont appris que nous ne devons plus compter que sur nous-mêmes et que c'est en nous-mêmes, créatures de douleur et d'angoisse, qu'il nous faut chercher l'infini. Ils ont cru, Björnson croit avec eux que l'âme aimante est le véritable Dieu qu'il nous faille adorer, que nous portons l'infini dans nos flancs, et, à travers les siècles, la tragique clameur de Pascal a trouvé un écho plus doux. Descendons en nous-mêmes et frappons notre cœur; nous en ferons jaillir un fleuve de tendresse, comme du rocher mystérieux que frappait le prophète jaillissait la source prodigue où le peuple entier retrouva la vie. Car l'amour est plus qu'un espoir, plus qu'une consolation ; l'amour est un devoir, aussi catégorique que tous ceux que subirent les générations d'autrefois.

Le devoir enseigné par Björnson est d'essence aussi rare que celui qu'enseignait Corneille, et sa voix est aussi éloquente, aussi sonore et aussi grave. Le poète n'a point désespéré des hommes, il n'a point désespéré du sort, mais il nous dit : « Allez-vous-en, vous qui rêvez, vous qui souffrez, vous qui pleurez, droit devant vous, à travers le monde, ouvrez vos cœurs à la pitié consolatrice, au sacrifice qui divinise. Et dans ces heures troublées, à la fin de ce siècle mourant, au moment où, de la foule obscure et qui tressaille, montent des cris de révolte et de colère, où les rêveurs débiles, frères de Jean Rosmer, sentent en eux crouler leurs volontés vacillantes, marchez sur les ruines, les yeux fixés sur la sublime aurore qui se lève au fond du ciel noir. Au bout de votre calvaire, vous rencontrerez peut-être la seule divinité qui soit debout encore ! la Fraternité sainte, éternelle ! »

VIII.

L'admirable fjord de Christiania, c'est toute la Norvège, — un résumé du monde.

Après une nuit houleuse passée sur le Skager-Rack que tourmentaient de puissantes rafales venues du nord, je vis à Moss, vers les huit heures, se lever le jour. Et quel jour ! Une lumière confuse, comme noyée dans la pluie et qu'on eût dite honteuse, s'éveille lentement et flotte dans d'immenses pans de brume qui rôdent, se traînent au ras de l'eau frissonnante, sans pouvoir s'élever jusqu'au ciel. Tout près du quai ruisselant, un quai de sapins sur pilotis, on devine, esquisses perdues dans les brouillards de l'aube, des maisons rouges à volets blancs, closes pour la plupart, groupées sans ordre sur les flancs ternes d'un promontoire, au pied d'une masse rocheuse que couronnent de frêles bouleaux... Et soudain, fantôme inattendu et vite évanoui, une corvette émerge du mystère humide qui nous environne, frôle les flancs du *Baldur* immobile, et sans bruit, ouvrant les flots huileux et souples, passe, s'éloigne et disparaît, s'enfonçant dans un rêve...

...Vers neuf heures, alors que, depuis longtemps, nous avons repris notre course, une lueur perce l'ombre pâle ; on sent je ne sais quoi qui rayonne au travers du crépuscule obscur; le soleil montre sa face morne dans le ciel atone et comme mort. Les rayons, incolores et sans chaleur, s'égarent en traînées molles sur les flots somnolents, sur cette eau saumâtre et malade, où notre navire creuse un sillon presque insensible, à peine écumeux... Accoudé sur le bastingage, longtemps, longtemps, je me laisse envelopper par ce silence que ne trouble pas même un cri d'oiseau, par cette tranquillité souveraine, inviolée, celle qui berçait les choses aux premiers jours du monde et qui maintenant encore, grosse d'on ne sait quel effroi, pèse sur ce paysage d'hallucination. Ne pensant plus, sentant à peine, j'entends en moi monter à pleins flots une irrésistible angoisse, en face de cette mer caressante et mystérieuse, perfide aussi, comme la maîtresse inévitable, la Mort, — et toute la mélancolie étrange de cette terre inconnue où je vais aborder s'insinue à l'avance insensiblement dans mon âme, la noyant d'une détresse infinie !...

Cependant, à mesure que nous avançons, loin, très loin, points indécis qu'éclaire la vague lueur émanée de l'eau, des voiles envolées, quelques canots solitaires où des matelots pêchent en chantant. De plus en plus nombreux, des îlots apparaissent, — blocs de granit informes, entassements noirs et tourmentés sur qui se tordent des lichens. Au coin d'une ravine, parfois, une cabane envahie par la mousse montre son toit de bois sculpté. A droite et à gauche apparaît la côte, un chaos de rochers à pic, rougeâtres, s'ouvrant en profondes lézardes, désordonnés et farouches : des siècles de bouleversement tragique ont passé là. Mais voici que, roulant des hauts sommets de cascade en cascade, des torrents se hâtent vers les rives, plus blancs que les blancs bouleaux, trouant d'une coulée d'argent mobile la masse sombre des sapins ; voici que des villas coquettes se montrent dans la délicate splendeur des verdures, que des yachts de plaisance, des corvettes, des trois-mâts dessinent sur le ciel mauve la fine dentelle de leurs mâtures, que les lignes du rivage ondulent, s'amollissent en une harmonie délicieuse ; voici que l'eau sonore chante aux flancs noircis du navire, que passe par bouffées odorantes un vent frais venu de la terre, et qu'au fond du golfe, vers midi, dans la lumière heureuse, claire et triomphale, apparaît, nonchalamment couchée au milieu des grands bois, Christiania, la belle fille, blanche et palpitante sous le rayonnement de l'horizon. — Nous avons quitté le pays des fantômes et des illusions décevantes, nous avons marché vers la vie et vers le soleil !...

... L'admirable fjord de Christiania, c'est toute la Norvège, un résumé du monde, — et le génie de Björnson, c'est le fjord de Christiania.

AUGUSTE STRINDBERG

ET LES FEMMES ÉMANCIPÉES.

I.

Lorsque d'aventure nous abordons ces âmes complexes qui se meuvent dans la spéciale lumière des pays du Nord, c'est avec une intelligence affranchie, autant que possible, des préjugés d'éducation et de ce banal bon sens qui n'est que le matériel égoïsme de l'esprit, qu'il le faut faire. Il faut prendre nos dispositions, nous tenir sur nos gardes, nous prévenir à l'avance que nous allons assister à des spectacles nouveaux pour nos yeux, que vont défiler sous notre regard effaré des physionomies inconnues, que nous allons entendre des paroles étranges qui détruiront probablement certaines des idées que nous avions sur un ordre accoutumé de phénomènes. Il nous faut, en un mot, modifier, troquer même pour une autre notre personnalité originelle. Échange pénible? Peut-être, mais que récompensent des jouissances exquises, et de ces satisfactions de la curiosité gourmande dont rien n'approche.

C'est ainsi que, durant mon séjour à Stockholm, je n'avais pas de plus grand plaisir que, le soir venu, après dîner, de m'asseoir en prenant le café dans un coin du salon du Family-Hôtel où j'habitais, et d'engager une conversation animée avec une des jeunes femmes qui se trouvaient là. C'étaient pour la plupart des épouses ou des filles de gros industriels, de puissants armateurs de Suède ou de Norvège, instruites, élégantes et d'esprit délicat. Aux premiers mots qu'elles laissaient s'envoler de leurs lèvres fines et pâles, je devinais sans peine qu'elles avaient beaucoup lu et beaucoup réfléchi, et elles ressentaient profondément cette espèce de sympathie toute littéraire qui unit étroitement l'un à l'autre, en tous pays, deux individus de même culture, et crée, au milieu du plus banal entourage, une atmosphère d'intimité. Souvent, dans le coin de ce salon vulgaire, où je vivais par hasard quelques minutes de ma vie et que je devais abandonner le lendemain pour n'y plus jamais revenir, sans doute ; au milieu de ces indifférents, inconnus hier, bientôt oubliés, de qui j'ignorais tout, qui ne savaient rien de moi, j'ai senti, pendant une heure ou deux, passer sur tout mon être la brise tiède et parfumée d'une amitié fugace et délicieuse. Amitié toute cérébrale, je le reconnais. Que l'éducation qu'elles ont reçue dans la famille ou dans l'école, que les mystérieuses tendances de la race, que la discipline religieuse les y préparent, je ne sais : ce qui est sûr, c'est que les femmes scandinaves de civilisation affinée aiment la discussion pour elle-même, adorent se mesurer avec un adversaire agile, analyser les cas les plus complexes, les plus épineux, dirai-je les plus scabreux ? qui puissent naître en une âme humaine. Leur réflexion clairvoyante aborde audacieusement tous les problèmes, et particulièrement le problème de l'amour et les corollaires psychologiques qui lui font suite. Sœurs hautaines des Slaves, des héroïnes décevantes et passionnées de Tolstoï, de Tourgueniev ou de Dostoievsky, elles sont éprises de mystère, elles s'acharnent sans lassitude à pénétrer les obscurités insondables qui se cachent au fond de ce problème. Elles ignorent la casuistique, la souplesse des concessions, la flexibilité des tempéraments apportés aux opinions trop radicales; elles vont droit au but, avec une franchise vigoureuse, qui déconcerte. Et cependant ce sont des charmeuses, n'ayant de rivales qu'en France, où les femmes ont tant de grâce et d'esprit. Et encore, leur manière de charmer est-elle tout autre, ne supportant point de comparaison possible. Chacune des paroles qu'elles prononcent, des théories qu'elles démontrent, des idées qu'elles soutiennent, est empreinte et comme frappée de mysticisme et de sensualité. Elles font l'amour en causant, et l'inspirent, — amour insaisissable et fugitif, qui tombe et s'évanouit en même temps que l'excitation cérébrale qui l'avait produit, fleur maladive de serre chaude qui s'étiole et meurt au grand jour. Leur cerveau contient et absorbe les puissances de leur sexe, toute l'ardeur de leur sang se dépense en hardiesses d'imagination. Certaines vont très loin dans cette dépravation spirituelle, rien ne les trouble, rien ne les effraie; devant les scrupules d'un interlocuteur timide qui enveloppe la crudité des choses dans une gaze ondoyante de métaphores et de périphrases, elles s'impatientent, elles manifestent un dédain qui, certes, n'est pas joué. Cette jeune femme aux cheveux blonds, aux yeux d'opale, au teint transparent, qui marche comme enveloppée d'un long voile de mystère et de mélancolie, c'est une audacieuse de l'esprit comme il est des audacieuses de la chair. Elle fait de la psychologie par tempérament, par goût, par besoin aussi, pour trouver dans cette analyse incessante et cruelle d'elle-même et des autres, des jouissances d'ordre particulier, qui lui aident à supporter les misères de la vie et l'esclavage auquel elle se croit condamnée. Bas-bleu? Oui, mais autre que les nôtres; non point bas-bleu littéraire, par vanité professionnelle; mais bas-bleu convaincue et désintéressée, bas-bleu philosophique dont la révolte est l'idéal.

Révoltées, toutes le sont, en effet, à des degrés différents, révoltées contre l'existence, révoltées contre l'homme, révoltées contre les prétendus devoirs qu'on leur imposa. Les préceptes d'Ibsen, de Björnson, se sont implantés, ont poussé dans leurs cœurs de profondes racines, ont fructifié. « Il est, dit Barbey d'Aurevilly, « dans l'histoire de l'humanité, des époques de vérita« ble hermaphrodisme social, où l'homme s'effémine et la « femme s'homasse, et, quand les passions contre na« ture se produisent, c'est toujours, pour que l'ordre soit « troublé davantage, la femelle qui absorbe le mâle. » — Il n'est point encore vaincu, mais elles le vaincront, les belles Scandinaves, guerrières à la peau blanche, les subtiles causeuses des salons de Stockholm, de Trondjhem et de Christiana!

La grande et mystérieuse passion qui ne se dépense pas, mais se consume au foyer intérieur et ne jaillit qu'en courtes flammes; la passion inextinguible, c'est dans ces cœurs troublés par des sentiments contradictoires qu'il la faut voir s'allumer, et grandir, et s'étendre avec une sourde et puissante énergie, qui finira par faire éclater l'incendie où croûleront les bases fumantes d'un séculaire état de choses. Les passionnées, elles sont au Nord, parce que tout les porte au rêve et que rien n'assouvit leurs désirs de lumière et de bonheur. La joie de vivre, elles l'ignorent, et ce n'est qu'après de longues et torturantes douleurs que, comme Mme Alving, elles finissent par la soupçonner, au bord du tombeau. Elles n'ont jamais vu, comme leurs sœurs du Sud, la vie voluptueuse, enivrante et souveraine, éclore en floraisons magnifiques, et se multiplier à l'infini, dans les eaux et les bois, dans les forêts et dans les champs; elles n'ont jamais senti tressaillir en leurs flancs ces ardeurs entraînantes, qui ne sont que le trop-plein de la fécondité inépuisable de la terre, et qui, aux pays du soleil, font des épouses et des amantes les somptueux instruments où chantent les ineffables vibrations de la chair. Le spectacle infini des choses ne leur a pas enseigné quelle fonction supérieure elles avaient à remplir, que leur tâche surhumaine et sacrée était de prolonger, de perpétuer la vie. Elles ont seulement senti le plaisir fugace et quasi douloureux que procure l'étreinte, et les souffrances qu'elle entraîne à sa suite. Fécondes, elle ont vu leurs bras chargés de lourdes chaînes qui les attachent irrévocablement à la grossièreté de la matière, à l'ignominie de la reproduction. Et la chaleur sensuelle n'ayant point été assez intense pour engourdir l'activité du cerveau; la force de la jouissance n'ayant point été suffisante pour émousser l'acuité de la pensée, elles ont, sur leur être moral, jeté un regard scrutateur et défiant; elles ont voulu comprendre, à leur tour, et connaître, et savoir quelle était la véritable essence de cet amour, dieu inconnu dont elles étaient les victimes. Certaines, effrayées de ce qu'elles voyaient, ont reculé; d'autres, leur liberté revendiquée et reconquise, leurs droits assurés, en ont profité pour s'affranchir de toute morale; d'autres, enfin, ont érigé leurs revendications en système philosophique, en religion, presque; elles ont secoué de leurs mains graciles le lourd édifice d'esclavage et d'iniquités qui pesait sur leurs épaules.

Ce ne fut pas sans luttes, et l'histoire de cette révolution féminine vaut la peine d'être contée.

*
* *

Elle commence proprement avec la publication de *Maison de Poupée*, des *Revenants*, du *Gant* de Björnson, et des premières comédies d'Edvard Brandes.

Certes il s'éleva une grande stupeur quand on vit Nora, la poupée folâtre, tenue pendant longtemps dans la dégradante ignorance des grands problèmes de la conduite, des devoirs et des droits, de tout ce qui constitue la vie morale, Nora, soudain devenue femme et consciente d'elle-même, rejeter sans hésitation le joug doré dont on l'avait chargée, et s'en aller librement vers l'idéal, en secouant sur le seuil de la famille la poussière de ses pieds. Svava vint à la rescousse; elle osa proclamer nettement, avec virilité, les principes méconnus d'une égalité absolue entre l'homme et la femme, et poser, dans sa nudité forte, le problème de la virginité réciproque qu'ils se doivent l'un à l'autre. Mais que devinrent les conservateurs et les railleurs sceptiques quand ils entendirent s'élever dans le silence épouvanté, âpre et stridente, furieuse et douloureuse à la fois, la voix de Mme Alving? La mère d'Oswald osait charger les principes sacrés, séculaires et qui semblaient inviolables, des infinis malheurs qui l'avaient accablée. « Ah! cet ordre social! « Ah! ces principes! il me semble parfois que ce sont « eux qui causent toutes les misères du monde. » Elle avait osé dire que c'était être lâche, d'une lâcheté criminelle, et s'abandonner soi-même, que de se livrer, pieds et poings liés, au destin, que de se sacrifier à un prétendu devoir, idole sans cœur et sans entrailles, Baal dévorateur. « Oui, j'étais esclave du devoir et des « convenances !... O lâche, lâche que j'étais ! » Elle avait osé chasser loin d'elle, repousser avec une farouche énergie, toutes les conventions d'une civilisation oppressive et mensongère, tous ces revenants d'un autre âge, pour faire appel au soleil, à la lumière souveraine, à l'amour, qui n'est que la joie de vivre, à la liberté ; elle avait, enfin, résumé toutes ses farouches révoltes dans un défi suprême, et qui avait soulevé des tempêtes, à tout ce qui l'avait écrasée : « Et qui a institué ces cho- « ses-là, pasteur ? »

Ces furieuses paroles éveillèrent de tumultueux échos, et l'ébranlement social qu'elles avaient causé n'était point apaisé encore, que deux femmes, de grand cœur et de grande intelligence, vers 1886, résolurent de bâtir sur la réalité ce monde grandiose et superbe que les héroïnes du rêve, fortes ouvrières de l'idéal, avaient fait entrevoir à leurs yeux éblouis. Rien ne les troubla, rien ne les arrêta, et l'on vit bien, à l'énergie vigoureuse de leur action, qu'elles méritaient de vaincre. C'étaient Mmes Ernst Ahlgren et Benediksen. On les connaissait déjà. *Sur la Vie*, de Mme Ahlgren, un recueil de nouvelles philosophiques, rappelait les nuances fines et discrètes, la délicatesse d'analyse dont gracieusement se parent les premières idylles de Björnson. A peine, de temps à autre, voyait-on surgir et dresser sous les fleurs sa tête courroucée, une théorie menaçante. Vers la fin, pourtant, le ton monte, le rythme se précipite, les couleurs se font plus sombres ; un souffle violent court à travers les dernières pages, précurseur d'orages futurs. Cette jolie plume de styliste, finement taillée, pourrait bien un jour, on le soupçonne, deve-

10.

nir une arme de combat. — Et comme le roman de Mme Benediksen, *Marianne*, laisse échapper, lui aussi, d'inquiétants symptômes de révolte, comme la mélancolie rêveuse y fait aisément place au dégoût de soi-même et des autres, on ne fut donc qu'à moitié surpris de voir ces deux femmes s'unir pour lever, haut et ferme, le drapeau de l'indépendance, revendiquer les droits abolis, et tirer au grand jour ces doctrines d'affranchissement qui dormaient dans les livres. Journaux, théâtres, salles de conférence, places publiques, temples mêmes, elles parlèrent partout, elles agirent partout, elles portèrent la lutte sur tous les champs de bataille. On les vit en Norvège, en Danemark, en Finlande, dans les villes et dans les bourgades, réunissant autour d'elles les foules, hostiles d'abord, bientôt conquises, et versant dans les âmes une émotion profonde, se dépensant avec une ardeur admirable, vouant à la cause sacrée leurs personnes et leurs richesses, tout le meilleur d'elles-mêmes. Cette foi brûlante eut vite fait d'embraser de nombreux prosélytes ; comme le guerrier antique, ces amazones n'eurent qu'à frapper du pied la terre pour en faire sortir des soldats ; des légions d'héroïnes se levèrent, armées en guerre, et les suivirent, prêtes à vaincre ou à mourir.

Ces esprits du Nord prennent au sérieux toutes choses. En France, nous aurions ri et raillé. Là-bas, on pratiqua, on appliqua ces doctrines étranges que prêchaient les Femmes Émancipées. Il fut dangereux, alors, d'être jeune, et d'aimer le plaisir ; les hommes passèrent, comme on dit, un mauvais quart d'heure ; il leur fallut marcher droit et mater leur chair. Le fanatisme puritain connut un regain de triomphe. La terreur s'abattit sur les trois pays, la peur sur les partisans des vieilles doctrines. Des prosélytes de l'austérité se répandirent, sitôt la nuit tombée, à travers les rues des cités, montèrent la garde à la porte des cafés et des maisons suspectes; la vertu se fit hypocrisie, le zèle devint délation ; une surveillance farouche s'immisça dans l'intimité des citoyens, et ce que faisait la religion, il y a trois siècles, la philosophie prétendue libérale le fit alors. On ne se contenta pas d'étaler sur les murs des versets bibliques pour rappeler aux passants qu'il est un enfer et qu'ils ont une âme, on voulut les forcer à travailler, bon gré mal gré, à leur salut. L'opposition héroïque de quelques enfants perdus à cette tyrannie fut étouffée ; les tribunaux, gagnés, se firent les gardiens jaloux de cette morale enfin restituée. Strindberg, ennemi résolu de cette intolérance, fut appelé en justice, accusé d'excitation à la libre-pensée, au mépris des choses saintes, et n'échappa qu'à grand'peine au châtiment. Mais il dut s'exiler, s'enfuir dans « les Iles » et, aujourd'hui encore, il est repoussé loin de sa patrie par toutes les haines que son courage a déchaînées. Son ami et son compagnon de batailles, M. de Geijerstam, faillit, un jour, au cours d'une conférence contradictoire, être assommé ; il fut obligé de se réfugier à Kalmar, chez son père, à cent lieues de Stockholm, et sa fortune littéraire fut à jamais compromise. Tous deux étaient vaincus, leurs amis avec eux. Les Femmes Émancipées avaient gagné la bataille et elles entonnèrent un chant de triomphe qui résonna lugubrement dans le silence craintif de leurs ennemis.

*
* *

Le terrain déblayé, il fallut bâtir, bâtir ce monde de justice et de bonne foi où la femme, enfin régénérée, deviendrait la libre compagne de l'homme, sa consolatrice, doublant les grâces de son corps par le charme sûr de son intelligence. Or, qui profitait de l'ancien état de choses? L'homme. L'homme est donc le tyran qu'il faut découronner. La femme n'est pour lui qu'un instrument de plaisir, une jouissance de vanité, une garantie de bien-être et de tranquillité; elle est la proie d'amour qu'il s'est réservée, qu'il façonne et mutile, et brise, pour l'adapter à ses caprices. Il l'élève, pour mieux la dominer, dans une turpide ignorance, il l'accoutume aux soumissions serviles, il l'habitue au sacrifice de sa liberté, de toutes les énergies les meilleures et les plus pures de son être moral. Nubile, c'est surtout alors qu'elle devient sa chose. Il l'épouse sans la consulter sur ses goûts ou son idéal, pour des raisons qu'il ne lui explique pas, qu'elle ignore et qui lui répugneraient si elle les connaissait. Pour mieux consolider ce souverain pouvoir qu'il s'est arrogé, et dont il profite, il veilla jalousement jusqu'à ce jour à ce qu'elle se conservât vierge et sans tache, et, ce jour-là, il cueille brutalement, dans un élan de bête en délire qui la meurtrit, la fleur exquise de son être; il détruit violemment le mystère dont s'enveloppait sa chair sacrée, il l'initie par la douleur à la vie sexuelle. Mais lui, que donne-t-il en échange de ce qu'il reçoit? A cette chasteté florissante il apporte, malade parfois, usé souvent, flétri toujours, la souillure d'un passé chargé de débauches, l'immonde gerbe des vices qu'il cueillit à travers le monde. Et puis vient l'enfantement misérable, et la grossièreté des occupations journalières, et l'éternel emprisonnement dans la matière. Cette âme, faite pour le rêve et l'amour, pour les élans mystiques vers les immensités radieuses où brille la lumière de la vérité, il en brise les ailes sous la brutale étreinte de son égoïsme. Pantelante, sanglante, la misérable se traîne sur la terre, attendant la délivrance qui tarde bien à venir. Vaincue, dépouillée, sacrifiée, trahie, sa vie ne fut qu'un long sanglot.

Guerre à l'égoïsme masculin ! Guerre à tout ce dont il est la base ! Guerre éternelle à l'homme, tyrannique et criminel ! Guerre au voleur d'idéal, au meurtrier des âmes ! Mme Ahlgren, Mme Benediksen, faisaient à Stockholm, au mois de décembre 1886, des conférences où se pressaient les foules, pour démontrer que le mariage doit être l'association de deux personnes morales, également responsables, investies de tous leurs droits et s'engageant mutuellement à les respecter. A chacun sa tâche, et si l'épouse assume la lourde mission de la maternité, qu'il lui soit accordé des compensations, que l'époux consente à rétablir à ses dépens l'harmonieux équilibre dont le bonheur est le produit. Du reste, par une sorte de volonté mystérieuse de la nature, n'est-il point l'esclave de la femme, lui qui sortit de ses flancs, en un jour de larmes, et qui lui doit la vie ? Qui souffre davantage a de plus grands mérites ; devant Ève, crucifiée sur l'éternel calvaire, qu'Adam tombe à genoux dans une adoration mystique. Ève est la raison dernière du monde, la créature magnifique et douloureuse en qui se concentrent toutes les forces de l'univers. Ève est la reine des choses, et c'est être sacrilège que la découronner. Donc, élevez son cœur, ouvrez son intelligence pour la rendre digne de sa puissance et lui donner les moyens de pratiquer la vertu. La vertu n'est point l'ignorante et servile accoutumance, mais le respect de la dignité qu'on porte en soi. Autant de droits, autant de devoirs, et vous aurez augmenté la somme de perfection réalisée. « L'homme, disait un jour Mme Benediksen au théâtre « de Helsingfors, en Finlande, l'homme veut notre virgi-

« nité, qu'il nous donne la sienne. Pourquoi moi pure
« et lui impur? Et je dirai avec Svava : « Je veux m'en-
« gager avec sécurité dans le saint état du mariage,
« m'asseoir au foyer de mes pères et élever mes enfants
« sous les yeux de mon mari. Mais il faut qu'il soit hon-
« nête comme je le suis moi-même, autrement son baiser
« salirait la tête de mes fils et pour moi serait une souil-
« lure ! » Et si la morale vulgaire a des indulgences coupables et des iniquités odieuses, qu'elle croule et disparaisse en même temps que ceux qui la pratiquent, que croule la société dont elle est le fondement, que croule l'humanité même ! Périsse la race condamnée des hommes plutôt que l'inviolable majesté d'un principe !

C'est le dénouement logique. L'esclavage de la femme, il est nécessaire, il est préparé, consacré par sa faiblesse et les infirmités de sa nature; elle reste, dans la réalité brutale, la femelle génératrice dont l'enfantement est la fonction. Elle subit les approches du mâle ; elle est, dans l'étreinte, celle qui supporte. Si donc elle veut vaincre, elle ne le pourra qu'en privant son vainqueur de tous les moyens de triomphe dont il abuse, en restant chaste. Qui faiblit, tombe, et qui tombe, doit se soumettre. Pas de faiblesse, pas de chute dans la matière ! Que la femme émancipée garde une horreur nerveuse et préservatrice pour l'acte sexuel, et conserve sa vierge cuirasse. Et si la vie, si l'ordre du monde comme l'ordre des sociétés, si la fatalité des lois cosmiques comme la fatalité des lois humaines veulent, rendent inévitables les misères de la femme ; si la femme ne peut pas être sans que l'amour charnel la domine et l'écrase, eh bien, périsse la vie elle-même ! Aussi bien, que vaut la vie ? Un long combat, dans une plaine infernale et ténébreuse, avec la certitude d'être vaincus par le Destin, voilà ce que vivent les hommes, et ce à quoi ils tiennent, hélas ! Les femmes, plus clairvoyantes, doivent se faire les libératrices, et se liguer pour défendre et faire triompher la cause ineffable du Néant. Il est bien, dans un coin du monde, des philosophes qui, instruits par Schopenhauer, s'abstiennent résolument d'engendrer des êtres destinés à souffrir; pourquoi les femmes héroïques et supérieures, les vengeresses de l'idéal, ne les imiteraient-elles pas dans leur farouche et divine abstention (1) ?

Mais c'est alors qu'une voix, mystérieuse et stridente et terrible vient psalmodier à leurs oreilles l'hymne lamentable dédié par Baudelaire aux damnées :

> O vierges, ô démons, ô monstres, ô martyres,
> De la réalité grands esprits contempteurs,
> Chercheuses d'infini, dévotes et satyres,
> Tantôt pleines de cris, tantôt pleines de pleurs...
> . . . .
> Descendez, descendez, lamentables victimes,
> Descendez le chemin de l'enfer éternel !...
>
> ... Loin des peuples vivants, errantes, condamnées,
> A travers les déserts, courez comme des loups ;
> Faites votre destin, âmes désordonnées,
> Et fuyez l'infini que vous portez en vous !

Leur chair se hérisse, sur leur face passe un souffle d'épouvante ; elles tombent, pantelantes et terrifiées,

---

(1) Lire, dans les numéros d'avril 1895, du *Figaro*, une nouvelle traduite du suédois, *Délivré*, et, s'il se peut, mais sous le manteau et dans le mystère, ce roman étrange, *Albertine*, qui souleva lors de son apparition, de si bruyantes clameurs dans toute la Scandinavie. On comprendra quelles mystiques puissances de sadisme peuvent se cacher sous le calme puritain de ces tempéraments du Nord.

aux pieds de la déesse qu'elles ont méconnue, elles tendent leurs mains tremblantes, elles la supplient, et des larmes amères ruissellent de leurs yeux. La déesse n'écoute pas, elle se venge, et le châtiment est terrible !...

... Mme Benedicksen, lasse, ennuyée, sentant le monde vide comme son cœur, se coupa la gorge un soir de printemps, en 1887, et Mme Ahlgren, retirée de la lutte, mariée, jeune encore, à un grand seigneur italien qui l'adorait ; mère d'un fils en qui elle avait mis son âme, fut brusquement fauchée en pleine vigueur, en plein bonheur, au pays du soleil et de l'amour immense, à Capri !

Les anciens, superstitieux adorateurs de l'insondable, n'auraient-ils pas vu, dans cette double mort soudaine, la colère des dieux offensés, quelque mystérieux et effrayant symbole ?

II.

Les Femmes Émancipées, au cours de leur campagne, avaient rencontré sur leur chemin un éloquent et rude adversaire.

August Strindberg avait eu une jeunesse amère et passionnée, jeunesse, comme on l'a dit de Gil-Blas, « sans gaîté ». D'une loyauté morale que n'avaient point assouplie les dures épreuves qu'il avait traversées, il avait déjà, résolument, sans faiblesse, rompu en visière à bien des préjugés qu'il jugeait tyranniques, à bien des traditions qu'il jugeait mensongères. Pauvre, forcé de gagner son pain et d'aliéner son indépendance, il n'avait rien perdu de sa fierté, de son énergie, et la publication de la première de ses œuvres, *la Chambre*

Rouge, avait eu, dans son pays, l'importance d'une révolution.

Révolution littéraire et sociale. Sur cette terre suédoise, terre d'indolence passive et de placide confiance dans le passé, il avait planté le tronc jeune et vigoureux du réalisme balzacien. Et, avec une violence indomptable, en même temps qu'il mettait en déroute la littérature officielle et fadasse, il prenait à partie la haute société, étroite et mesquine, des salons de Stockholm. Nul n'échappait aux blessures aiguës que faisait sa plume; nulle opinion, nulle institution, nulle caste ne trouvait grâce devant son ardeur de massacre. C'était imprudent. Tous ceux qu'il attaquait bondirent sous l'ironie sanglante dont il les flagellait; la première stupeur fit place à une furieuse colère, on lui rendit coup pour coup. *Le Nouveau Royaume*, son second roman, aviva les haines, les fit implacables. Elles ne désarmèrent jamais. Le pamphlétaire, pourtant, ripostait de pied ferme, trempant son courage et sa verve au brasier que lui-même avait allumé. Et si, débordé par le nombre, il était pour un moment forcé d'abandonner le champ de bataille, il gardait encore de fortes positions, prêt à rentrer en lutte, combattant aguerri et confiant en lui-même.

En 1886, au moment de la grande révolte des femmes, il sentit que l'heure avait sonné de jouer sa vie. *Mariés*, un recueil de nouvelles, est une première tentative de résistance, timide encore et sans orientation. La guerre débute à peine, il ne sait ce qu'elle sera, il tâte le terrain. Mais, par une savoureuse ironie de sa destinée lui, le révolutionnaire d'autrefois, le champion de l'avenir et des revendications sociales, il se fait, sans savoir pourquoi, conservateur et défenseur résolu du vieil état de choses. A ce moment, il n'en est encore qu'à démontrer, avec une logique vigoureuse et une audace de paroles qui faillit lui mériter les attentions de la justice, que la femme est faible, et doit se maintenir dans son rôle de faible, mais aussi de souveraine charmeuse. Tout effort qu'elle tente pour s'élever au-dessus de la situation physiologique et morale que la nature elle-même lui assigna est contraire à l'ordre, criminel même, et doit être réprimé comme tel. Et si elle tente de lutter contre l'homme, son maître incontestable, le premier des devoirs que le penseur ait à remplir est de l'en empêcher par tous les moyens, même par la force.

Et alors, sans regarder en arrière, sans retour possible vers une attitude plus calme, il se lance dans la mêlée avec *Père*, tragédie domestique en prose, le premier acte du drame poignant où il a décrit la physionomie particulière que prend, dans notre vie moderne,

> Cette lutte éternelle en tous temps, en tous lieux,
> Entre la bonté d'homme et la ruse de femme,

et comment, ainsi qu'il est écrit, la femme triomphe de l'homme et le tue. Le Capitaine, pourtant, mériterait un sort plus heureux ; comme il le dit lui-même, c'est un savant et un soldat, il commande aux choses et aux hommes ; en lui s'unissent, dans une harmonie heureuse et rare, l'action et le rêve ; il est l'homme complet. Pourtant, lui si fort, il est faible devant Laura, son épouse, dont les mains fines et longues déchirent sans pitié ce robuste cœur ; car elle est orgueilleuse et traîtresse ; elle a la malice du serpent, son frère ; elle est l'esprit du mal opposé à l'esprit du bien, et qui l'abat, et qui l'écrase. Mais, comme ses contemporaines, les révoltées de Stockholm et d'ailleurs, sa méchanceté prend une forme particulière ; comme elles, Laura revendique des droits que, prétend-elle, on lui a ravis ; comme elles, elle veut dominer, elle veut peser de tout le poids de sa volonté supérieure sur une destinée humaine, et, comme Hedda Gabler, elle n'épargne rien, elle ne recule devant rien, pas même devant un crime. Or, qui des deux ennemis sera le maître ? Qui des deux aura la direction de cette âme hésitante encore et timide, également prête au bien ou au mal, l'âme de Berthe, leur fille, la chair de leur chair, que tous deux ont créée dans une fatale étreinte, qui adore son père, craint sa mère, et que, pourtant, des liens insoupçonnés et tout-puissants attachent à celle-ci, à la femme. Or, depuis longtemps déjà la lutte est commencée, « la maison, dit le capitaine, étant pleine « de femmes qui veulent élever son enfant ». Lui, résiste de toutes ses forces, il veut l'affranchir du spiritisme, de l'évangélisme, du baptisme vers lesquels, à tour de rôle, chacune d'elles pousse la pauvre enfant ; il la veut élever loin de toutes mauvaises influences, à la ville, dans la libre-pensée qu'il pratique lui-même ; faire d'elle une honnête fille, que ne troublera pas, que n'effraiera pas la pauvreté relative qu'il prévoit pour elle, qui pourra courageusement gagner son pain. Il ne permet pas, enfin, qu'on flétrisse par des souffles diaboliques cette fleur de candeur dont le parfum léger embaume son cœur flétri par toute une vie de tristesses et de souffrances cachées. Mais Laura ne veut pas que sa fille la quitte, subisse d'autre empreinte que la sienne ; qu'elle grandisse, en un mot, pour venger le capitaine et, se retournant vers sa mère, lui dise : « Qu'as-tu fait, qu'as- « tu fait du bonheur de mon père ? » Car, le jour où une volonté féminine, acérée autant que sa propre volonté, une ruse féminine, subtile à l'égal de la sienne, viendraient relever une cause perdue et se dresser à l'encontre de sa propre puissance, Laure serait vaincue. Et c'est cela qu'il ne faut pas.

Et la bataille grandit, de plus en plus furieuse, de plus en plus impitoyable.

« Laure. — Alors, la mère n'a rien à voir dans l'é-
« ducation de sa fille ? dans une question de cette im-
« portance ?

« Le Capitaine. — Rien. Par le contrat, le père s'est
« chargé de la subsistance de la mère et de ses enfants,
« au prix des droits maternels qui lui sont concédés.

« Laure. — Par conséquent, je n'ai aucun droit.

« Le Capitaine. — A la vie, tous. Sur l'enfant,
« aucun. »

« Car, dit Niestche, c'est une preuve étonnante de la
« supériorité intellectuelle de la femme qu'elle ait tou-
« jours su se faire nourrir par l'homme en spéculant
« sur sa vanité de mâle. Elle a feint de lui céder le
« commandement ; elle ne lui abandonne, en réalité,
« d'autre patrimoine que le labeur et la responsabilité. »

— Mais cette plate et matérielle puissance, Laure la dédaigne et ne s'en contente pas. — Le père, qui lui garantit sa paternité ? Pierre, l'ordonnance de son mari, a séduit, elle le sait, Henriette, la femme de chambre, et Henriette est enceinte. Elle a entendu le capitaine parler de scandale, ordonner le mariage, et le valet refuser d'un ton gaillard, le valet, rustre simple et grossier, dont la brutalité forte peut seule écraser la rouerie féminine et vengera la cause des hommes plus affinés, que perdent les scrupules de leur morale et les préjugés de leur éducation. « Henriette, a-t-il dit, je l'ai possédée, c'est
« vrai, mais cela ne tire pas toujours à conséquence, vous

« le savez aussi bien que moi, monsieur le Pasteur », et
Laure répète à son tour : « Tu m'étonnes, Adolphe ! On
« ne peut savoir qui est le père d'un enfant ? — On
« prétend que non — Comment se fait-il, en ce cas, que
« le père possède sur l'enfant les droits dont tu parles ?
« — Ces droits sont l'équivalence des devoirs, et, dans
« le mariage, il n'est pas permis de contester la pater-
« nité. — Et en cas d'infidélité de la femme ? — Ce n'est
« point à prévoir entre nous. » Il a répondu cela vite, sans
trop savoir, pour riposter. Mais il est touché, elle le sent,
et chancelle ; la blessure est profonde et ne se guérira que
par la mort. La cruelle et déloyale ennemie a versé dans
les veines du misérable le poison du doute, et la liqueur
brûlante circule, court, se précipite, bondit, monte au
cerveau, réduit en cendres la raison. « Berthe n'est pas
« ma fille ! » voilà ce que, effaré, convaincu d'avance, il
se répète à chaque instant, ce qu'il se démontre à lui-
même, cherchant des textes de physiologistes et de philosophes ; torturant, pressant avec une farouche énergie
chacun des souvenirs de sa vie ; compulsant les dates,
tirant de son doute même l'abominable certitude. L'acte
entier est saisissant de douleur exaspérée. Et Laure,
sans relâche, attise la flamme meurtrière qu'elle vient
d'allumer. Aidée d'un docteur nouveau, inconscient imbécile, dont elle manie la sottise avec une dextérité ma-
gistrale et qu'elle amène doucement à déclarer que le
capitaine est atteint du délire de la persécution ; encou-
ragée par son frère, le pasteur, aimable et curieux égoïste
dont la sceptique et douteuse nature a des affinités
mystérieuses avec celle de sa sœur, elle poursuit son
œuvre, implacablement. Déjà le malheureux râle, étran-
glé par la fausse vérité qu'elle avoue, par le prétendu
crime dont elle s'accuse ; il sent en lui monter la folie,

et, se reconnaissant vaincu, près de mourir de honte et de douleur, il demande grâce :

« LE CAPITAINE. — Tu as réussi, puisqu'il n'y a plus
« personne, depuis le chef du régiment jusqu'à la cuisi-
« nière qui ne me tienne pour fou... Je fais appel à ton
« égoïsme, puisque tu manques absolument de bons sen-
« timents. As-tu plus d'intérêt à me voir mort que vi-
« vant? Réfléchis un moment! Si je tombe malade,
« vous voilà bien plantées! Si la mort s'ensuit, vous au-
« rez ma retraite, mais si je me tue, vous restez sans
« ressources!...

« LAURE. — Tu te rends donc ?

« LE CAPITAINE. — Je propose la paix.

« LAURE. — Ce qui revient au même! Et les con-
« ditions ?

« LE CAPITAINE. — Que tu me rendes ma raison!
« Délivre-moi de mes soupçons, et je renonce à la lutte.

« LAURE. — Quels soupçons ?

« LE CAPITAINE. — Relatifs à la naissance de Berthe.

« LAURE. — Y a-t-il des doutes sur ce point?

« LE CAPITAINE. — Oui, et tu les as éveillés en moi.

« LAURE. — Moi!

« LE CAPITAINE. — Tu les as fait couler goutte à
« goutte, comme l'extrait de jusquiame dans mes oreil-
« les... Délivre-moi de l'incertitude et dis-moi franche-
« ment : Cela est, et je te pardonne d'avance... Tu ne
« comprends pas! Oh! quel supplice! Mes idées s'em-
« brouillent! Que veux-tu, le pouvoir à tout prix?

« LAURE. — Oui, le pouvoir!

« LE CAPITAINE. — Quel crime! J'ai travaillé en
« esclave pour toi, pour tes enfants, ta mère et tes do-
« mestiques ; j'ai brisé ma carrière, mon avancement ;
« j'ai subi la torture des poucettes, les supplices, les in-

« somnies, au point que mes cheveux ont blanchi, et tout
« cela, afin que tu eusses le plaisir de vivre tranquille
« en te voyant renaître dans ton enfant. J'ai tout souf-
« fert sans me plaindre, convaincu qu'elle était aussi la
« mienne. Quelle ignominie qu'un tel vol! Dix-sept
« ans de travaux forcés appliqués à un innocent! Et
« que me rends-tu pour tant de supplices?

« LAURE. — La folie...

« ... LE CAPITAINE. — Je te supplie comme le blessé
« à mort implorant le coup de grâce!... Je ne te de-
« mande que la pitié que tu accorderais à un malade!
« Je dépose à tes pieds les insignes de mon pouvoir
« en invoquant miséricorde.

« LAURE, *la main sur la tête de son mari.* — Quoi,
« tu pleures, homme?

« LE CAPITAINE. — Oui, je pleure!... Pourquoi
« pas? Un homme n'a-t-il pas des yeux? N'a-t-il pas
« un corps, des sens, des sentiments, des passions?...
« Pourquoi est-il indigne d'un homme de pleurer?

« LAURE. — Pleure, mon enfant! Pleure comme jadis!
« Te souviens-tu du jour où j'entrai dans ton existence
« en prenant le rôle d'une mère!... Je t'aimais, pour
« cette raison, comme mon enfant! Mais quand tes sen-
« timents changeaient de nature, quand tu m'offrais
« ton amour, j'étais honteuse de tes étreintes, honteuse
« comme une mère caressée par son fils! Une mère la
« maîtresse de son fils! Oh! l'inceste! Et voilà bien ton
« erreur? Comme mère, j'étais ton amie, comme femme
« ton ennemie. L'amour est une lutte, et ne crois pas
« que je me sois donnée! J'ai pris ce que j'ai voulu...

« LE CAPITAINE. — Dans cette lutte il faut qu'un de
« nous succombe.

« LAURE. — Lequel?

« LE CAPITAINE. — Le plus faible.

« LAURE. — Donc tu succombes ! »

L'amour n'est plus l'union destinée, par la nature, à engendrer, à éterniser la vie, mais à engendrer, à éterniser la mort. — Et le capitaine succombe, en effet ; il est fou, il est vaincu, il va disparaître. Emprisonné, par ruse encore, dans la camisole de force, il se plaint, il agonise, comme Hercule, le mâle superbe et demi-divin, trahi par Déjanire et s'ensevelissant dans sa force.

« LE CAPITAINE. — Omphale ! Omphale ! Te voilà
« jouant avec la massue pendant qu'Hercule file ta laine.

« LAURE. — Donne-moi la main, mon ami.

« LE CAPITAINE. — La main que tu as liée, perfide !
« Mais je sens sur mes lèvres ton châle aussi tiède et
« aussi doux que ton bras, qui exhale une odeur de
« vanille comme autrefois tes cheveux, Laure, lorsque,
« — il y a longtemps, — nous nous promenions sous
« les bouleaux, foulant les primevères, mêlant au chant
« des merles nos murmures d'amour ! Ah ! que la vie
« était belle, alors ! Et qu'elle est lugubre aujourd'hui !...
« Omphale ! Omphale ! La faiblesse perfide a vaincu la
« force brute ! Les petits dominent les grands ! Ah ! fi
« des femmes, et maudit soit ton sexe ! (*A sa nourrice.*)
« Quel oreiller m'as-tu donné là, Margot ! Qu'il est dur
« et froid ! Viens t'asseoir près de moi, là, comme ça !
« Puis-je poser ma tête sur tes genoux ? Comme c'est
« doux et chaud ! Oh ! qu'il est doux de dormir sur le
« sein d'une femme, mère ou amante !

« LAURE. — Veux-tu voir ton enfant ?

« LE CAPITAINE. — Les hommes ne laissent pas
« d'enfants. Les femmes seules en ont, et c'est pour
« cela que l'avenir est à elles ! »

— Oui, l'avenir est à elles, à leur perfidie voilée de

charme, à leur mystérieuse puissance. Cette puissance irrésistible, elles en ont le sentiment profond, n'en cèdent pas une parcelle, l'exercent sans relâche, avec une confiance indomptable, un orgueil que rien ne brise. Comme Laure, « aucune ne peut voir un mâle sans se « sentir aussitôt supérieure à lui ». Cette puissance, elle tient en un mot : la maternité. Berthe, entrant dans la chambre où son père vient d'expirer, se précipite vers la veuve, glorieuse triomphatrice, et se jette en ses bras en s'écriant : « Ma mère ! » Elle aussi s'en ira, Dalila coquette et traîtresse, à travers la terre, broyant sous ses pas des cœurs d'hommes, jetant à pleines mains, sur l'univers, le mal de la vie, perpétuant la souffrance et la trahison. Et, comme par le passé, plus d'un voudra dormir sur ce sein si doux, si parfumé, d'où s'exhale la volupté suprême; plus d'un voudra lire et se perdra dans ces yeux clairs et profonds comme la mer; baiser cette bouche sensuelle et chaude d'où sortent les paroles ensorcelantes et meurtrières; posséder enfin ce corps souple et gracieux, cette argile idéale que Dieu a pétrie, que Lucifer anima. Et toujours, toujours, jusqu'à la fin des temps, la femme, sûre de ses charmes et de sa volonté, jouera avec la rude vigueur de l'homme, fera pleurer, sangloter, mourir d'angoisse son compagnon de chaîne, et, malgré ces crimes, restera l'idole ineffable qu'il encense, qu'il adore, qu'il gorge de victimes, à laquelle il se sacrifie éternellement lui-même ! Elle est la durée, le vouloir, le plaisir de vivre; elle est l'expression charnelle de l'insoluble énigme, la déesse qui sortit un jour des vagues inconnues, éveillant le délire et la folie, faite d'on ne sait quelle matière, venue on ne sait d'où, allant vers on ne sait quel but, et, portant dans ses larges flancs le mystère douloureux du Monde !

⁂

Et pourtant, combien grande est sa faiblesse ! Combien incurables ses infirmités ! Même triomphante, et dominatrice, même maîtresse de ses destinées, des destinées de l'homme, et révoltée contre la loi et le destin, « perfide comme l'onde », elle reste, comme l'onde, décevante, insaisissable, sans forme précise, sans direction fixe. Elle n'est toujours, selon un mot fameux, « qu'une « pure apparence », « l'enfant malade et douze fois im- « pure » dont parle le poète. « C'est, dit Strindberg lui- « même, un adolescent qui n'atteignit que la moitié de sa « croissance, un homme né avant terme, arrêté dans « son développement. »

Libre, affranchie enfin selon son désir, elle ne sait que faire de sa liberté, la donne à qui veut la prendre, a besoin d'un maître ; c'est le sujet des *Créanciers* ; volontairement associée, traitée d'égal à égal par son compagnon de malheur dompté par elle et acceptant ses prétentions, elle est incapable de remplir avec loyauté les devoirs qui correspondent aux droits qu'on lui accorde, incapable de supporter virilement les obligations de l'association : c'est le sujet des *Camarades*. Ces deux comédies sont les corollaires du problème que *Père* avait âprement posé ; Strindberg y critique la société qu'Ibsen rêvait de bâtir sur les vertus et les énergies féminines, y met à néant les utopies insolentes qu'avaient fougueusement défendues les Femmes Émancipées. Tékla, des *Créanciers*, a quitté son premier mari, Gustave, pour vivre avec Adolphe, qui a le tort d'en être passionnément épris. Gustave, jaloux, haineux, a résolu de reprendre sa proie : il agit sur son rival, il agit sur son ancienne amante. Mais alors qu'Adolphe, subjugué d'abord par l'impitoyable énergie, la féroce ironie de son adversaire, travaillé mortellement par les doutes que, goutte à goutte il lui versa, se ressaisit bientôt, et lutte avec énergie, Tékla, Tékla, l'avorton maladif dont son premier mari fit une femme; qui, lorsqu'il eut dépensé pour cette métamorphose toute la chaleur qui rayonnait en lui, renia sa dette sans vergogne et s'en alla vers d'autres joies, vers d'autres plaisirs, vers d'autres vanités; Tékla, qui dit aimer Adolphe, va suivre son premier maître, subjuguée par sa virilité et par la puissance inconnue qu'il a conservée sur elle. Elle lui accorde un rendez-vous, elle va devenir la conquête du plus fort. Adolphe, vainqueur de l'homme, du mâle ennemi, est vaincu par la trahison féminine; de désespoir il se tue. Et Tékla, sans une larme, retourne vers son ancien amour; elle vivra son ancienne vie, jusqu'au jour, prochain sans doute, où quelque vigoureux lutteur arrachera à Gustave sa maîtresse reconquise, pour la perdre lui-même, plus tard. Et ainsi de suite elle passera de main en main, jouet des amants, esclave soumise de qui la domine, jusqu'à sa mort.

Cette loi du plus fort, Mlle Julie la subit. Elle était fille d'une femme émancipée qui avait, durant toute sa vie, manifesté à l'égard de l'amour une horreur maladive et n'avait eu sa fille que par surprise. Aussi, la guerrière comtesse avait-elle donné à cette enfant du hasard une éducation toute masculine et chaste. Jusqu'à vingt-cinq ans, Mlle Julie avait dompté les chevaux difficiles, chassé dans les bois et les champs, surveillé, dirigé les travaux agricoles. A peine avait-elle consenti à réfléchir, sa mère étant morte, à la possibilité d'un mariage assorti avec le bailli du district; même elle avait été fiancée, et cependant elle l'avait honteusement chassé, un matin que, seul avec elle dans le parc, il avait osé lui prendre la taille. Elle l'avait même quelque peu cravaché. Et pourtant, lorsque tombe, sur le château et le village où se passe l'action, cette transparente nuit de la Saint-Jean durant laquelle elle se déroule, elle est amoureuse, amoureuse farouche et révoltée, amoureuse à son corps défendant, du valet de chambre de son père, M. Jean. Pierre, l'ordonnance du capitaine, n'était qu'un troupier sans scrupules, une brute madrée, que faisait parler et agir le seul instinct de la conservation. M. Jean est une canaille intelligente et vaniteuse, qui veut jouir, sans doute, mais surtout vaincre et dominer. Il a couru le monde, a traversé des aventures dans lesquelles il a laissé, tel un fardeau encombrant, ses préjugés et ses croyances; il a vu partout que les heureux étaient généralement les pires; il en a conclu que ce serait sottise toute pure que de s'attarder aux considérations d'une honnêteté problématique et contradictoire. Il a lu quelques bouquins dépareillés, au hasard de la rencontre; il a compris confusément que les castes sociales étaient des séparations conventionnelles établies entre les hommes par quelques habiles qui entendaient en profiter et qu'il n'est, en somme, qu'une loi morale au monde : prendre son plaisir là où il pend, à la portée de la main, sans s'inquiéter des conséquences. Mlle Julie pratique la révolte d'une factice, mais énergique intelligence; M. Jean, le laquais faraud, pratique la révolte de la brutalité grossière et sans force contre elle-même.

Et, une fois de plus, la matière triomphe de l'esprit parce que l'esprit n'est point pur et complétement

dégagé de la matière. La jeune comtesse est femme ce jour-là, et livrée à cette indisposition régulière qui est la mystérieuse et symbolique faiblesse de son sexe. Sa volonté est troublée, ses résolutions chancelantes, son attitude hésitante ; elle ne sent plus en elle cette vigueur virile qui lui permettait de résister aux charmes vulgaires, mais éclatants, de son domestique. Tout le drame est là ; on ne peut nier que cette donnée ne soit hardie, — peut-être invraisemblable. Si pourtant on l'admet, on ne sera pas surpris de voir Julie, après une scène de coquetterie, d' « aguicheries » vulgaires et un peu répugnantes, poussée soudain par Jean dans sa chambre de valet, en ressortir vaincue, souillée, à jamais dégradée, — sa maîtresse. Elle est déchue, la fière et noble fille, et ne peut supporter sa déchéance. Ce château de ses pères, ce parc, ces jardins, ces champs qu'éclairent et dorent les purs rayons du matin, tout cela lui crie lamentablement sa honte et l'ignominie de sa défaite. Elle veut fuir, s'en aller bien loin, bien loin, là où l'on est inconnu, dans quelque coin de la terre où passe l'indifférence des voyageurs cosmopolites, en Suisse, en Italie, — là où l'on peut oublier peut-être. Mais son insolent vainqueur ne veut plus la suivre, et la raille, et l'insulte, et l'outrage. Elle bondit, retrouve, dans la déroute de son âme, quelques vestiges de sa grandeur écroulée, et, comme folle, lui crie : « Tu crois que je suis faible, tu crois que je
« t'aime parce que j'ai eu envie de toi ; tu crois que je
« veux porter ton germe dans mes flancs et le nourrir
« de mon sang, enfanter ton fils et porter ton nom !
« Mais comment t'appelles-tu ? Je n'ai jamais entendu
« ton nom de famille, tu n'en as pas sans doute !...
« Chien qui portes mon collier, laquais qui portes mes
« armes sur tes boutons, tu crois que je voudrais parta-

« ger avec ma cuisinière ! Tu crois que je suis lâche et
« que je voudrais fuir ! Non ! A présent, je reste, et.
« arrive que pourra ! » — Elle reste, mais pour mourir.
Que devient-elle en entendant son père, enfin revenu,
sonner son valet de chambre, et Jean, éperdu, retombant
du haut de son orgueil dans la réalité servile et se hâtant
de reprendre la livrée que, pour commettre son crime,
il avait un instant quittée ? Et hypnotisée, magnétisée,
dominée par son maître, par son amant, qui lui met un
couteau à la main en lui disant : « Allez ! » elle quitte la
scène et s'en va se tuer dans sa chambre.

Ainsi, comme les autres, ce drame de Strindberg, ce
drame touffu, obscur, incohérent, où fourmillent trop de
choses, où se heurtent trop d'intentions sans résultat,
conclut au triomphe du plus fort. Le prolétaire brutal
et sans pitié maîtrise l'aristocrate, et la charge de sa
passion ignominieuse ; mais lui aussi devra se mettre à
genoux devant la femme de son rang, la femme comme
lui sortie du peuple et devant laquelle, avant d'être son
amant ou son mari, il tremble déjà, devant la cuisinière,
devant Christine, qui durant toute la nuit a vu s'en-
chaîner et se dénouer la tragédie avec une amère et farouche ironie, sûre que le vainqueur tombera, vivant,
entre ses mains. La femme, malgré sa folie, son hystérie
originelle, ses tares physiologiques, les infirmités de
son intelligence, la traîtrise de son cœur, est, décidément,
la triomphatrice dernière, celle qu'a désignée formellement la nature. Aussi bien, l'homme, sa proie, ne vaut
pas mieux qu'elle. Il est une créature faible et sans volonté, qui mérite son esclavage et n'est pas capable d'en
sortir. Et devant cette lutte incessante et meurtrière de
deux misérables qui devraient s'unir, au contraire, pour
porter en commun le dur fardeau de l'existence et résis-

ter aux destinées coalisées contre eux, une douleur, un dégoût immenses envahissent le cœur désabusé du philosophe. A ses yeux se pose, dans son effroyable nudité, le problème de la vie. Et ce problème, il n'est résolu que par la mort. C'est ce que, pour d'autres raisons, disaient déjà les Femmes Émancipées.

* * *

Le mal est-il donc sans remède ? — Eh bien, non ! La vie s'étiole, la vie va mourir ; c'est qu'on l'a chargée d'une foule de parasites qui lui volent la sève dont elle se nourrit. Elle était douce, elle était heureuse, nous l'avons faite tragique ; elle était libre, nous l'avons chargée de préjugés, emprisonnée dans les mots. Il faut lui restituer sa pureté ancienne, démolir toutes ces sociétés uniques qui, de leur poids, l'écrasent et la mutilent ; il faut, en un mot, — et c'est la formule du socialisme de Strindberg, — « revenir à la nature ».

C'est ce que démontre l'histoire de M. de Bleichrœden.

M. de Bleichrœden, l'officier prussien dont la crise d'âme est analysée dans *Remords*, « M. de Bleichrœ-
« den était un type absolument moderne, arrière petit-
« fils de la Révolution, petit-fils de la Sainte-Alliance,
« fils de 1830, brisé comme un naufragé entre les récifs
« de la révolution et de la réaction. Quand, à l'âge de
« vingt ans, il s'éveilla à une vie consciente, et que les
« écailles lui tombèrent des yeux, il comprit dans quel
« tissu de mensonges il se trouvait emprisonné, du
« christianisme confessionnel au fétichisme dynastique.
« Il lui semblait qu'il venait seulement de s'éveiller.

« Parfois, il se croyait, lui, raisonnable, enfermé dans
« une maison de fous. Et ne pouvant découvrir, pour
« s'échapper, une issue qui ne fût gardée par une
« baïonnette ou la gueule d'un canon, il tomba dans le
« désespoir. Schopenhauer devint son ami, et il trouva
« dans Hartmann la proclamation la plus brutale de la
« vérité que le monde ait jamais entendue. — Mais la
« société l'appelait pour lui assigner un rôle : M. de
« Bleichrœden choisit les sciences, et parmi les scien-
« ces, celle de toutes qui a le moins d'accointances avec
« le présent, la géologie. Il se réfugia en elle ; il y trou-
« vait consolation suffisante à sa misanthropie et la
« solitude heureuse qu'il désirait. Et comme il ne pou-
« vait lire un journal sans qu'il sentît monter en lui,
« fatale démence, un commencement de fanatisme, il
« chassa, pour cette raison, bien loin de lui tout ce qui
« pouvait lui rappeler ses contemporains et le temps où
« il vivait. Et il commençait à espérer qu'une telle
« stupidité, achetée au prix de luttes de tout genre, lui
« permettrait de vivre sa vie en paix, dans l'intégrité
« de sa raison. »

Ce pessimiste égoïste et clairvoyant est donc, comme tant d'autres, atteint de la grande névrose moderne. La lassitude accumulée pendant des siècles ; l'angoisse insurmontable qui fit crier sous son étreinte tant de générations successives dont il est le dernier venu ; la fatigue amassée à travers les âges par les intelligences surmenées dont son intelligence est le type, toute cette morbidesse l'accable et lui corrompt le plaisir qu'il aurait à vivre. Il est né trop tard dans une société trop vieille, il est le fils d'un siècle malade. Et pour chasser cette anxiété mortelle qui fit déjà tant de victimes et tuera encore plus d'un d'entre nous, peut-être ; pour échapper aussi à cette grossièreté où se complaisent nos démocrates, lui, l'aristocrate affiné, il se réfugie « dans « cette solitude de l'homme supérieur » dont parle Renan, quelque part, dans cette tour d'ivoire où l'ont précédé les plus fiers penseurs de notre temps.

La guerre l'en arrache, la plus forcenée des guerres, et le rejette dans la mêlée odieuse. Officier de la Landwehr, il fait partie de l'armée de Frédéric-Charles, assiste aux batailles sous Metz, et, pendant que les troupes allemandes bombardent Paris affamé, il est détaché, vers la fin d'octobre, dans la forêt de Fontainebleau. Il arrive à Marlotte par un soir doré d'automne, « la tunique et « les bottes aussi poudreuses qu'un grand chemin », écœuré de ce qu'il a vu, espérant le repos, enfin. Il s'installe en maître, mais tous ses sentiments délicats protestent contre la violence à laquelle une victoire qu'il n'a pas voulue semble l'avoir condamné. « Il se « sentait gêné comme un homme qui, ayant pénétré « dans une demeure étrangère, s'attend à chaque ins- « tant à être surpris par le propriétaire. » L'action, en son cœur, n'a point tué le rêve. Le doux philosophe dérobe à la guerre de précieux et trop rares moments, et, sur sa table de travail, dans le salon de la maison où il est descendu et qu'embaument les parfums mourants de la clématite et des roses d'arrière-saison, sont ouverts, à côté de sa jumelle d'officier et de sa carte d'état-major, les « Parerga » de Schopenhauer. Il écrit à sa jeune femme, qu'il a quittée après quatre mois de bonheur; il songe à la volupté d'être ensemble, dans la paix studieuse; aux promenades à deux dans la sérénité du soir, dans les allées du parc sur qui octobre a posé son pied vermeil. Pour un million de sauvages, on peut rencontrer un civilisé; comme on voit, ce lieutenant prussien est tout à fait poétique... Soudain, il entend le lointain galop d'un cheval qui approche, qui arrive. Un uhlan saute à terre et lui tend une dépêche : l'ordre envoyé du quartier général de faire fusiller séance tenante les francs-tireurs que sa compagnie a faits prisonniers le matin. Quel réveil !... Il se livre en l'âme du lieutenant un combat douloureux; l'incertitude est trop cruelle pour cette volonté faible qui connaît l'idéal et n'ose monter vers lui, qui connaît son devoir humain et n'a pas l'énergie de le pratiquer, qui maudit les lois barbares que la société lui impose, mais s'y soumet. Il songe que ces hommes qu'on lui dit de tuer, eux aussi ils ont des épouses, et des enfants peut-être, et qu'ils aiment la lumière, et qu'ils ont droit à la vie !... Et pourtant, il faut obéir sous peine de mort, et, lui mort, de quoi servirait son exemple à la cause désespérée de l'humanité? Son irrésolution s'accommode d'un moyen terme ; il exécutera, mais sans qu'une goutte de sang éclabousse sa conscience. Sous prétexte d'une reconnaissance urgente à pousser dans la forêt, il laisse à un sergent la mission d'accomplir l'acte et s'éloigne vers Fontainebleau :

« Il fit marcher sa petite troupe sur une seule file,
« l'un derrière l'autre, afin de ne point écraser l'herbe,
« et fit faire halte à la lisière de la forêt. Il ordonna à
« ses hommes de garder un profond silence et de se
« reposer pendant qu'il s'enfonçait sous les arbres.
« Quand il se sentit seul et sûr que nul ne le pouvait
« voir, il respira profondément, avec effort, et se dirigea
« vers les sombres taillis que traversent les sentes qui
« conduisent à la Gorge-aux-Loups. Taillis et buissons
« étaient déjà dans l'ombre, mais les cimes des hêtres et
« des chênes étaient ensanglantées encore par les rouges
« rayons du soleil. Cette immense et magnifique forêt

« qui guérissait auparavant son âme malade, comme
« elle était, ce soir-là, sinistre, et repoussante, et gla-
« ciale! La vie lui semblait cruelle et contradictoire,
« peuplée d'iniquités, et la nature entière misérablement
« ensevelie dans l'engourdissement d'une vie incons-
« ciente et servile. Elle était le théâtre de l'horrible lutte
« que se livrent éternellement entre eux les êtres et les
« choses. Il ne pensait plus, toutes les puissances actives
« de son âme, les souvenirs, les rancunes, les espérances
« s'étaient confondues dans une haine immense contre
« tous les préjugés qui gouvernent le monde, contre la
« force inconnue qui le mène au néant. Soudain il
« s'arrêta, comme paralysé. Du côté de Marlotte les
« sons du tambour, répercutés à l'infini par les échos
« de la Gorge-aux-Loups, lui arrivaient. D'abord un rou-
« lement qui n'en finissait plus, puis des coups lourds
« espacés, comme si l'on clouait un cercueil. Il regarda
« sa montre; sept heures moins le quart! Dans un quart
« d'heure, *cela* devait s'accomplir. Il ne pouvait tenir
« en place. Il gravit un rocher. Dans le lointain bleuâ-
« tre il distinguait le petit village, si gai avec son clocher
« qui se dressait frêle et léger, dans l'air. Il tenait sa
« montre à la main, suivant d'un œil hagard l'envolée
« des minutes... Sept heures moins cinq! La montre
« tremblait dans sa main, son pouls battait follement,
« des gouttes perlaient sur sa nuque... Et un bruit, su-
« bitement, parvint jusqu'à lui, un bruit pareil à celui
« d'une planche qui se rompt, tandis qu'une fumée bleue
« montait, comme un nuage, derrière un toit noir, en
« petits cercles incertains qui se faisaient plus larges
« en approchant du ciel...

« C'était fini ! »

Son retour à Marlotte, le désir qu'il a de savoir et

l'horreur qu'il a du crime, les prétextes qu'il trouve pour différer le rapport, l'angoisse insondable dans laquelle il se sent rouler, tous ces premiers symptômes du Remords sont poignants et simplement décrits. Et ce crime, qu'il voit se dresser devant ses yeux épouvantés, qu'il voudrait connaître, et dont il craint le récit, il en conçoit la sanglante réalité lorsque, poussé par un besoin irrésistible de voir, il s'en est allé dans le jardin et qu'au pied d'un cep, devant un mur, le sang colle à ses bottes, gluant et mou. Et ce récit qu'il redoute d'entendre, il est raconté à ses oreilles par deux soldats ivres qui, assis sous sa fenêtre, dans la nuit claire, raillent les victimes et miment l'assassinat. Il reste cloué sur son lit où il s'est jeté tout habillé, retenant son souffle... Et le lendemain matin, il est fou.

On l'interne en Suisse. Six mois après, au printemps, il se réveille guéri et voit se dérouler à ses yeux, à travers les barreaux de sa cellule, le vert et puissant paysage du lac Léman, le paysage où passa, idéaliste sentimental, Jean-Jacques Rousseau. Son docteur l'entraîne à l'église de l'hôpital : il sent descendre sur son âme flétrie la rosée bienfaisante de la céleste parole, douce pour tous, qu'on soit catholique, grec ou luthérien; il conçoit quelle différence sépare cette liberté religieuse des cultes politico-dynastiques auxquels l'Europe est asservie et que lui, libre-penseur honnête, il haïssait jadis si profondément. Il prend part à un grand banquet, où sont réunis des représentants de toutes les nations, et qu'on a institué pour célébrer, en 1872, la solution pacifique donnée par le tribunal international de Genève au conflit qui s'était élevé entre l'Amérique et l'Angleterre au sujet de l'*Alabama*. Alors, il est définitivement sauvé, heureux, guéri moralement. Son pessimisme s'est fondu sous l'influence heureuse de la nature et de la paix, il a renié ses dieux, il croit au bonheur et l'espère ; il comprend que l'égoïsme n'est point un remède, mais au contraire le pire des maux, qu'il faut vivre dans l'humanité et aider l'effort universel vers le bonheur. Il a un fils et sa joie est profonde d'avoir perpétué la vie, de s'être fondu, lui, atome imperceptible, dans la grande circulation cosmique, d'avoir enfin la certitude de son immortalité ! Il se fait naturaliser Suisse, ne voulant pas retourner dans cette patrie qui avait pétri son âme d'autrefois, son âme sociale, et voulant conserver son âme naturelle intègre et sans souillure.

Sans doute cette placidité grasse où son héros va désormais se complaire et végéter est sereine et fait vivre longtemps ; mais vaut-elle, en vérité, qu'on lui sacrifie tous les besoins d'infini que nous portons en nous ? Et si nous conservons, intacte, notre nature de demi-dieux, cette société mesquine et sans luttes ne nous semblera-t-elle pas étouffante ? Qu'un penseur, las de souffrir lui-même et de voir souffrir les autres, échafaude en rêvant la cité heureuse où tous les hommes, sans exception, pourront entrer, bien ; il a le cœur généreux, l'âme émue, il est humain ; mais qu'on ne puisse entrer dans cette cité idéale qu'en laissant à la porte tout ce qui nous fait souffrir, sans doute, mais tout ce qu'il y a d'éternel en nous, en ce cas, plus d'un refusera l'accès du bonheur. Vivre c'est souffrir ; le bonheur n'est pas la stupidité, et la conclusion de *Remords* n'est pas une conclusion. Nos pères ont connu les amères désespérances, nos fils aussi les connaîtront. Mais la désespérance est notre triomphe, et nous ne sommes grands que quand, de nos âmes écrasées par le destin, montent vers le ciel vide certains de ces cris d'agonie qui font frissonner les autres âmes, et s'en vont, éveillant des échos tumultueux, rouler dans l'infini des âges.

III.

Grand, maigre, les yeux profonds et comme perdus sous un front énorme que domine une puissante chevelure, Strindberg paraît taillé pour la lutte. Combattre fut toujours sa fonction. Si la timidité de son allure et de sa vie le mettent au rang de tout le monde, les libertés effrénées de sa pensée font de lui un fils révolté du siècle. Darwin, Spencer, Schopenhauer, Niestche, tous les grands audacieux ont pétri son âme, et les maîtres français, Hugo, Musset, Zola, l'ont façonnée à la grâce des formes. Et Strindberg, à leur école, est devenu un fort, inflexible dans ses idées et dans ses volontés. Toutes les souffrances de sa vie, il n'en faut pas chercher d'autre cause. Orgueil? Peut-être, mais aussi ardent amour de la vérité. Dans ce corps dégingandé se cache une âme apostolique, une émotion poétique et chaleureuse qui donne aux phrases, aux mots, une vie intense. Trop intense, même; démesurée, exagérée et presque épileptique. Celui qui les écrivit se tint à la limite étroite où le génie confine à la folie, et certaines pages, frissonnantes, sont baignées d'une clarté étrange et trop vive qui fait cligner les yeux de la simple raison. Il y a évidemment déséquilibre entre l'intention et le résultat obtenu. Mais l'intention est toujours excellente. Ce que veut le philosophe au-dessus de toute chose, c'est aider au bonheur, apaiser, dans la mesure de sa puissance, cette douleur abominable qui s'abat sur le monde et fait hurler les misérables à la face du ciel morne. Les races sont épuisées, les membres las, les sentiments flétris ; les préjugés ont remplacé les croyances et l'argent la vertu. Tout croule ! Lui, chétif ouvrier, il apporte aux lézardes sa truelle de ciment. Et volontiers il consentirait à rester sous les ruines s'il espérait qu'un jour surgira de ces ruines le temple idéal et demi-divin où les hommes, affranchis et régénérés, trouveront cette paix de l'intelligence et du cœur que lui ni les hommes de son âge n'auront jamais connue, hélas !

Mysticisme et révolte, tels sont les deux pôles entre lesquels oscille sa pensée. Il est une contradiction insoluble, il aime et il hait avec une véhémence égale. Et cette incertitude le fait choir dans le pessimisme le plus profond, le plus amer où jamais ait roulé une âme contemporaine. Dans *Maître Oloff*, le premier de ses drames, il avait mis aux prises deux hommes dont l'un veut s'en tenir à ce qu'il croit être sinon le bonheur, au moins la tranquillité, et dont l'autre veut marcher toujours, veut marcher encore vers un but inconnu mais probable. A la fin de sa vie littéraire, l'écrivain conclut : ce but n'existe pas. Nous sommes condamnés à l'éternelle inquiétude, à l'effort illusoire que rien ne récompense. Nous tendons nos bras meurtris vers un dieu qui ne nous entend pas. Aussi bien, même si ce dieu était débonnaire, même s'il consentait à s'abaisser jusqu'à notre ridicule envergure, sommes-nous dignes de l'approcher ? Non. L'homme, faible et capricieux tyran ; la femme, esclave malfaisante et menteuse, ne méritent qu'un dur mépris. Adam ne vaut pas mieux que sa rivale, et dans l'incessant combat qu'ils se livrent, peu importe que l'un ou l'autre soit vainqueur. Le monde n'en profitera guère et la vie n'en sera pas meilleure. « Blague ! blague ! » dit le docteur des *Camarades*. « Amour, joie de vivre,

« moderne, antique, conservateur, libéral, idéal, réel,
« blague, blague ironique que tout cela ! » Ibsen, au
moins, croyait encore à la puissance féminine et Bang,
lui-même, à l'amour idéal dont on meurt, sans doute,
mais qui est si doux aux âmes d'élite. Strindberg est un
grand désespéré, presque insensé à force de désespoir.
Il rase tout de la terre maudite, il démolit tous les
sanctuaires où les hommes allaient prier et espérer
encore !...

*
* *

... Un après-midi de l'an dernier, dans l'atelier de
Rodin, je vis une maquette admirable et qui me toucha
si profondément que je n'ai pu, depuis, y penser sans
être ému. Une femme émaciée, les yeux démesurément
agrandis par une angoisse intérieure, et qu'on sentait
livide et frissonnante, était clouée sur un rocher, les
bras en croix. A ses pieds un satyre à genoux. Et l'on
devinait qu'il était racheté, lui aussi, par ce martyre
ineffable qui se tordait sur la pierre et que la victime
saignante s'était sacrifiée pour sa rédemption. Ses pieds
fourchus, son ventre velu l'attachaient encore à la terre
par l'ignominie des instincts charnels ; mais son front
large, son regard étincelant, son geste d'adoration et de
pitié suprêmes montraient que le sacrifice ne serait point
inutile, qu'aucune goutte du précieux sang ne serait perdue, et que le chèvre-pied serait bientôt digne du souverain amour auquel on le conviait...

... « La mort nous pousse, elle nous presse, ma chère
« fille, lui dit sa mère, le remède, c'est le mariage. Ton
« père et moi nous mourrons, et, pour compenser cela,

« il faudra bien probablement que, même avant, tu
« nous quittes et que tu sois mariée. Comme moi tu
« accoucheras avec de vives douleurs, et tu amèneras à
« la vie des enfants qui ne vivront pas, ou s'ils vivent,
« ils te quitteront... Voilà ce que je vois d'avance, et ce
« qui me fait pleurer... J'ai tort; c'est notre sort à
« toutes, et Dieu veut qu'il en soit ainsi (1)! »

(1) Michelet, *la Femme*.

HERMAN BANG ET ARNE GARBORG.

De Copenhague à Vamdrup, sur la frontière prussienne, en regagnant la France à travers Seeland, l'île de Fyen et la Péninsule, un vaste plateau qu'en deux endroits la mer a rompu, et sur qui de longs et réguliers labours tracent comme un damier. Bien que novembre tire à sa fin, il ne fait pas froid, mais il pleut, il pleut sans relâche sur la pleine rase. Le paysage flotte dans une lumière indécise et sans chaleur, dans un jour hésitant qui cependant dessine les contours des choses avec une sécheresse singulière. C'est dimanche, et aux stations, la foule envahit les wagons bientôt bondés. Pas de cris, pas de chants; une sérénité grave, austère et sans paroles. Les femmes, les cheveux enfermés dans la blanche résille nationale, qui tombe dans le dos en forme de bourse, ont l'air triste, et entre tous ces gens règne une réserve étrange qui s'harmonise à ce ciel blême, à cette terre morne et sans relief d'où la joie de vivre semble exilée. Leurs membres noueux disent leurs travaux ardents à féconder la glèbe ingrate; et leur prunelle paisible, habituée à refléter cet horizon mélancolique, semble emplie d'infini. La nature les a faits ce qu'ils sont : gros mangeurs et buveurs solides, d'intelligence timide et passive, pénétrés de croyance, car ils sentent confusément peser sur eux la rigueur de lois inconnues, et de croyance luthérienne, car ces lois sont farouches, sans grâce ni merci. Quoique vivant dans une sorte de demi-jour obscur, ils ignorent le rêve, car leurs rêves, où les suspendraient-ils ? Point de hautes montagnes ; point de ces chaos grandioses qui détruisent l'équilibre des esprits et développent outre mesure la faculté de sentir aux dépens de la réflexion. Ils restent attachés, esclaves soumis, au sol, osant à peine regarder le ciel ; ils peinent pour vivre, ils peinent pour mourir, employant toutes leurs facultés à triompher des choses. Mais l'espoir ? Ils l'ignorent ou le négligent, craignant de le laisser pénétrer dans leurs âmes. Ce sont des résignés.

I.

Le talent, disent les psychologues d'une certaine école, est une dégénérescence ; il suppose une nervosité morbide qui ne se manifeste que par suite de l'épuisement des races. Les familles, comme les peuples, vigoureuses et bien portantes à l'origine, s'usent à travers les âges ; atteintes d'une lésion d'abord insoupçonnée, envahissante et meurtrière ensuite, elles aboutissent souvent à un poëte ou à un fou. Les héros de l'action ont fait place aux héros du rêve ; le temps, qui n'épargne rien, des monuments les plus solides ne laisse debout que de fines colonnes ciselées. Mais ces hommes, les artistes, derniers produits d'une race mourante, en qui, selon une grandiose parole, vont les péchés de tout un peuple, sont comme les dernières fleurs, exquises et parfumées, d'une plante condamnée. La race, avant de retomber au néant se couronne de roses. Et c'est un peu pour cette raison, sans doute, que l'humanité, émue et douée d'instincts maternels, place si haut ces enfants débiles et chargés des coulpes des hommes.

Herman Bang est l'un d'eux. Issus de noblesse antique, ses aïeux, dit la légende, cimentèrent de leur sang le vieux trône de Danemark. Leur rejeton n'a pu être qu'un vigoureux lutteur de la plume et de la pensée. Le père du romancier mourut d'une grave maladie cérébrale, laissant à son fils son nom, un patrimoine presque anéanti, et le dangereux héritage d'une sensibilité étrangement affinée, d'une faculté rare, mais cruelle, de partager la souffrance et de souffrir profondément lui-même. Et par malheur la nature ne fut point pour lui ce qu'elle fut pour Jonas Lie, une maîtresse adorée qui lui apprit l'amour et la beauté; la vie l'instruisit; il connut peu les loisirs du rêve. Pauvre, à dix-neuf ans il était forcé d'entrer dans la lutte pour le pain journalier. Il sut toujours planer au-dessus de la grossièreté des intérêts mercantiles, et se tenir à l'écart de la mêlée démocratique. Il se fit d'abord acteur, peut-être dans l'inconscient désir d'oublier, ne fût-ce que quelques heures par jour, sa personnalité douloureuse, et d'exprimer, en vivant langage, par le geste et par la parole, toutes les choses obscures qu'il avait dans l'âme. Entré dans les coulisses, lieu de cabotinage et de rivalités mesquines, il sut conserver, sans jamais s'en départir, sa hautaine réserve de gentilhomme déchu. Mais cet oubli qu'il désirait, il ne lui fut pas donné de le connaître. Il s'épuisait à l'atteindre : ses rôles préférés, ceux qui l'attiraient invinciblement, étaient ceux où les poètes ont voulu dire tous les tourments des dégénérés, Hamlet, Oswald des *Revenants*. Il fit, de ce dernier, une création troublante qui donna le frisson à toute la salle. Applaudi par les uns, sifflé par les autres, il effraya tout le monde, et personne ne le comprit. Il eut, d'abord, une célébrité d'excentrique. Bientôt, et soudainement, il quitte les planches. Il était trop grand seigneur pour y vivre de son gain, dédaigneux du métal, généreux pour tous ceux qui l'approchaient, menant un train de maison hors de proportion avec sa fortune. — Alors il écrit son premier roman, *Races sans espoir* (*Haablose Slægter*), c'est la monographie pitoyable de son état psychologique, la notation tragique de toutes les angoisses qu'il avait subies depuis qu'il s'observait lui-même. Un cri d'épouvante lui échappe quand il se voit jeté sur cette terre marâtre, au milieu d'une société qui ne le comprend plus, ayant dans le cœur tous les appétits furieux d'un autre âge, dont il souffre et qu'il lui faut combattre. Il est vaincu d'avance, promis à la mort; il le sait et ne s'en plaint pas. Il est de ceux que l'humanité laisse en arrière sur la route de la vie, au bord du fossé, harassés et meurtris. C'est la fatalité de l'évolution. Le monde est plein de forces et de sève; qu'importe un homme de moins à ce vaste univers? — Résignons-nous!

C'est le dernier mot de son premier roman; ce sera le dernier mot du dernier.

Races sans espoir, aussitôt paru, eut un succès énorme. Le nom du nouveau maître se répandit dans les trois pays; l'Allemagne, elle aussi, fut conquise. Tous les journaux se disputèrent une si précieuse collaboration. La gloire venait, l'argent suivait sans doute. Il ne les attendit pas, son humeur vagabonde l'entraînait vers d'autres destinées. Berlin l'attirait : il y va. Il est forcé d'en partir pour avoir irrévérencieusement, dans une correspondance danoise restée célèbre, comparé le jeune Kaiser et sa famille au directeur d'un cirque forain alors fort connu dans le Nord. Il se sauve à Vienne, puis à Prague, où il reste pendant quelques mois. Cependant la police impériale le traquait ; son asile est découvert, on l'en chasse. Il s'échappe tant bien que mal, revient à Copenhague, las, appauvri, irrité. Un impresario l'attendait, d'esprit rusé, aux mains avides. Nouvel exode : il s'en va en Suède, puis en Finlande et en Norvège, faire des conférences. Les conférences sont très courues dans le Nord, elles conviennent à l'esprit dogmatique de ces peuples. Il n'est point de personnalité un peu connue qui ne tienne à honneur de s'y montrer, et il est de mode, pendant une saison, d'aller applaudir un conférencier comme on fait chez nous un acteur. Bang eut un succès retentissant, on le couvrit d'or. C'était justice. La passion fougueuse de sa parole, l'élan dramatique de son geste, l'aisance de diction qu'il avait acquise au théâtre, séduisirent ses auditrices, enthousiasmèrent ses auditeurs. Jamais, depuis Björnson, on n'avait entendu voix aussi éloquente. Il y eut bien de-ci, de-là, entre le public et son idole, quelques malentendus ; il rompait de nonchalantes habitudes ! Ce fut pourtant l'époque la plus féconde, sinon la plus heureuse de la vie du romancier. A ce moment, Bang avait vingt-cinq ans. Il venait de se révéler superbe orateur, comme, quelques années auparavant, vigoureux écrivain. Il pouvait satisfaire ses coûteuses fantaisies de grand seigneur, et les femmes s'intéressaient à lui. Il n'était pas beau, mais il avait une sorte de charme frêle et maladif. Petit, mais bien pris, les yeux profonds et profondément enfoncés dans les orbites, les cheveux noirs et plats, la peau olivâtre, les mains délicates, les pieds fins, il sentait son gentilhomme. On savait quelle âme ardente et passionnée, quelle sensibilité fébrile se cachaient sous cette romantique enveloppe, et la popularité se donna spontanément à lui.

Il s'en montra digne. En quatre ans, après *Sous le joug*, un recueil de nouvelles mélancoliques où sa philosophie est condensée en quelques pages, et dont je parlerai plus loin, il publia coup sur coup trois romans, dont deux au moins sont des œuvres de premier ordre : *Phædra*, *Tine* et *Au bord de la route*.

II.

A Copenhague comme à Paris, ce qu'on appelle « le Monde » est une collection d'individus des deux sexes, de grande naissance, de grande fortune, parfois de grande intelligence, dont la tradition est de vivre pour un certain nombre de sentiments d'essence rare, qui se fondent en un seul : la religion du souvenir. Ce culte du passé, ils savent, heureusement, l'accommoder aux nécessités du présent. Ils travaillent quelquefois; mais la seule fonction sociale qu'ils paraissent vouloir remplir est de distiller en élégance les produits, toujours un peu grossiers, du travail national ; la seule raison qu'ils paraissent avoir de vivre est de cultiver, dans une atmosphère de politesse et de morbidesse intellectuelles et morales, cette fleur de luxe, fleur exquise d'art et de civilisation, qui pousse sur ce terreau fécond : la fortune publique. Il y a de petits *mondes*, contrefaçons du grand, qui l'imitent, sans l'égaler, même et surtout dans ses vices. M. Jourdain, désespérant de ce qui serait la joie suprême de son existence, se venge en critiquant ce qu'il ne peut atteindre, condamnant surtout cette oisiveté dorée et cette lassitude impertinente des êtres et des choses qu'il croit être l'originalité des hommes de naissance. — Pourtant, une comédie comme le *Prince d'Aurec*, comprise et soulignée par tous à Paris, serait inintelligible pour le public danois. A ce tableau, il manquerait un cadre, à ces figures il manquerait des noms, à ces silhouettes il manquerait la vie. N'est-il point déconcertant pour nos habitudes littéraires de voir qu'aucun des drames du théâtre scandinave n'a pour scène un salon aristocratique, et que tous se dénouent en des milieux bourgeois ou populaires? Et faut-il en conclure que l'esprit d'égalité, si vigoureux dans le Nord, a nivelé tous les sommets? Non. Mais la noblesse danoise, trop peu nombreuse pour résister à l'envahissement démocratique, trop fière aussi pour se prêter à l'observation malicieuse des hommes de lettres, abandonne la ville. Quand l'étranger s'en va flâner le long des rues silencieuses de Bredgade, il voit des édifices d'aspect monumental, clos par des portes massives en bois sculpté, gardés par des monstres de pierre aux formes héraldiques : ce sont les vieux hôtels où les grandes familles cultivent les souvenirs du passé, dont elles ont fait des temples aux gloires héréditaires. Temples, oui, et respectés, mais ne s'ouvrant guère aux plaisirs et aux idées du siècle, temples vides d'habitants. Jamais ne les agite ce va-et-vient des serviteurs qui, à Paris par exemple, donne une vie si particulière à la somptuosité des façades, à l'ampleur des perrons et des cours. Peu ou pas d'équipages, rien qui ressemble à ce luxe, tapageur à la fois et discret, dont notre aristocratie drape son petit nombre avec une science si consommée du décorum. La noblesse n'est pas là, elle vit à la campagne, dans ses châteaux solitaires, austère et religieuse, dédaignant les frivoles et luxueuses bagatelles, laissant aux bourgeoises et aux artistes le soin de pratiquer ces grands préceptes de l'élégance moderne qui viennent de l'étranger et surtout de Paris.

Voilà pourquoi Ellen de Maag, la Phædra d'Herman Bang, vit dans la solitude d'un château du Jutland, loin du monde et des distractions qu'il apporterait à sa névrose, sans que son historien puisse être accusé d'inconséquence. Névrosée, elle l'est, certes, comme devait l'être cette admirable Phèdre antique, symbole inoubliable de la volonté écrasée par la fatalité mauvaise, par la Vénus inexorable. Comme sa sœur tragique, elle aussi pourrait dire :

Oh ! que ne suis-je assise à l'ombre des forêts !

en pleine nature vigoureuse et saine, où je me referais un corps, une âme, toute la virginité de mon être ! Mais Ibsen a dit son mot. Ellen est une malade, une malade du corps plus encore qu'une malade de l'âme ; en elle sont accumulées toutes les tares physiologiques qui se sont abattues sur sa race, au cours des ans. Elle a grandi seule, aux mains d'une vieille nourrice sotte et superstitieuse, auprès d'un père, ivrogne immonde, au fond d'un castel féodal, dans un pays perdu. Nul ne l'a renseignée, soignée, guidée ; dès sa jeunesse première elle est restée face à face avec elle-même, sentant monter en elle on ne sait quelle angoisse mystérieuse. Parfois, quand cette an-

goisse est trop forte, quand son père est allé s'enivrer à la ville pour en revenir à demi mort de débauches et soutenu par ses laquais ; dans ses moments d'orgueil aussi, lorsqu'elle veut hausser son cœur à la noblesse de son origine, elle entre dans la galerie où sont réunis les portraits de famille. Un de ces portraits, surtout, l'attire : celui d'Ellen de Maag, morte autrefois d'amour, et qu'on trouva noyée dans les fossés du château. Elle sent revivre en elle cette ancêtre funèbre ; un lien caché les unit l'une à l'autre. Mais, « à vrai dire, elles se res-
« semblaient toutes, dans ces portraits ; c'était la même
« bouche rouge, sensuelle et fatiguée, le même regard
« las, sous les paupières lourdes. » L'hérédité lugubre, apparaissant quand même sous ces masques historiques, l'hérédité du vice invincible et triomphant !

Ellen ressent, à ne pas s'y tromper, la première crise du mal à douze ans, au moment de communier. « Ellen
« devait faire sa première communion à l'automne. Le
« pasteur de Norüp était un véritable apôtre qui pei-
« gnait le péché sous les couleurs les plus sombres et
« parlait sans cesse de la damnation éternelle ; il expli-
« quait avec ferveur qu'il ne faut pas se plaindre d'ha-
« biter cette vallée de larmes, puisque c'était là l'occa-
« sion d'expier et pour nous-mêmes, et pour ceux des
« nôtres qui nous ont précédés dans la vie, entassant
« fautes sur fautes. Il apparut bientôt à Ellen comme
« celui qui chassait les nuages du doute et ouvrait à
« ses yeux ce ciel si pur, ce ciel si bleu de l'espoir
« qu'elle n'avait encore jamais vu. » Elle communie avec une ferveur mystique extraordinaire, appelant ce jour-là le Christ à grands cris, l'acceptant comme le douloureux amant dont son âme est assoiffée. Mais le ciel est trop haut ; elle est fille de la terre et s'y brisera

les ailes. Son père meurt ; restée seule et maîtresse d'elle-même, elle fait un cadre à sa jeunesse, relève les ruines du château, semble tout préparer pour l'arrivée du fiancé dont elle rêve. Il apparaît sous l'uniforme autrichien, sous les traits d'un jeune et bel officier de Croates qui vient occuper le pays après la défaite des troupes danoises à Dannevirk. Il s'appelle Carolat Schœnaich. Ellen, alors, a vingt ans passés, elle est admirablement belle, brune avec de grands yeux las, un teint pâle et une allure nonchalante, allure de reine ennuyée. Elle a vécu loin du monde, loin de tout ce qui atténue les sentiments profonds, et les proscrit comme étant de mauvais goût. Elle est mûre pour l'amour, mûre pour la souffrance. Il arrive ce qui doit arriver : Schœnaich lui fait une cour discrète d'abord, hardie ensuite. Elle tombe dans ses bras, un beau soir, défaillante et pleurante, et comme si, dans un éclair, lui revenait à la mémoire l'histoire lamentable de ses aïeules, au moment où elle se donne au beau cavalier, « tout à coup elle éclate en sanglots, et, « dans une plainte si douloureuse qu'elle est presque un « cri d'angoisse, elle s'écrie : « — O pourquoi, pourquoi « m'as-tu aimée ?

Elle en mourra, en effet. Après des jours et des jours de bonheur infini, dans le somptueux décor des jardins et des parcs, un soir, pendant une courte absence de Schœnaich, par l'involontaire indiscrétion d'un de ses camarades, elle apprend qu'il est marié. Marié ?... A son retour elle le chasse, bégayant, humilié, lâche. La fatalité triomphe, Ellen est vaincue. Une passion heureuse l'eût sauvée peut-être ; maintenant elle décline. Blessée au cœur, elle se replie sur elle-même, rentre dans une solitude salutaire où elle espère oublier. Elle va demander à ses ombres aimées les leçons de la vie, et comment on guérit ; toutes lui crient que le remède, le remède souverain, c'est l'orgueil. Elle croit que, isolée, entre ces murs où tant de souvenirs l'aident à supporter sa misère, elle pourra vivre, hautaine et farouche. Quand on est noble, on ne doit pas faillir, et la souffrance est roturière. Dans une discussion qu'elle poursuit avec l'assesseur du pays, elle lui donne les raisons de son orgueil, et déclare qu'entre elle et une femme du peuple, elle voit toute la différence d'une espèce.

« — Et cette différence, comment l'expliquez-vous ?

« — Par l'éducation, les impressions, par toute une
« vie particulière. Moi, c'est ce château qui m'a élevée.
« Mais vous ne pouvez comprendre cela. Les gens qui
« ne possèdent pas une terre et ne vivent pas sur elle
« ne sauront jamais ce que c'est que se sentir entourée
« par l'œuvre de toute une race, de vivre au milieu de
« ces ombres familiales, de les retrouver à chaque pas.
« Le sentiment de la possession engendre, chez les meil-
« leurs d'entre nous, le sentiment de la responsabilité...
« Les idées sur lesquelles nous vivons ne sont pas nom-
« breuses, mais grandes. »

Et plus loin :

« — Pensez-vous vraiment, Monsieur, que l'on puisse
« vivre longtemps ici sans acquérir une certaine no-
« blesse d'esprit ? Tout, ici, a une influence sur mon
« être, le château, les grands arbres du parc, les por-
« traits de la salle des chevaliers, tout enfin. Je cherche
« à comprendre la vie de ceux dont je vois l'image...
« tous ont servi le roi, ou, si vous aimez mieux, la pa-
« trie, car, en nous, l'instinct de la race engendre le pa-
« triotisme... Et si vous trouvez encore que notre exis-
« tence est étroite, n'êtes-vous pas forcé de reconnaître
« que cette existence rend les sentiments plus nobles,

« détruit beaucoup de petitesses, beaucoup d'éléments bas
« qui salissent vos démocraties ?... Ce n'est assurément
« pas un mérite que de n'avoir pas connu les bassesses
« de la lutte pour l'existence; mais c'est un bonheur, et
« c'est ce bonheur qui a contribué autant que le reste à
« créer la race. Il est des choses que je ne pourrais jamais m'abaisser à faire, des actions que je ne comprends
« même pas, et c'est ce qui ouvre un abîme entre moi et
« ces gens... Et c'est pourquoi, si je n'avais été soutenue
« par mes ancêtres, je ne serais assurément pas vivante
« aujourd'hui. Avec leur aide, j'ai supporté l'existence,
« et c'est pourquoi je veux mourir aristocrate. »

Elle meurt aristocrate, en effet. Lorsque, après avoir demandé au monde sceptique et railleur de panser cette blessure qu'au contraire il avive ; après avoir rempli de son nom illustre les échos élégants des journaux, avoir traîné derrière elle un troupeau d'adorateurs et de prétendants, elle a tout vu, tout lu, épuisé jusqu'à la lie la coupe des jouissances humaines, elle se laisse tomber dans les bras meurtriers et doux de cette déesse nouvelle, autrefois inconnue, la morphine ; et un jour, comme son aïeule, la dame aux lèvres rouges, aux yeux las et sensuels, elle disparaît, recommençant après des siècles écoulés le même drame émouvant de passion misérable.

Tel est ce roman étrange, à la fois obscur et touffu, que traversent des éclairs de génie. Il est écrit dans une langue singulièrement tourmentée et fébrile, mais vivante et colorée. Moins riche que celui de Lie et moins varié, moins souple, le style de Bang est aussi plus vigoureux et plus serré. Comme Maupassant, Bang est un sensitif démesuré ; il donne, jusqu'à la douleur, le frisson du réel. Ce style n'est pas proprement un style, c'est une suite d'impressions, toujours fortes et tumultueuses, qui se jettent d'elles-mêmes, toutes vives, sur le papier, et s'y fixent dans une perpétuelle vibration. Ce qui lui manque, sans plus, c'est la musculature athlétique, contrepoids nécessaire à une nervosité trop grande, exagérée. — Et c'est ce qui apparaît en ce roman de *Phædra*. Dirai-je, en effet, que j'y aurais voulu une narration plus condensée, moins de hors-d'œuvre et de longueurs ? que la thèse est assise sur une contradiction, et qu'elle eût été bien plus saisissante et concluante, si Ellen, aimée d'un homme jeune et beau, et s'étant donnée à lui, n'eût pas été trahie et cependant fût morte, lasse d'amour, et tuée par des désirs inconscients ? Elle est une éternelle ennuyée, sans doute, mais ce n'est pas l'ennui, le dégoût de la vie qui l'empêche de savourer le bonheur ; l'ennui ne vient qu'après, il n'est que déterminé, provoqué par un accident. Mais il n'existait donc point avant ? Et cette femme qui, un jour, s'est reconnue condamnée à mourir, eût donc pu vivre ? Alors, à quoi sert au romancier cette hypothèse de l'hérédité, dont il use ? Et quel mal faisait à l'héroïne cette hérédité qui ne l'écrasait plus ? Dans les *Revenants*, la théorie, contestable ou non, est poursuivie avec une sévérité inflexible ; l'œuvre est un théorème, émaillé de merveilleux incidents. Dans *Phædra*, il y a théorie encore, mais incertaine, mais mal indiquée, mais mal démontrée... Je m'arrête, me bornant à dire que le roman, roman incomplet, illogique même et trop chargé d'incidents et de tendances, est plein de morceaux de haute allure, de haute couleur, et que du commencement à la fin on y sent courir un souffle effrayant, le Tragique, vent d'orage qui balaie la plaine inconnue où s'agite et se désespère notre plaintive humanité.

III.

Phædra, comme *Races sans espoir*, était une œuvre intime, dans laquelle l'auteur avait versé sa personnalité entière, sentiments, souffrances, opinions. Avec *Tine*, il abandonne le roman d'analyse, il aborde le genre impersonnel et purement plastique. Il peint à la fresque, groupant les événements dans un décor plus vaste. L'ensemble, ici, domine le détail. C'est de l'art matérialiste.

Il a lu Zola. Comme Zola, il pose, planant au-dessus de la portion d'humanité qu'il étudie, un symbole dominant, la guerre dans *Tine*; il analyse la portion des âmes qui se trouve affectée, transformée par ce symbole. Il ne voit pas un homme, il voit les hommes, ou plutôt, il voit l'action humaine. Les effets qu'il obtient par ce procédé peuvent se comparer aux reflets d'un incendie, la nuit, sur le visage de ceux qui sont près du sinistre : une partie est dans l'ombre, une partie éclairée, mais d'une lumière particulière, d'une lumière crue qui accuse les traits et tranche nettement les silhouettes. Car il est resté l'impressionniste qui rend ce qu'il a ressenti avec une remarquable puissance de vérité. Chaque mot apporte avec soi sa gerbe de sensations, chaque mot a sa vie, chaque mot est riche de matière. Cette faculté absorbe en elle toutes les autres facultés de l'écrivain. Bang connaît très bien l'aller et le venir de ses personnages, leurs yeux, leur bouche, leur physionomie, il les entend même chuchoter, mais leur pensée lui échappe. Non en totalité, — car, en ce cas, il ne serait pas poète, — mais en partie. Cette impuissance est la frontière de son talent. C'est un visuel, dont le regard, charmé, reste à la surface sans aller jusqu'au centre caché, jusqu'au foyer rayonnant dont l'être tout entier tire sa lumière et sa chaleur.

Toutes ces qualités et tous ces défauts apparaissent en pleine clarté, dans *Tine*.

Tine, à certains égards, est la première partie d'une épopée dont *le Dernier Danois* sera la conclusion. Sujet : la disparition d'un peuple vieilli. Le roman s'ouvre en pleine action, à deux pas de la frontière où tonne le canon. La guerre de 1864, qui fut pour le Danemark la guerre terrible, vient de commencer. L'armée est partie pour les retranchements de Dannevirk. L'inspecteur Berg, du village de Norüp, l'a suivie, soldat, le fusil sur l'épaule, et sa femme et son fils se sont réfugiés dans l'intérieur du pays. Tine Bœlling, leur amie, leur sœur presque, est restée au village, avec ses vieux parents. Elle rétablit l'ordre dans la maison des absents, bouleversée par ce départ hâtif. La scène est simple, d'une gravité large. On dirait l'exposition faite par un chœur de vieillards craintifs, dans une tragédie antique :

« Le vieux Bœlling n'entendait pas ce qu'on disait, « n'écoutant que ses propres pensées. Il y en avait treize « d'appelés parmi les gens de la paroisse. — « Que la « volonté de Dieu soit faite ! » — dit-il, et il se leva.

« Les vieux voulaient rentrer. Tine... ne les laissa « pas partir avant qu'ils ne lui eussent donné un coup « de main... Elle alla dans la chambre du fond et dé-« tacha du mur le roi Frédéric, — la bataille d'Isted, « — et la bataille de Fredericia...

« Mme Bœlling regardait les héros d'Isted qui, le front « bandé, combattaient encore ; elle les contempla lon-« guement et deux petites larmes tombèrent sur le verre.

« Elle pensait à tous les blessés, à tous les morts qu'on
« allait recueillir. — « Donne, la mère, » — dit Bœl-
« ling, en lui prenant l'estampe des mains. Mais il la
« garda si longtemps que Tine dut la lui prendre (1). »

Rentrée chez elle, elle songe à ses amis absents, à ce qu'ils ont été dans sa vie, à tout ce qu'elle leur doit de joie et de soleil. Elle revoit son enfance et sa jeunesse, si mornes, si tristes, entre ces deux vieillards caducs, ses parents, au fond de ce bourg perdu. Elle ignorait l'amour, et son cœur n'a battu que quand les Berg sont arrivés. Ils ont été pour elle les voyageurs d'un pays lointain, qui ont vu le monde, connaissent l'existence et les hommes. Comme elle écoutait quand, aux veillées, l'inspecteur parlait de Copenhague, émettait des idées générales; comme il lui semblait grand, et supérieur! Mais, austère et froid, sérieux, il l'effrayait un peu, et elle s'est mise spontanément, avec une fraîcheur d'enfant, à adorer sa femme, ne se doutant pas qu'elle ne l'aimait qu'à cause de lui. Le premier mouvement de son cœur, le premier jour qu'elle les vit, si unis tous deux, si heureux d'être l'un à l'autre, fut une jalousie inconsciente, irraisonnée, mais combien douloureuse ! « Tine,
« ce soir-là, n'y voyant plus, s'assit à la fenêtre. La soi-
« rée était fraîche et pleine de rosée; un parfum mon-
« tait des jardins et du cimetière; on entendait chaque
« éclat de voix, chaque rire qui s'élevait des champs, cha-
« que son qui sortait des taillis... Une chauve-souris,
« peut-être un hibou, passa. Le soir s'étendait, silencieux,
« sur les bois et sur la campagne; seuls, les buissons qui
« bordaient le sentier du Paradis remuaient doucement.
« — Tine ! » appela Mme Bœlling du bas de l'escalier.

---

(1) Traduction de M. le comte Prozor (Grasilier, éditeur).

« — Oui, mère ! »

« Tine tressaillit et tira vivement son mouchoir. Elle
« avait les yeux humides. En bas, une voix disait :

« — Bonsoir, madame Henriksen ! »

« — Bonsoir, madame Bœlling ! »

« Et, de tous les côtés, on entendait un bruit de
« portes refermées. Le silence régnait sur la place ;
« l'air était embaumé des senteurs du buis, du sureau
« et des tilleuls. »

Première mélancolie d'amour, si douce et si légère
qu'elle voudrait la sentir encore. Mais les jours sont
venus ; la passion a sourdement, dans l'ombre, tracé
son chemin à travers son cœur ; la trouée est faite, l'a-
mour peut venir, et la souffrance n'est pas loin.

L'exposition, un peu longuette, est terminée. A ce moment, commence le drame, fleurit l'idylle douloureuse,
dans la boue, dans le sang, au bruit du canon et des cris
d'agonie.

Il y a orgie à Norüp, dans le château du baron manchot. On mange, on boit, l'ivresse monte. On discute
les journaux, arrivés à l'instant de la capitale, qui annoncent le triomphe des armes nationales. On hurle des
motions enthousiastes... Dans cette salle allumée par les
flammes de la débauche patriotique, soudain, terrifiante,
effroyable, tombe la nouvelle de la défaite. Le récit est
poignant :

« Tine répondit, — elle ne sut comment, car sa voix
« s'étranglait : « — On dit... on dit qu'ils ont évacué
« Dannevirk ! »

« — Comment ! quoi ? » cria le pasteur.

« Tine ne voyait que lui ; elle n'apercevait que ce vi-
« sage, pâle comme un linge, qui la dominait. Tout le
« reste avait disparu. Mais elle était hors d'état de ré-

« pondre, et lui montra du doigt son père assis, comme
« frappé d'apoplexie, sur l'escalier, près de la chandelle
« abandonnée.

« — Eh! l'homme, que dites-vous là ? » cria le pas-
« teur. « Êtes-vous fou ? » — Et lui-même tremblait si
« fort qu'il avait peine à se tenir debout. Mais le sacris-
« tain n'entendait pas ; il ne savait qu'une phrase qu'il
« bégaya deux fois, comme un idiot : « partis ! partis ! »
« et il essaya de lever sa main, qui tenait une enveloppe,
« une dépêche que le pasteur prit, lut et laissa tomber.
« Immobile et droit sur une marche de l'escalier, les
« mains raidies, il dominait tous les autres qui s'étaient
« rués vers lui... Il s'écoula peut-être une demi-minute
« sans qu'un mot fût prononcé. Alors l'intendant de
« Vollerüp, qui tremblait comme une feuille, se jeta
« contre le mur et se mit à le frapper de ses poings fer-
« més, en sanglotant comme un fou, et on les entendit
« pleurer tous à la fois, pâles, impuissants, désespérés. Et
« dehors on entendait pleurer les servantes, et les cochers
« s'en retournaient silencieusement à leurs attelages.

« Subitement, une commotion sembla traverser le
« doyen, qui se leva, et, se dressant au milieu de son
« troupeau, dit : — « Cette nuit, on a trahi le Dane-
« mark ! » Et comme s'ils eussent voulu couvrir de ce
« mot leur honte et leur misère, comme si cette misère
« impuissante eût trouvé là une consolation, tous, le
« visage en feu, dans un flux désordonné de paroles se
« mirent à hurler : « Trahison ! trahison ! »

Cependant, la nouvelle est trop vraie. Bientôt arrivent les premiers fuyards, puis les blessés, puis l'armée,
souillée de boue et de sang, affamée, exténuée, le désespoir au cœur, — troupeau humain échappé du charnier.
Le soldats envahissent le village, s'entassent dans les

maisons; s'installent, en un mot, pour la campagne. Vollerüp se trouve en effet en deuxième ligne ; il ne s'agit plus maintenant que de défendre le sol de la patrie ; l'isthme et les îles sont barrés par des forts, et pendant qu'une partie des troupes se reposera, l'autre marchera au feu. Garde montante et descendante, comme dans une place forte ; si bien que Berg pourra revenir dans sa maison entre deux batailles, s'y cantonner, y manger, y dormir pendant quelques heures, pour ensuite retourner se battre avec son régiment.

Il ne s'y trouve pas seul, Tine tient la promesse qu'elle a faite à Mme Berg avant son départ, elle s'occupe de créer autour de l'inspecteur tout le bien-être dont on peut jouir en ce temps de désastres. Ces soins la trompent sur la véritable nature du sentiment qu'elle éprouve. Du reste, la jeune fille se meut, respire dans une sensuelle et charnelle atmosphère. Tous ces jeunes hommes qui demain seront tués peut-être, sacrifient avant de mourir à la grande Vénus éternelle. Sophie, Maren, servantes de Berg, ont des amoureux, écoutent les désirs, versent généreusement la volupté. Tine résiste. Son amour se cache sous une impression vague, purement nerveuse, de bien-être et de tranquillité quand l'homme aimé est là ; d'angoisse et d'épouvante quand son imagination le lui représente blessé, sanglant, meurtri au coin d'un bastion, dans la brume glacée, dans la nuit sans étoiles. — « On « éprouvait un si doux sentiment de sécurité quand « l'inspecteur était là ! Les soirs où il était aux rem« parts, il arrivait à Tine d'éprouver une peur absurde « au milieu de tout ce monde qui dormait et respirait « autour d'elle. On eût dit que la maison inerte s'ani« mait, devenait un être vivant. »

Cette heureuse quiétude ne dure pas longtemps. Un

18.

matin qu'après une semaine de cette intimité morale où ils se sont complu tous les deux, Berg retourne au devoir, elle a la brusque révélation du mal qui grandit en elle. Du haut d'une colline, elle a suivi le régiment qui s'enfonce dans les brumes du Sud-Ouest. « Tine descen-
« dit la colline et rentra. Les chandelles se consumaient
« derrière les vitres, le vent entrait par toutes les portes ;
« devant les lits défaits, en désordre, brûlaient des lam-
« pes, les mèches fumantes. A la cuisine, Sophie som-
« meillait sur le billot ; à l'office, Maren, la figure bour-
« souflée, dormait aussi, étendue sur un banc. Tine était
« incapable de dormir. Elle éteignit les chandelles pla-
« cées sur les fenêtres et voulut continuer sa lettre à
« Mme Berg, la lettre qu'elle avait commencée la veille
« au soir, avant l'alerte ; mais elle n'écrivit pas et, pen-
« chée sous la lampe, ne fit que relire ce qu'elle avait écrit.
« Oui, tout le temps, dans chaque phrase, du commence-
« ment à la fin, elle ne parlait que de l'inspecteur. Tout
« à coup, elle laissa tomber la lettre, entra dans la cham-
« bre du fond qui était plus sombre, et, la tête appuyée
« sur le marbre glacé de la table, elle éclata en sanglots. »

A partir de ce moment le drame se précipite. Berg, lui aussi, est troublé du trouble de Tine ; peut-être aussi par tout un passé de désirs inaperçus, mais vivant dans l'ombre, et qui, en ces jours de désarroi moral, de deuil patriotique et de souffrances imméritées, montent à l'assaut de sa volonté. Quand il est revenu sain et sauf, une fois de plus, elle lui a souri : il a compris qu'elle se donnait. Il se hasarde. « Les oreilles ne vous ont-elles pas
« tinté ? dit-il en la regardant. J'ai pensé à vous. » Tine
« ne répondit rien, mais dit seulement avec un sourire
« très doux : « Dire que vous êtes de retour ! » — Berg
« s'assit près du feu et se mit à causer. Il entendait à

« peine ses propres paroles et ne pouvait que la regarder.
« Elle était là, assise devant lui, si saine, si forte, si pro-
« pre, telle qu'il la voyait sans cesse maintenant, là-bas,
« dans le froid, dans la nuit, dans la boue, là-bas aux for-
« tifications... On frappa à la porte. Il se leva très vite,
« comme s'il eût été assis trop près d'elle. » — Elle se
débat pourtant, et s'effraie, et veut fuir. Bonne et courageuse, aimante et dévouée, elle songe à s'approcher du
danger, que sa robuste nature défie. Elle demande à ses
parents, et l'obtient, la permission d'aller à Augusten-
borg soigner les blessés que, chaque jour, les chariots
bondés ramènent en foule. Mais Berg s'irrite ; il la veut,
il la veut à tout prix, maintenant que son austérité a
disparu, emportée par le flot des passions primitives que
l'éducation avait jusqu'ici contenues, que la guerre a
déchaînées. Il lui demande, avant de repartir encore,
avant qu'elle ne s'en aille aussi, une entrevue, la dernière peut-être. C'est l'épisode capital du roman.

« Ils sortirent, et, tournant le dos à la place, pleine
« de soldats et de vacarme, se mirent à longer le mur
« de l'église, où tout était silencieux. Ils n'avaient pas
« échangé un mot. Soudain, Berg s'arrêta et se mit à
« parler très vite, d'une façon décousue, comme à lui-
« même. Il dit une passion qu'il ne désigna pas et dont
« il suivait la trace depuis sa naissance, au fond de sa
« pensée. Il se défendait comme il pouvait, accusant les
« veillées, les gardes montées, cette guerre qui n'était
« pas une guerre, les journées sans travail, les nuits sans
« sommeil... Il s'était remis à marcher, et si vite, qu'elle
« avait peine à le suivre. Puis il s'arrêta, et deux fois
« murmura son nom : — Pourquoi voulez-vous partir ? »
« ajouta-t-il très vite, haletant ; » j'ai parlé à votre mère,
« nous n'avons rien à craindre l'un de l'autre, » dit-il

« encore. — « Non ! » fit Tine très bas, en relevant la
« tête... Ils ne se parlèrent plus et marchèrent en silence,
« côte à côte. L'air était doux, le soleil s'éteignait, et le
« ciel avait déjà cette clarté transparente qui annonce
« l'approche du printemps. Les canons s'étaient tus. Une
« sourde détonation, seule, roula dans la brise, comme
« un chariot pesant qui serait passé près d'eux... Ils
« avaient les mêmes pensées. Après avoir passé par la
« petite porte cachée dans la haie de buis, ils se trouvè-
« rent tout près des bâtiments. Dans le salon, on chan-
« tait des couplets au piano. Sur la porte entr'ouverte de
« la buanderie, Sophie badinait avec un sergent, et près
« de la grille, Maren, sans souci, riait très haut, au mi-
« lieu d'un groupe de soldats, ayant posé à terre ses deux
« seaux pleins de lait... Berg et Tine se séparèrent. »

Elle ne part pas, lui n'est pas tué. Et huit jours après, l'armée danoise écrasée, fuyant dans l'épouvante, le soir de la débâcle, après avoir vu tout un jour passer les blessés et les mourants au milieu desquels elle l'a cherché en vain, quand elle le retrouve, vivant, plein de désir, elle lui appartient. « Et ce fut au milieu des ruines
« de son foyer, sous le portrait de sa femme, que Berg
« assouvit enfin son douloureux, son torturant désir. »
Il ne leur reste plus qu'à mourir, car cette passion, née du sol sanglant de la patrie, grandie durant les jours de deuil, arrosée de larmes, nourrie d'angoisses, ne saurait connaître le bonheur. L'armée recule pas à pas, entêtée et furieuse, brûlant ses dernières cartouches, enclouant ses pièces. Les dernières pages du roman sont couvertes par l'éternel grondement du canon ; Berg est de ceux qui résistent encore ; il ne vient que pour repartir. Jetant à la pauvre amoureuse un baiser hâtif, se doutant à peine qu'il a éveillé des sens qui dor-

maient, ouvert un cœur jusqu'alors fermé, ne pensant plus qu'à la lutte ardente, à sa femme aussi, dont il n'a plus de nouvelles, à son fils qu'il adore.

Un soir d'armistice, Tine l'a vainement attendu; elle pleure déjà, dans la nuit, quand elle l'entend soudain. « Elle eut un violent soubresaut; un pas s'ap« prochait, c'était le sien. Elle jeta son châle et, debout « au milieu de la chambre, lui sourit quand il entra. Il « la saisit dans ses bras, la serra à lui faire mal; elle dit « seulement : — « Vous voilà donc enfin ! » — « Oui, » « répondit-il en se penchant sur elle, « il n'y a pas « moyen de dormir... » — Cette fois encore il resta « près d'elle, mais, entre eux, tout était bien fini, tout « était froid, mort. Il ne trouvait pas de paroles, rien « que des caresses, tandis que, glacée, inerte, elle repo« sait entre ses bras. Les yeux grands ouverts, comme « perdue dans la contemplation de cette souffrance dont « elle ne devinait pas la cause, — la souffrance de toutes « ces heures, — elle murmura tout bas, comme pour « implorer un pardon, elle qui avait tout donné et à qui « l'on avait tout pris : — « Êtes-vous fâché ? » — « « Pourquoi ? » — demanda-t-il sans comprendre. « Mais au milieu de son abattement, la voix de Tine « réveilla son désir. » — Courte et fragile accalmie! Le lendemain, heureux d'être chez lui, échappé à tant de dangers, il fait le tour de sa maison, revivant sa vie d'autrefois, se demandant comment il a pu aimer cette Tine alors qu'il avait, qu'il a une femme si douce, si tendre, dont le familier souvenir surgit à ses yeux dans tous les coins, de tous les meubles. Et parfois, devant la pauvre martyre qui, anéantie, l'écoute, son esprit, oubliant celle qui est là, pour aller vers l'absente, parle tout haut et dit : « Comme Marie aimait cette place ! »

Marie, Marie toujours, sa femme dont la souveraineté, éclipsée un moment, renaît, se ranime, à mesure que la paix et la tranquillité reviennent au logis. Le passé tue le présent; du cœur de cet homme qui crut un instant à la passion violente et farouche, à la passion idéale, monte comme une vapeur épaisse de réminiscences. L'éducation, vingt ans de vie sociale acceptée, vécue, aimée, l'ont façonné jusqu'à la mort. Et c'est tout cela qu'il crie dans cette lettre à sa femme que Tine l'a vu écrire, et qu'elle dérobe, et qui tue en elle toute illusion. « Tine regarda la date, le 16 avril. Elle
« tourna la première page, sachant à peine qu'elle con-
« tinuait à lire. Cette lettre, elle la connaissait, toutes
« les expressions des lettres d'autrefois s'y retrouvaient,
« — des lettres que M^{mo} Berg lui lisait jadis. Chaque
« phrase avait le même accent, à chaque ligne reve-
« naient les mêmes mots tendres, ceux qu'il donnait à
« sa femme... Et la tête de Tine Bœlling donna lour-
« dement contre la table. Il l'avait prise seulement,
« prise pour un instant ! »

A-t-elle épuisé toute douleur ? Pas encore. L'armistice rompu, il a fallu recommencer la lutte. Berg est parti, cette fois, pour ne plus revenir. Des fuyards apprennent à Tine qu'il a été blessé dans la déroute et laissé sur le champ de bataille. Elle veut le revoir, pour lui arracher un mot de passion suprême, pour recevoir un dernier baiser, triompher de l'absente haïe, maintenant. Elle se lance, sombre et résolue, dans le flot humain qui reflue vers Vollerûp, raillée par les uns, repoussée, brutalisée par les autres, n'entendant rien, ne sentant rien, marchant toujours à son but, concentrant dans un effort ce qui lui reste de vie. Tine marche à la mort, car, de cette dernière épreuve, elle sortira

brisée, vaincue, pantelante. Elle le retrouve chez une vieille femme, dans une maisonnette isolée du grand chemin, au fond des champs. « Tine, assise tout près
« du lit, ne détournait pas ses yeux. — « Il se réveille, »
« — dit-elle. Tout son être s'attachait à ce seul espoir,
« qu'il la reconnaîtrait. Le moribond ouvrit les yeux,
« son regard se posa sur elle, aussi inerte que s'il se fût
« posé sur le mur. — « Marie ! Marie ! » appela-t-il fai-
« blement, donne la main à Herbert, il pleure, il pleure. »
« — Il continua à parler très bas. Les chiens se dres-
« sèrent au son de sa voix et se mirent à pousser de
« sourds gémissements. — « Voyez donc les bêtes !
« Voyez donc les bêtes ! » sanglotait la fermière. Le
« mourant sembla remarquer les chiens ; il tourna vers
« eux, avec un demi-sourire, sa tête blessée. Tine se
« tenait immobile. Elle resta ainsi une heure, attendant
« qu'il prononçât son nom, ne fût-ce que pour dévoiler
« sa honte. Mais il ne se souvenait plus d'elle. Alors
« elle se leva... et partit seule. Les chiens restèrent près
« du lit. » Elle ne rentre pas au logis où son vieux père agonise. Elle se noie ; et sur son cercueil, au seuil du temple, en face du cimetière et des taillis où la grâce du printemps se couronne de fleurs timides et déjà parfumées, le doyen de Vollerüp, celui qui, chez le baron manchot, avait le premier de tous crié : « Trahison ! trahison ! » le doyen prie et bénit, la dominant encore de toute sa grande taille, de toute la puissance de la morale un instant ébranlée, mais restituée, et triomphante et qui la tue, pauvre amoureuse à jamais glacée : « Vois, Seigneur, nous ne sommes que tes servi-
« teurs ; fais que nous comprenions tout ce qui témoigne
« de toi ! »

Tel est ce roman, célèbre dans tout le Nord de

l'Europe, et qui méritait sa célébrité. A son apparition, il souleva en Danemark d'ardentes polémiques. On accusa l'auteur d'avoir manqué au respect qu'il devait à sa patrie vaincue. Mais Bang eut pour lui les philosophes, les écrivains, les artistes, toute la majorité éclairée de la nation. Ibsen, de ce moment, devint pour lui un conseiller paternel et un ami, et Jonas Lie écrivit dans une revue norvégienne, sur *Tine*, un article qui se terminait ainsi : « Je me trouve encore sous l'im-
« pression navrante de ce livre qui a, au plus haut
« degré, le don de rendre vivants les événements. Au-
« dessus des tableaux de la guerre, ce malheur humain
« d'une existence humaine monte comme la plainte
« d'une flûte qui se lamente et meurt. » Navrant, le livre l'est, en effet. La tristesse, mélancolie d'abord, naît dès les premières pages, puis elle monte, elle monte, elle monte insensiblement. Le cœur se serre : il a senti toute la profonde misère, toute l'inutilité de la vie ; la volonté s'affaisse ; l'espoir, même faible, disparaît : à quoi bon vivre ? Et cependant la conclusion n'est pas désespérante, mais résignée. Toute cette tragique aventure est un drame hautement philosophique dont nous sommes les pitoyables acteurs, mais qu'un grand artiste a conçu et qu'il mène. Toute cette insondable infortune, il l'a voulue, il l'a préparée, il nous y a jetés comme dans le feu qui purifie. L'humanité en sort courbée, tordue, brisée, pétrie, mais meilleure et mûre pour le bonheur. Tine, grand cœur, forte nature généreuse, pourquoi serait-elle venue au monde, sinon pour dépenser les trésors de cette nature, pour exercer sa bonté, pour souffrir d'autant plus qu'elle serait plus noble ? Elle en meurt, Berg disparaît ? Eh bien, la raison de ces disparitions est le secret de Dieu. Inclinons-nous ! Résignons-nous !

Morale toute chrétienne, à qui pourtant manque la foi dans un au-delà de béatitude; pessimiste morale de luthérien terrifié; morale des paysans de Wandrüp, mes compagnons de voyage en ce dimanche de novembre, à travers ce terne pays écrasé par le ciel morne!

Ce qui est vrai de la destinée des individus est encore plus vrai de la destinée des peuples. A chacun sa fonction humaine; cette fonction remplie, il disparaît, fatalement. C'est la grande loi qui régit l'histoire et qu'on n'évite pas, la fatalité éternelle que les anciens avaient éprouvée et qui n'a pas désarmé encore. C'est pourquoi le *Dernier Danois* sera le dénouement du drame dont *Tine* est l'exposition, et la sanglante épopée de la disparition d'une nation. « Quand un garçon part pour Copenhague, dit un proverbe norvégien, sa mère ne doit pas se plaindre s'il lui rapporte sa chemise. » Pour le Norvégien austère, Copenhague est en effet la capitale du plaisir, de la vie théâtrale, de la vie intellectuelle et de l'art. Elle est le terrain neutre où, pour une partie de l'Europe, deux civilisations se rencontrent et se confondent. C'est là que sont éditées la plupart des œuvres d'art des trois pays. Stockholm est une admirable ville, ville d'aristocratie solide et souveraine, antique; la capitale danoise, plus démocratique, est plus accueillante aux idées nouvelles. Elle est le cerveau toujours en éveil de la Scandinavie. Mais elle paye la rançon de cet honneur. Si les habitants ont le don précieux, le don divin de l'insouciance et de la légèreté; si sur eux s'est posé quelques instants ce rayon païen qui dore les hommes et les choses et fait rire l'âme; si leur cordiale exubérance est un défi perpétuel à l'orthodoxe hypocrisie dont ils essaient de s'affranchir; si, enfin, des pavés de cette cité, puritaine en apparence, monte, certains soirs, une chanson d'ivresse et de joie tapageuse, l'étranger rêveur qui passe se croit environné d'une kermesse immense, emporté dans il ne sait quelle ronde ardente, vers un but inconnu qui, peut-être, est la mort. Sur cette ivresse désordonnée plane une tristesse inexorable qu'on ne voit pas, mais qu'on pressent, une mélancolie poignante qui parfois étreint l'âme et double le prix de chaque minute arrachée au Destin. On ne peut échapper à cette sensation douloureuse; elle est la raison cachée des suicides, si nombreux dans cette ville de jouissances, et qui se produisent sans raison apparente, sans autre prétexte qu'une lassitude insurmontable et meurtrière. Les malades de la volonté, les cœurs faibles, ont la conscience confuse des périls qui menacent tout le monde et que mieux vaut céder au péril que tenter de le vaincre. Ce danger, quel est-il? Interrogez, pour le savoir, les paysans qui, malgré leur égoïsme, sacrifient leur dernière obole pour fortifier les remparts de la patrie; les désastres de 1864 ont profondément ému, cruellement instruit l'âme de ce petit peuple tranquille et altéré la confiance qu'il avait en ses destinées; il n'a pas peur, certes, mais il ne peut s'empêcher de tourner vers le sud, où veille l'ennemi, des regards d'angoisse, songeant que le danger n'est pas loin. Aussi bien, à quoi bon réfléchir? La réflexion serait trop amère, les derniers espoirs trop vite envolés!... Vivre, n'est-ce pas suffisant?

IV.

Un romancier danois, mort jeune, Jacobsen, introduisit en Scandinavie le roman plastique, la méthode de

Flaubert et des Parnassiens, en même temps que Georges Brandes y faisait connaître les systèmes positivistes et la critique expérimentale. Il mit trois ans à écrire, phrase par phrase, mot par mot, une œuvre qui rappelle étrangement *Madame Bovary* : *Maria Grubbe*. Maria Grubbe, à vrai dire, c'est en effet Emma Bovary ; elle en a le tempérament ardent et maladif, l'âme révoltée, la sensibilité passionnée, l'esprit fragile et impressionnable ; comme elle, elle se livre à des hommes qui la méconnaissent et l'abandonnent ; comme elle, elle erre de douleur en douleur, de misère en misère, tombe de déchéance en déchéance, et comme elle encore, désabusée du monde, écœurée de la vie, elle meurt tragiquement. Et comme l'œuvre de Flaubert, l'œuvre de Jacobsen renferme des pages exquises de sentiment, d'éloquence discrète, d'ironie émue, des pages superbes, supérieurement écrites et pensées, frissonnantes de réalité. Aussi bien, comme Flaubert encore, Jacobsen a-t-il fait école. Arne Garborg, l'auteur douloureux des *Ames lasses*, est l'un de ses élèves ; Herman Bang, dans *Au bord de la route*, en est un autre.

Arne Garborg est un ironiste ; il l'est devenu, pour mieux dire, car il était né sentimental et connut les souffrances du cœur. Mais le cerveau finit par triompher, et, la clairvoyance sceptique ayant remplacé la tendresse, Garborg fit taire la passion pour n'écouter plus que sa pensée, pensée subtile et raisonneuse, pensée vivace et toujours en éveil. Pessimiste et psychologue, l'écrivain norvégien a des affinités pénétrantes avec Amiel ; comme Amiel, en même temps qu'il pense, il se regarde penser. Il voit sa raison surchargée d'une foule d'idées qu'on lui imposa et qu'il n'a pas choisies, idées sur la morale et sur la société, idées sur les hommes et sur Dieu, idées qui l'écrasent. Il ne désirait certes pas ce lourd héritage, lui, fils dégénéré d'une race antique et fatiguée, dont les épaules sont faibles, les énergies chancelantes. Cette pensée qui, tout d'abord, faisait sa joie, l'aidait à triompher d'un cœur trop sensible, bientôt il s'en défie. Il a trop lu, trop observé, trop réfléchi. Sa personnalité, émiettée à toutes les influences qui passent et l'entraînent dans le tourbillon où se perdent en fumée les ambitions, les désirs, tous les efforts humains, échappe à l'étreinte dont il veut désespérément la saisir. Et quelle opinion suivre, de toutes les opinions erronées et contradictoires qui viennent frapper son oreille, quel guide choisir, quelle morale pratiquer? La morale religieuse, austère et vigoureuse, simple et droite et tranquille, sans hardiesses dangereuses ni espoirs démesurés, la morale qui s'appuie sur la foi, la morale des paysans, inspiratrice des grandes vertus qui font les grandes nations? Les *Étudiants paysans* nous apprennent que leur vertu n'est faite que de sottise et d'ignorance; leur certitude, que de bestiale intolérance; leur simplicité, que de dédain brutal pour ce qui fait le charme et la douceur, toute la grâce de la vie. Faut-il donc vivre comme ceux qui entourent la jeune fille de *Chez Maman*, vivre en famille dans le respect de ce qui paraît respectable, dans la scrupuleuse observance des préceptes sans éclat, mais méritoires, qui chassent le trouble de l'âme, qui assurent le bien-être et la quiétude de l'existence? Mais cette vertu bourgeoise, elle est la pire, sans héroïsme ni enthousiasme, étroite et monotone, triviale, laide; elle n'enseigne que l'indifférence et un cruel égoïsme. — Que faire?

Le psychologue ne s'irrite pas. Arne Garborg n'a jamais connu la colère; il n'a jamais eu, dans aucune page de ses livres, un cri de révolte ou de fureur contre toutes les ignominies qu'il découvre, qu'il décrit, qu'il analyse avec une impitoyable âpreté. De parti pris, avec une résolution inébranlable, il contient, il fait taire les élans de son cœur. Il raille... Hélas! sa raillerie s'évanouit dans un sanglot. Son cerveau est las et son cœur est meurtri; sa raison est en déroute comme l'est aussi l'amour qui l'avait un moment enflammé pour l'humanité triste. Et il écrit les *Ames lasses* et *Paix*. Je ne crois pas que, depuis Amiel, on soit tombé aussi avant dans le désespoir intellectuel. Toute la lassitude que ressent, sur le point de mourir, ce siècle prodigieux qui gaspilla tant de vies et brisa tant d'idoles, est condensée dans ces pages brûlantes. Toute cette maladie intense et singulière, cette maladie moderne de l'impuissance et du rêve illimité, qui semblait guérie vers 1840 et qui, sous des formes nouvelles, réapparaît aujourd'hui, y est notée jour par jour, analysée dans toutes ses phases, dans toutes ses manifestations. Comme Stendhal, comme Flaubert, comme tant d'autres moins illustres, Arne Garborg subit les conséquences de l'abus qu'il a fait de cet esprit d'analyse. Ayant trop souffert de la vie, il tente de s'enfuir dans le rêve. Son éducation, le milieu qui l'entoure, brisent les ailes de son imagination. Alors il pousse un grand cri d'angoisse et d'anxiété suprêmes! Il implore la pitié de cet absolu qui règne dans la nuit inconnue, très loin du monde, très loin des hommes, et qu'on soupçonne, mais que nul ne peut connaître. Mais l'homme, lui-même, fait son malheur, et, s'il se plaint, c'est qu'il est coupable. Les sociétés sont fondées sur des conventions tacites, passées entre ceux qui les fondèrent et ont intérêt à les faire durer; la vérité morale n'est qu'une vérité obtenue par l'expérience, sans racines dans les profondeurs de la nature humaine, dans les sentiments généreux et forts que nous devrions suivre et que nous laissons proscrire. Il ne faut plus vouloir, car nous sommes dupes; il ne faut plus penser, car nous ne connaissons rien; il faut nous laisser entraîner par le courant irrésistible vers le but inconnu, engourdis dans une quiétude humiliante, peut-être, mais certes délicieuse, le seul repos qu'il nous soit donné de goûter. Aussi, mangeons, buvons, faisons l'amour, sans tant épiloguer, sans chercher ni le pourquoi ni le comment. — Telle est la thèse qu'Arne Garborg développe dans *les Hommes* et qu'il a posée, condensée dans une courte nouvelle intitulée : *Jeunesse*, qui répond à bien des questions.

Ane Malene est un petit animal vicieux et gourmand, plein de grâce et de fraîcheur, sans idées dans sa jolie tête, sans passions ergoteuses dans son cœur. Elle ne suit d'autre loi que celle de ses désirs, que la loi de nature, elle n'écoute que ses instincts. Dès l'enfance, elle manifeste clairement ce qu'elle sera, plus grande, une force poussée du sol, dominant tout ce qui l'entoure. « De préférence, elle allait se fourrer avec les garçons, « qui ne s'en plaignaient pas, car elle les amusait tou- « jours. Bientôt elle les gouverna. Peu à peu, la bande, « à cause d'elle, fut prise de mélancolie (1). » Ignorante avec conviction, paresseuse avec système, elle ensorcelle pourtant le maître d'école et le pasteur. Sitôt confirmée, à la fin d'une orgie, elle boit à ses fiançailles avec un rude bûcheron, son camarade, qui l'adore, qu'elle a rendu fou, qu'elle battait autrefois, qu'elle fait pleurer encore aujourd'hui, qu'elle désespérera plus tard : Per

---

(1) Traduction de Jean de Néthy.

Tjœrrend. A peine fiancée, elle le trompe. « Il y avait
« tant de jeunes gens avec lesquels elle pouvait s'a-
« muser, et, pensait-elle, d'autant plus agréablement que
« tous savaient que ce serait Per qui l'épouserait. »
Déjà femme? Oui, et pleinement; je vous l'ai dit : un
joli animal vicieux.

Elle trompe le pauvre diable avec un « jeune monsieur,
« aux belles moustaches et au sourire aimable. » Coquette, elle lui plaît, et bien qu'il soit nigaud, rougissant
et timide, sans trop d'amour, mais par orgueil et curiosité, dominée aussi par la poussée d'un sang chaud, elle
lui appartient, elle se donne toute. Bah! Qu'est-ce que
cet incident dans l'éternelle fornication des choses? Elle
n'en est guère troublée, Ane Malene, mais le « jeune
« monsieur » aux belles moustaches, aux belles manières, imbu d'honnêtes principes, mais Jens Carlstad?
« Il était fiancé, il avait des principes et... bref, il était
« fiancé. Et il aimait Jenny, il la respectait. C'était
« une femme supérieure, distinguée, pâle, sentimentale ;
« bonne éducation, du piano, de l'allemand, du français
« et de l'anglais, le sentiment de la poésie et de la na-
« ture, en un mot, telle que devrait être la femme qu'il
« épouserait. Ane Malene, la pauvre petite, n'était que
« fraîcheur et santé, — pourtant, il ne savait pourquoi,
« elle l'égayait, le rendait heureux de vivre... Et Jens
« Carlstad se sentait très immoralement heureux! »

Dans ce désarroi de toute ses habitudes sentimentales
et intellectuelles, il se traite de misérable. Mais bien
vite : « Non! il n'était pas un misérable! Il ne l'avait
« pas séduite. C'était arrivé inopinément, comme un ac-
« cident, comme un ouragan, elle était si délicieuse! trop,
« trop, mille fois trop délicieuse. Et il oubliait ses prin-
« cipes, il oubliait tout, et ne voyait qu'elle, charmante,

« ensorceleuse, toute femme, avec un sourire si volup-
« tueusement criminel aux lèvres... Il la voyait à tra-
« vers un brouillard, une ivresse. Il ne savait pas l'a-
« mour si puissant. Personne ne le sait. Ils parlent tous
« d'un amour intellectuel et moral et d'un amour sensuel
« et immoral. Malédiction de Satan ! Mais personne n'en-
« tend rien à l'amour, car l'amour n'est ni moral ni im-
« moral, l'amour est plus fort que la mort ! » Il est fou,
fou de passion et de jalousie. Quand le reprennent ses
velléités de vertu, sa maîtresse le bat. Il rompt avec
Jenny qui lui envoya, l'innocente ! pour le maintenir dans
la bonne route, le *Gant* de Björnson. Et il revient toujours
à son vice, à l'amoureuse qui boit son sang, tue sa conscience, l'enivre d'une volupté mortelle. Et il trouve mille
bonnes raisons, il échafaude mille théories pour se justifier, dans l'épouvante de l'abîme qui vient de s'ouvrir
sous ses pas et où il se sent tomber. « Peut-être Ane Ma-
« lene n'était-elle point coupable, puisqu'elle manquait
« de conscience ? Saint Paul n'a-t-il point établi que
« c'est la loi qui rend l'homme coupable ? Et les Livres
« Saints ne disent-ils point que l'amour efface tous les
« péchés ?... Que lui importait la morale ? Avait-il aidé
« à faire les dix commandements de Dieu ? Les avait-il
« seulement contresignés ? Non, il n'était pas un misé-
« rable ! C'est une bêtise que de se laisser torturer par
« une mauvaise conscience parce qu'on a fait une fois
« une chose dont on a eu envie. Pourquoi se priver de
« faire ce qui plaît et faire toujours ce qui nous en-
« nuie et nous assomme ? Qu'est-ce donc que la cons-
« cience ? L'opinion publique en nous-même, la sainte
« terreur devant les « on-dit », la morale, vieil héritage
« démodé, cet instinct de troupeau inné, incarné en
« nous, qui nous fait distinguer un bien et un mal !...

« Pourquoi n'aimerait-il pas Ane Malene ?... On n'est
« jeune qu'une pauvre petite fois, et l'on ne profiterait
« pas de ces cinq ou six courtes années ? Mais il vaudrait
« mieux naître avec des cheveux gris, et déjà goutteux ! »

Jens Carlstad, le beau jeune homme aux rigides principes, est devenu un garnement et, comme il le désirait, un libre-penseur ! La femme l'a affranchi. Il est revenu à la saine et vraie morale, la morale de la terre, la morale des inconscients et des simples, la morale des êtres que nous méprisons et qui valent mieux que nous. Foin de tous les fatras religieux et philosophiques ! foin de l'ennuyeuse et tyrannique pensée ! Aimons, vivons, donnons-nous de toutes choses notre contentement. Et ne sacrifions rien à un idéal que nous ignorons, qui n'est qu'un rêve sans doute, et qui nous aveugle sur notre véritable bien. Jens Carlstad épouse quatre-vingt mille couronnes ; Ane Malene, après avoir un brin pleuré, se console et se marie avec Per Tjœrrend. Ceux-là, du moins, ne se plaindront pas !

V.

La Kælthinka de Bang répugne à cette cynique et insouciante philosophie, philosophie d'âmes simples, ou revenues, à force de lassitude, à la simplicité primitive. On a trop surchargé l'amour, dit Arne Garborg, on l'a rendu impraticable. Ceux qui aiment vraiment, comme on doit aimer, aiment naturellement avec leurs corps, avec leurs sens. Ils savent que l'amour est d'essence animale, et que l'esprit ne s'y doit mêler que juste ce qu'il faut pour en faire un amour humain. L'amour est d'essence idéale, au contraire, dit Bang, il est fait pour les natures rares; on ne le saurait placer trop haut. C'est pourquoi il est si noble et fait tant souffrir, car ceux qui s'élèvent au-dessus de la vulgarité de la matière ; qui veulent la passion, mais proscrivent, volontairement ou non, la vie, la reproduction des êtres, dont la passion n'est que l'aveugle instrument ; ceux qui placent le désir sur ce trône d'ivoire, dont il n'eût jamais dû descendre et, prosternés dans une pure adoration, croiraient commettre un sacrilège en le profanant, ceux-là, le monde est trop petit pour leur rêve, il faut qu'ils en sortent, qu'ils meurent après avoir souffert.

Kathinka, donc, l'ineffable amante, est de ceux-là. Elle a épousé, sans trop le connaître et parce que le mariage est une des nécessités fatales de la vie en société, un employé de chemin de fer, Baï, ni plus intelligent ni plus sot qu'un autre, ni pire ni meilleur, un homme quelconque, comme vous et moi nous en avons rencontré des milliers sur notre chemin. Ils vivent isolés, dans une maisonnette solitaire, au bord de la route par où passe la vie tout entière, la vie triviale, la vie hâtive et fiévreuse, la vie brutalement indifférente. Le sifflet aigu des locomotives, la basse continue des wagons sur les rails accompagnent le récit, sont le thème continu sur qui l'idylle mélancolique brode ses discrètes et plaintives mélodies. Un jour, dans cette existence calme et close où végètent, dans la monotonie des habitudes, ces deux êtres si peu faits l'un pour l'autre, mais qui s'en vont, comme deux forçats liés par la même chaîne, vers un but inévitable, arrive l'Inconnu, celui qui ouvrira l'horizon illimité de la passion. Haus a voyagé, il a vécu peut-être, mais son cœur est vierge encore. Il vient dans la petite ville comme régisseur d'un château voisin. Comment entra-t-il dans l'intimité des époux ? Qu'importe ? que valent les menus événements de la vie pour qu'on s'en occupe, pour qu'on les rapporte et qu'on les analyse ?

Donc, il est reçu dans la maison au toit de briques du chef de gare, et l'amour naît, bientôt, entre l'épousée et lui. Ce n'est d'abord qu'une inconsciente similitude de goûts et de désirs; leurs natures sont semblables, au fond de leurs entrailles se cache le même germe, puissant et doux, de large tendresse. Mais rien, dans leurs calmes attitudes, dans leurs gestes tranquilles, qui laisse soupçonner l'héroïsme passionnel dont leurs cœurs sont tout pleins. Elle est une campagnarde du Nord, d'humeur paisible et rêveuse, petite, blonde et pâle. Les ardeurs qui dorment en elle sont contenues, éteintes par les idées bourgeoises d'honnêteté vulgaire et de morale courante. Elle est mariée, mais elle est restée vierge d'esprit, soupçonnant à peine ce que peut être le délire amoureux et ces étreintes haletantes où l'on trouve un bonheur dont on voudrait mourir; l'éducation, le continuel spectacle de vertus placidement pratiquées, l'habitude de la pensée assoupie et de la conscience quiète, la discipline sociale, en un mot, la discipline qu'imposent et les mœurs qu'on subit et tous ceux qui vous entourent, tout cela éloigne d'elle le désir de l'adultère. Elle n'aime pas son mari, sent confusément peut-être qu'elle ne l'aime pas; mais elle ne se doute pas qu'il est un mal nécessaire qu'elle n'a accepté qu'à force d'accoutumance. Elle ne s'en apercevra que plus tard, quand un nouveau sentiment aura envahi son cœur. Mais même alors, même amoureuse, ouverte au désir et mûre pour la souffrance, elle ne traversera pas cette crise morale, cette fureur de jouissance et de curiosité morbide, cette révolte surhumaine contre les hommes et contre Dieu qui, un soir d'automne, à l'heure voluptueuse du crépuscule, jettent, au bord d'un étang endormi dans la splendeur des bois, Emma Bovary dans les bras tentateurs de Rodolphe. — Vertu? non. Habitude inconsciente de la vie étroite et monotone qu'on lui apprit à vivre.

Haus est ce qu'elle est, bourgeois façonné par l'éducation et l'hérédité. Et comme ils ont les mêmes goûts, qu'ils se plaisent aux mêmes joies, peu bruyantes, mais profondes, — joies d'âmes innocentes et comme enveloppées de brume, — ils commencent une intimité tacitement acceptée, mais purement amicale, ce semble :
« Lorsque Haus eut fini sa besogne, les deux hommes, « Baï et lui, entrèrent au petit salon, pour y prendre le « café. L'air était tiède et les plantes des fenêtres parfu- « maient la pièce. « Oui, c'est vrai, dit Haus en se frot- « tant les mains, chez Mme Baï on est très bien ! » La « volupté d'être ensemble ne fleurissait que quand Haus « était là. A ces heures, il régnait entre elle et lui une sé- « rénité tranquille et sans paroles. Ils ne se disaient rien, « en effet, mais il faisait si bien partie essentielle de toutes « les petites choses de tous les jours qu'on le sentait dès « qu'il était là, et qu'on savait qu'il était là. Il arriva un « train, Baï quitta la chambre. Mais l'heureuse impres- « sion n'avait pas disparu ; elle ne changeait pas, qu'il « restât avec eux ou qu'il les laissât seuls. Ils parlèrent « peu, bientôt se turent. Elle était debout devant la fe- « nêtre, riant de son mari qui courait sous la pluie. Puis « le silence retomba, discret et chaud, les enveloppant « d'une langueur mystérieuse qui les oppressait, ils ne sa- « vaient pourquoi. » L'amour fleurit dans ce silence, dans cette langueur mystérieuse, dans cette intimité impalpable et voilée. Une angoisse inconnue s'abat sur leurs cœurs,

ils souffrent sans se le dire. Le livre ne se raconte pas ; il n'est qu'une suite d'impressions... Et un jour, quand ils sentent que cette réserve où ils se tiennent est décidément au-dessus de leurs forces, ils se séparent, sans clameurs et sans larmes, tacitement, d'un commun accord, après un seul jour de bonheur, où ils ont senti vibrer leurs âmes à l'unisson, et qu'ils ont eu peur de cette harmonie soudaine. La scène est capitale, mais aussi simplement émouvante que le livre tout entier. Accompagnés de Baï, ils sont allés dans une ville de la côte, fêter la Saint-Jean. Et, le soir venu, Baï les entraîne dans le cimetière où, paraît-il, se réunissent les couples, à la nuit tombante, qui viennent s'aimer dans les cyprès et mêler aux regrets des morts les baisers des vivants. « Kathinka
« avait pris le bras de Haus, pendant que son mari cou-
« rait les buissons, comme un chasseur. La nuit avait
« toute la splendeur des nuits d'été du Nord. A travers
« les arbres, ils voyaient la vaste plaine et la mer. Le cré-
« puscule s'étendait comme un voile sur ' eaux immo-
« biles et rêveuses et le silence était profond, comme
« si la nature fût morte, dans l'air où flottait l'haleine
« des tombeaux. Ils marchaient doucement. Kathinka
« s'arrêta pour lire des inscriptions qui luisaient vague-
« ment dans l'obscurité. Elle les lut tout bas : « Aimée
« et regrettée ». — « Aimée jusqu'à la mort. » — « L'a-
« mour est l'accomplissement de la loi. » Elle voulut
« pénétrer dans un enclos, pour déchiffrer les noms, elle
« écarta les branches ; alors on entendit un bruit dans
« l'arbre. — « Ce sont deux hommes, » dit tranquille-
« ment Haus. — « Ah ! j'ai eu peur ! » — dit-elle en
« mettant les mains sur ses seins qui palpitaient. Elle
« reprit sa route, près de lui, le cœur battant toujours.
« Et ils ne parlèrent plus. Ils entendaient toujours aller

« et venir dans les bosquets ; à chaque bruit, Kathinka
« sursautait : — « Mon amie ! mon amie ! » — disait
« Haus, comme à un enfant. Et la main de Kathinka
« tressaillit sous la sienne... Baï était debout, au bout de
« l'allée : — « Qui vive ! » — s'écria-t-il. Il était indigné
« et, au sortir du cimetière, il prit Haus par le bras et à
« l'écart : — « C'est un scandale, » fit-il, « que de telles
« choses existent ! On profane le lieu saint ! Ricer m'avait
« prévenu, mais je n'y pouvais croire. Sacrebleu ! ne pas
« avoir de respect pour le Jardin des morts ! Le diable m'em-
« porte ! on ne peut seulement s'asseoir sur un banc ! »

« Haus se sentit la tentation soudaine, irrésistible, de
« le gifler. »

Ils voyagent toute la nuit, pour rentrer au logis
Et le lendemain ils se voient pour la dernière fois :
« Ils descendirent de voiture, à demi morts de fatigue.
« — « Voulez-vous déjeuner avec nous ? » dit le chef
« de gare dans un bâillement ; ils étaient debout sur
« l'escalier, doré par le matin. »

« — Merci, » dit Haus, « il faut que je rentre. »

« — Comme il vous plaira, » répondit l'autre, en
« bâillant »encore. Et il ouvrit la porte de son bureau,
« les laissa seuls. La bonne était déjà dans la cuisine,
« avec ses paniers. Kathinka était appuyée au cham-
« branle de la porte, la tête légèrement inclinée sur l'é-
« paule. Ils se taisaient : — « Merci pour hier ! » mur-
« mura-t-elle doucement, en hâte, en lui tendant la
« main. — « Ce n'est pas moi qu'il faut remercier ! »

« — Ce fut comme une explosion. Il prit la main, la
« baisa deux, trois fois, frénétiquement, avec des lèvres
« haletantes. Puis il monta en voiture et disparut. »

« — Que diable est-il devenu ? » dit Baï, à la fenêtre.

« — Il est parti, » répondit-elle, en crispant ses mains

« à la porte. Et elle rentra, à son tour... Elle fit deux
« tours à travers la pièce, les yeux perdus, puis elle tomba
« assise près de la fenêtre ouverte. Le jour était venu,
« les alouettes montaient sur la plaine, l'air était plein de
« chansons, de parfums, de lumières; le soleil estival
« rayonnait dans le ciel infini. »

Ils ne se revoient jamais, jamais plus. Ils se sont compris sans se rien dire; ils veulent rester sans péché et mourir. Oh! oui, mourir. A cette immense douleur, il n'est qu'un remède, infini comme elle. Pour de telles âmes, le monde est trop petit, le monde qui ne connaît que les réalités grossières et les ignominies de la chair. Et pendant qu'il s'en est allé bien loin, bien loin, elle ne sait où, car il ne veut même plus écrire, Kathinka souffre et se meurt. Tout est parti, l'amour envolé, et les jours, les jours, les jours se succèdent, toujours semblables et toujours mornes. Nul ne connaît ses souffrances; elle a des amis, et cependant elle est seule. Toutes les bassesses mesquines, toute la sottise des existences étroites, tous les vices secrets qui se cachent dans l'ombre somnolente des petites villes, l'environnent; et dans ce coin ignoré du monde, fidèle image de l'immense univers, au bruit léger que font, en tombant dans le vaste silence des siècles, les menus incidents de la vie; au milieu de ces êtres vagues, sans nom ni caractère, qui végètent dans une paix matérielle et inconsciente, triomphants d'égoïsme et de cruelle indifférence, et dont quelqu'un, peut-être, dans une autre maison de la bourgade, exhale une douleur ignorée aussi, pleure en secret, dans l'ombre, face à face avec la destinée qui n'entend pas, Kathinka agonise d'amour, solitaire et résignée. Résignée! N'est-ce pas en effet le sort commun, que le sien? Il n'y a rien dans la vie. Des hommes viennent, travaillent pour manger ; des femmes viennent, pour planter des générations dans la terre, l'aurore de la délivrance ne luira pour eux que quand les uns et les autres ne pourront plus la voir, quand ils seront étendus immobiles, les yeux clos, le nez en l'air, à tout jamais. Et voilà la fin des choses et la dernière raison du monde.

Pourtant, elle a une révolte, une révolte furieuse contre cette divinité sans oreilles et sans cœur, accroupie sur l'humanité ; elle s'emporte dans une aspiration farouche vers des réalités qu'elle ignore, mais qu'elle espère et dont elle rêve, où peuvent fleurir enfin les puissances infinies qu'étouffe en nous la navrante misère de la vie. Elle est revenue dans sa ville natale, elle visite le cimetière où dorment ses parents. « Elle s'assit sur le « petit banc, sous les deux arbres ; elle regarda long- « temps la pierre morte, les lettres mortes, et se dit qu'à « présent tout était perdu, même la maison de sa jeunesse. « Subitement elle se demanda : « Ceux qui sont là se « sont-ils aimés ? ou ont-ils vécu comme les autres, seu- « lement comme les autres ? Ma mère n'est pas morte « lorsque mon père est mort, et lui, sans doute, eût sur- « vécu à sa femme. Et cependant ils ont été heureux, et « moi, je meurs d'avoir aimé, moi la fille de ces deux « êtres qui ont pu vivre étrangers l'un à l'autre ! » Ka- « thinka posa sa tête contre l'arbre funèbre et se sentit « envahie par une tristesse immense, qu'elle n'avait ja- « mais ressentie, jamais. » C'est la solitude sans espoir, la solitude infinie ! Mais à quoi bon pousser cette importune clameur ? Vienne la mort, la mort libératrice ! Elle vient, un glacial matin d'hiver. La plaintive amoureuse est partie vers la patrie ineffable où se possèdent infiniment ceux que la terre effraya. Elle disparaît comme elle apparut; au bord de l'existence, au bord de la route inconnue où passe la vie tout entière, la vie triviale, la vie hâtive et fiévreuse, la vie indifférente, emportée vers son plaisir, vers son rêve, vers le néant.

« Le premier train s'arrêta, le mécanicien sauta sur
« le quai.

« — Alors vous n'avez pas assez dormi? » dit-il au jeune employé. « Et chez Baï, comment ça va-t-il? »

« — Elle est morte, » répondit l'employé, en grelottant sous la bise.

« Le mécanicien dit : — « Sacrebleu! » — Il re-
« garda un moment la maison, tout y était comme
« d'habitude. Alors, tranquillement, il remonta sur sa
« machine, et la brume floconneuse cacha le convoi qui
« s'enfonça dans la plaine. »

... Elle a aimé, elle a souffert, elle a pleuré; bientôt il n'y aura plus trace d'elle. L'oubli se fait, profond, sur la tombe où l'herbe pousse; Haüs envoie de Copenhague une couronne qui n'arrive qu'après l'enterrement, et l'amie qui la porte à la défunte ne se doute pas qu'elle porte le symbole de l'existence et de l'amour. Tout n'est que roses fanées. Baï se remarie, Haus se mariera un jour, sans doute. Et la délaissée restera toute seule, toute seule, bercée par le bruit des wagons qui passent, dans le vaste monde rempli de frissons, de rayons, de parfums! Sa mélancolique histoire, ainsi racontée par le poète, est, comme on l'a dit, « d'une discrétion qui sent son gentilhomme »; elle a le charme exquis et simple qu'ont, aux jours diaphanes d'automne, les fleurs d'arrière-saison, à l'odeur ineffable; elle est inoubliable, c'est la vie même. Et la vie désolée, la vie infiniment vide, infiniment blême, infiniment morne, qui naît et s'évanouit dans un doux et navrant sanglot; la vie plus sombre que la mort, qui est le néant des rêves, des désirs et des espoirs, qui est rien !

VI.

Dernier venu d'une race d'élite, mais épuisée, trop supérieurement affinée pour respirer au grand air de tout le monde; rêvant d'une terre idéale où l'on ne souffrirait plus, Bang est né avec un cœur douloureux. Artiste scrupuleux et fort, il ne connut jamais l'heureuse impassibilité de Jonas Lie, la savoureuse ironie de Garborg. Quand il ouvrit les yeux sur son âme, il eut peur; quand il ouvrit les yeux sur le monde, il fut épouvanté. Partout il vit l'amour, raison suprême de l'Univers, ou banni par la société ou vaincu par le destin. Aristocrate, il dédaigna d'incriminer la société; philosophe, il remonta plus haut, à la source des choses que Schopenhauer avait déclarée empoisonnée. Brandes disait : « Le malheur des sociétés est bâti par la mul« titude imbécile, mais toute-puissante, » et Ibsen : « L'homme le plus fort est celui qui vit isolé. » Björnson, esprit multiple, oreille ouverte à toutes les grandes paroles, ne prenait pas le temps de conclure, et Lie, épris d'idéal et de beauté suprême, espérait encore. Bang n'espère plus. Le mal souverain, c'est la vie; le plus grand péché de l'homme est d'être né. « Des sou« venirs, dit-il dans *Sous le joug*, de plus en plus forts
« dominèrent mon âme, à mesure que je voyais la vie
« étroite se dépensant journellement en de mesquines ba« tailles. Et je me dis alors : Proscrivons la vie! ne met« tons plus au monde des milliers et des millions de misé« rables qui, comme un long attelage, sont poussés par

« les jours gris, toujours plus gris, vers le tombeau ! » Et cependant il marche, il monte au Calvaire éternel, attendant le néant, le sommeil, le repos ! Car, que sert de se révolter ! Lucifer est en proie à l'angoisse de son impuissance, et, pourtant, c'était le plus beau des anges !

« A Prague, dit-il encore, on pava la rue que j'habitais.
« Elle était escarpée, et des chevaux, tristes dupes ! traî-
« naient des moellons jusqu'en haut. Du matin au
« soir, j'entendais les cris des charretiers et les coups de
« fouet sur le dos des pauvres bêtes. Et ça ne cessait pas.
« Toujours, toujours les voitures grimpaient la montée ;
« mais voici une chose que je ne pouvais comprendre :
« pourquoi les charretiers fouettaient ces misérables
« créatures ? car elles n'avançaient pas plus vite, et, les
« coups, elles ne les sentaient pas, j'en suis sûr. Parfois,
« j'allais au seuil de ma porte et leur tendais un peu de
« pain : elles ne le prenaient pas. Mais elles montaient
« encore un peu, vers le sommet, sous le joug. Un jour,
« à l'heure de midi, un cheval s'abattit sur la place.
« L'attelage s'arrêta, les charretiers jurèrent. Puis, on
« alla chercher, on enchaîna une autre victime, — et
« l'on continua le travail ! »

HENRIK IBSEN (1).

On me l'avait montré sur la Karljohansgade, le boulevard de Christiania, venant à son heure ordinaire, de son pas tranquille et flâneur, dîner au Grand-Hôtel. Je l'avais suivi; quelques minutes plus tard, j'étais assis à ses côtés et je le regardais, enveloppé d'ombre, taciturne et solitaire, à son habitude. Et j'éprouvai pourtant comme une déception lorsqu'on me présenta, dans un salon cossu, symétriquement rempli de meubles bien brossés, orné de tableaux rares, à un petit vieillard coquet, propret, discret, aux gestes menus, aux allures serviables, enfoui dans la confortable redingote de M. Homais. Ce petit vieillard, lui, si grand, d'un si vigoureux génie, qui créa tant d'âmes et fit parler tant de passions!...

... Le nez est fort, les pommettes rouges et saillantes, le menton fortement accusé. Ses larges besicles à branches d'or, sa barbe épaisse et blanche où s'enfonce le

---

(1) On a tout dit sur Ibsen. Je n'ai pas la prétention d'ajouter le moindre renseignement nouveau. Je veux tenter seulement de replacer l'œuvre dans le cadre qui lui convient, et qu'on a négligé d'indiquer, peut-être, — et d'établir une corrélation qui me semble évidente entre l'auteur lui-même, dont l'histoire psychologique est si curieuse, et les êtres qu'il a créés, dont il a fait ses porte-paroles.

bas du visage, lui donnent « l'air brave homme », l'apparence d'un magistrat provincial vieilli dans la procédure. Toute la poésie de l'âme, toute la splendeur de l'intelligence se sont réfugiées, apparaissent dans les lèvres fines et longues, un peu sensuelles, s'infléchissant aux commissures dans une moue de hautaine ironie; dans le regard voilé et comme ouvert en dedans, tantôt doux et mélancolique, tantôt agile et agressif, regard de mystique et de lutteur, regard troublant, inquiétant, tourmenté, sous lequel on frissonne et qui semble fouiller les consciences. Et le front, surtout, est magnifique, carré, solide, aux puissants contours, front héroïque et génial, vaste comme le monde de pensées qu'il abrita. Et, dominant l'ensemble, accentuant davantage encore cette impression d'animalité idéale qui se dégage de la physionomie tout entière, une crinière blanche, fougueuse indomptée...

... Un homme, en résumé, d'essence spéciale, de type étrange, qui inquiète et subjugue, dont le pareil est introuvable, — un homme qu'on ne peut oublier, quand on vivrait cent ans.

I.

Un jour il me dit : « Jamais personne n'inspira mes
« pensées, ne guida mes opinions. J'ai tout cherché en
« moi-même, tout est sorti de mon cœur. C'est parce que
« j'ai eu l'impression très forte de la contradiction que
« nous avons introduite entre la destinée humaine et les
« sociétés fondées par les hommes, que j'ai écrit ce que
« j'ai écrit. C'était ma *vocation.* »

Il eut « la *vocation* ». Tout son œuvre est dans ce

mot, — et cette vocation, comme à Brand, comme à Julien, comme à tous les grands anxieux dont il a pétri la conscience, lui fut imposée par une morbide sensibilité morale. Il est, en effet, des névrosés physiologiques qu'un parfum trop fort fait pâmer, dont les sensations exaspérées tendent les nerfs à les rompre, en qui le monde des choses, des couleurs, des odeurs, des rayons se précipite et s'organise, brisant, anéantissant la personnalité. Ces êtres ne sont pour ainsi dire que de pauvres instruments, résonnant à l'infini au moindre son, au plus léger contact. Des correspondances inconnues, insoupçonnées au reste des vivants, les font, eux, tressaillir avec une énergie douloureuse, et leur chair, leur misérable chair affinée, absorbe par tous les pores les sensations les plus subtiles et les plus éphémères. Généralement cette sensibilité les tue comme elle a tué Baudelaire et Maupassant, qui durent à cette névrose la qualité exceptionnelle de leur génie. — Ibsen est et fut toujours un névrosé moral. Les moindres froissements que subissait sa pensée, avide de lumière et d'idéal, de vérité absolue, retentissaient avec une intensité lamentable au plus profond de son être intime et les futiles lâchetés que la foule tolère par suite de l'accoutumance, les notions erronées dont elle s'accommode, tout cet ensemble de concessions paisibles dont elle s'aperçoit à peine, auxquelles elle se complaît, prenaient aux yeux du philosophe altier, intransigeant, une tragique importance. Ces correspondances sociales que nous subissons, que nous acceptons, que nous finissons par aimer parce qu'elles nous donnent la tranquillité journalière dont nous croyons avoir besoin pour remplir notre tâche, nous autres, esprits vulgaires, sans vouloir un instant les analyser, lui semblaient turgescentes et sa conscience exquise les déclarait abominables. Car cette sensibilité morale, faculté rare mais terrible à ceux qui la possèdent, était affinée et comme aiguisée par cette tendresse émue et souffrante, cette sincérité éloquente qui l'ont fait si profondément humain. Et il arriva que sa vie tout entière ne fut qu'une longue maladie psychologique qui le mena au pessimisme, à la mort de l'âme qui n'existe que par l'espérance, comme la maladie physiologique dont étaient atteints Baudelaire et Maupassant, les mena à la démence, qui n'est que l'écroulement du corps.

Sa biographie tient en dix lignes et quelques dates. On ne peut, dans une maladie de ce genre, préciser avec exactitude l'instant où une période commence, l'instant où une période finit. Mais ces périodes s'enchaînent avec une rigueur implacable, l'une amène l'autre, jusqu'au dénouement fatal. Il était né, aux environs de 1835, à Skien, une de ces petite villes de la côte norvégienne où les jours coulent, silencieux et monotones, à peine troublés, à peine ridés par les regards curieux et les propos méchants. Entre un père actif et joyeux, commerçant énergique, véritable lutteur social, et une mère allemande, luthérienne austère, autoritaire et tyrannique, sèche, rebelle aux tendresses pénétrantes qui parfument à jamais la vie, il avait grandi dans la crainte du Dieu de la Bible et le respect de ses ministres, dans la discipline rigide imposée par les principes, dans l'obéissance muette et passive aux traditions séculaires qui mutilent l'intelligence, emprisonnent la volonté. Il avait, sans doute, connu les premières joies que nous avons tous connues, les jeux, les camaraderies, le printemps virginal des amitiés spontanées, mais il s'était surtout enfermé dans la contemplation épouvantée de cette nature tragique, aux aspects d'enfer, dont il retrouvait les descriptions dans la Bible. Il avait vu le soleil en agonie tourner sans fin autour de l'horizon sans limites ; il avait éprouvé l'angoisse des nuits troublantes qui se prolongent dans un obscur mystère et ne semblent devoir finir qu'au lever effrayant de la suprême aurore. Il avait, durant ses rêves incertains de jeune homme impressionnable, entendu chuchoter les fantômes qui rôdent à travers les ténèbres, enveloppés d'un manteau de brume. Ces sensations hallucinantes, plus qu'en aucune autre âme, elles avaient vibré dans son âme, avaient enfermé les élans de son cœur dans on ne sait quel brouillard de tristesse insaisissable que nul soleil de joie ne devait dissiper. Les grotesques fureurs du vieux pasteur Lammers, sorte de fou mystique, Savonarole manqué, n'étaient point, certes, pour l'attirer vers les profonds et délicieux mystères de la foi, vers cette vie dévote qui exalte les voluptés et les espoirs, idéalise et purifie le désir ; ce lamentable apôtre perdu dans un coin de la Norvège, ce Lammers ridicule n'eut d'autre influence sur cette intelligence à peine formée encore que de lui faire entrevoir l'ironique inutilité de l'effort humain, de faire résonner à ses oreilles les paroles navrantes d'Ulric Braendel. Exalter la conviction jusqu'au courage et le courage jusqu'à l'ascétisme ; prêcher le retour à l'égalité primitive, à la vertu originelle, à tout ce qu'il y a de pur, d'honnête et de sacré au monde, pour se voir ridiculisé, bafoué, opprimé ! A quoi bon ? — Ces semences ne seront point perdues, mais elles seront tardives ; il leur faudra bien des hivers, bien des printemps pour qu'elles fleurissent, et la tendresse qui germait dans ce cœur d'enfant, la tendresse délicate, elle n'est point éclose encore. Sa mère n'en a pas voulu ; son père, trop affairé, ne prit point le temps de la cueillir; elle s'étiole en cette maison familiale d'où la joie de vivre semble proscrite, dans le froid de l'indifférence. Ibsen connut ainsi tous les grands chagrins des petits qu'on repousse et qu'on ne comprend pas, il grandit dans la mélancolie, et dès ses premières années, dès ses premiers élans vers le bonheur, il sentit crier dans la solitude son âme, pauvre dédaignée, nostalgique exilée du Rêve.

L'effondrement subit de la fortune paternelle le jeta, nu et déjà blessé, dans la grande bataille des intérêts humains. Lui, dont son éducation et le luxe originel qui l'avait entouré, avaient fait un fier aristocrate, il entra d'un pas hésitant dans la démocratie égoïste et grossière, qui n'entend d'autre voix que celle de l'instinct. Quelle chute! Il connut brusquement l'ironie du destin et la dureté des hommes, et, sa bonté dédaignée l'ayant déjà rendu taciturne et sauvage, il devint, de ce jour-là, misanthrope et pessimiste. Il dut alors traverser une effroyable crise morale et sentir le terrain de l'amour se dérober sous ses pieds; il sonda le néant de la fraternité humaine comme il avait sondé, éprouvé la fragilité des liens de famille. A vingt ans, il crut avoir fait l'expérience de la vie, et cette expérience le fit se résoudre à s'enfermer dans l'isolement, à retirer du monde son cœur meurtri, à se réfugier dans l'asile surhumain des idées pures, des spéculations nobles, qui donnent les joies sans pareilles et sont vierges de toute amertume. — Mais c'était un vaillant lutteur, comme son père. Son premier mouvement fut un mouvement de défense, il pensa qu'il était honteux d'abdiquer et crut un instant à l'utilité de la résistance. Il devait être vaincu et par les causes du mal, et par le mal lui-même, mais non sans avoir combattu... Or, il arriva qu'en

1848, ce petit bourgeois norvégien, sorti d'un bourg perdu pour venir s'enterrer dans l'arrière-boutique d'un pharmacien, Homais hilarant du Nord, entendit parler d'une grande révolution qui, à ce moment, se consommait en France. Il espéra que les peuples allaient se libérer, enfin, se hausser jusqu'à l'idéal. Il vit des héros se faire tuer dans les rues pour cette liberté, pour cet idéal, et ne comprit pas sur le coup que cette liberté n'était que l'ombre de la véritable, une sorte d'indépendance politique, bonne pour la masse ignorante et grossière, mais nauséabonde aux esprits d'élite ; que cet idéal n'était qu'une instinct divinisé, un mensonge attrayant et funeste. Ne croyant plus aux hommes, il crut à l'humanité. Il se mit à dévorer les journaux avec passion, et, à l'heure même où il prenait vingt ans, au moment où il sentait faiblir et s'étioler l'énergie de son individualité, au moment aussi où il entrait dans l'âge des rêves démesurés et des révoltes invincibles, des espoirs sans limites et des audaces sans frein, il se laissa gagner par l'ardeur de rénovation qui emportait l'Europe vers des destinées inconnues. Ces nobles idées exaltèrent son âme, irrésistiblement. Méprisant l'opinion de ceux qui l'entouraient, pour se faire illusion à lui-même et s'associer à l'œuvre qu'il croyait libératrice, il se grisait de phrases éloquentes et sonores ; il écrivait, en l'honneur des martyrs de la Hongrie, une ode hautaine et grave, d'un beauté sévère ; il rappelait, dans un cycle de sonnets, que Norvégiens, Suédois, Danois, étaient tous frères, fils d'une même terre aimée, et devaient se donner la main pour mieux marcher dans l'âpre chemin de l'histoire. Étouffant dans l'air empesté de sa petite ville, il essayait d'ouvrir des fenêtres sur le dehors, d'élargir son horizon, et son imagination s'envolait d'un coup d'aile superbe vers la grande cité humaine qu'il entrevoyait dans ses rêves. Hélas! il eut vite fait de reconnaître la vanité de ces enthousiasmes factices, et que la grande cité était aussi pleine de ténèbres et d'oppressions. Il comprit qu'il était tout seul, toujours; que les espérances étaient menteuses dans lesquelles il s'était complu, et que sa parole n'éveillait aucun écho dans les âmes. Il rentra en lui-même, n'y vit que ruines et que néant. Et comme les malheurs de sa vie, courte par l'âge, longue par l'expérience, l'avaient rendu apte à l'ironie amère; comme, dès sa première étape sur la route où il marchait, il avait brisé ses illusions au contact « de cette « misérable petite bourgeoisie » qu'il avait vue étaler toute la laideur de sa bêtise dans la boutique du pharmacien; comme il avait éprouvé que l'humanité semble vouée à l'erreur et au mensonge et que ceux-là sont condamnés par elle qui tentent de la désabuser; comme, enfin, il avait durement souffert, souffert de sa pauvreté orgueilleuse, souffert du dédain des uns, de l'indifférence des autres, de l'égoïsme de tous, la source de colère, bientôt devenue torrent, qui bouillonnait en lui, déborda dans un grand cri de révolte et de défi qui fut *Catilina*. On l'a dit : « Cette première œuvre fut sa première ba- « taille » et aussi la première révélation du mal profond dont il était atteint. Son manuscrit, tracé d'une main sûre, en caractères réguliers et vigoureux, montrait les progrès que ce mal avait accomplis déjà en donnant une preuve de la certitude, de la fermeté de ses opinions et de sa pensée tout entière. Cette « tragédie de collège » était le symbole de sa vie; ce Catilina, c'était déjà lui-même, lâché dans le monde pour le régénérer, et tué par son effort même. Et les colères, les protestations furieuses qui s'allumèrent sous ses pas n'étaient que les présages de la fureur qui tomberait sur lui, plus tard. Il connut alors les violences de l'exil ; il dut quitter Grimstad pour aller à Christiania, et c'est à ce moment qu'il fut initié à Welhaven et aux philosophes allemands.

*
* *

C'était une curieuse physionomie d'humoriste et de railleur, ce Welhaven qui fut tout de suite et resta toujours un des maîtres préférés d'Ibsen. Il s'était révélé à la Norvège vingt ans après la séparation d'avec le Danemark ; il avait jeté, avec Wergheland, son rival et son ennemi, les bases d'une littérature nationale. Mais il était, en toutes choses, le vivant contraste de celui-ci. Doué d'une finesse de goût, d'une sagacité critique, rare chez de plus cultivés, extraordinaire chez cet homme qui, véritablement, s'était formé tout seul, il avait débuté par railler l'emphase, les maladresses, les fautes du maître de Björnson et *le Crépuscule de la Norvège*, qui semblait annoncer Peer Gynt, était une satire implacable des idées nationales égoïstes et étroites, d'une austérité mesquine et tracassière, ennemies de tout élan chaleureux vers l'avenir. Ce cinglant persiflage de l'intolérance et de la vanité de tous avait soulevé des tempêtes et maintes fois le hardi pamphlétaire avait risqué d'être assommé. Il ne céda pas. Il continua jusqu'à sa mort son œuvre de moralisateur social, d'initiateur esthétique, courageusement, sûrement, sans répondre, en des œuvres peu nombreuses, mais fines, ciselées, d'une exquise puissance plastique ; sans relâche il chercha à rattacher l'art de sa patrie, plein de verdeur et de force, mais fruste et grossier comme un pâtre du Telemark, à la grande tradition qui régnait alors en Europe. Comme homme il ne valut pas Wergheland, il avait le cœur sec et l'intelligence habile ; mais comme artiste et philosophe il lui fut bien supérieur.

Cette tradition qu'il voulait introduire et faire triompher dans sa patrie, elle datait déjà d'un quart de siècle et s'était imposée à tous les esprits, dans le reste de l'Europe. C'était la tradition romantique. Welhaven, cet esprit si avisé, si rétif aux entraînements irréfléchis, s'était, comme les autres, incliné devant elle et l'avait adorée ; il lui avait sacrifié dans ces petits poèmes, « ces petites chansons », comme disait délicieusement Henri Heine, dans ces courts récits épiques qui font songer aux ballades de Schiller ou de Victor Hugo. Le disciple, le petit pharmacien de Grimstad enfermé jusqu'alors dans la boutique où papotaient après dîner les bonnes gens du lieu, fut émerveillé de tout ce qu'on lui montrait. Il crut s'être trompé jusqu'alors, avoir mal jugé les hommes et l'histoire ; la réalité, que le clinquant qui la couvrait faisait si belle, lui parut admirable ; il se reprit à l'aimer. C'est l'époque printanière et saine, presque heureuse, de sa vie. La maladie morale dont il était atteint depuis sa première enfance semble, pour un instant, faire trêve ; il connaît l'enthousiasme, cette heureuse santé de l'intelligence ; il ouvre son cœur à des sentiments baignés de soleil et de poésie chatoyante. Il ressent, il est vrai, de temps à autre, des crises d'amertume et d'irritation légères, mais elles sont courtes ; il se soulage en vers aimables, un tantinet naïfs, où passent de blanches dames sur des haquenées rapides, qui s'en vont, le faucon au poing, vers les tourelles crénelées que caresse mollement la lune. Et pourtant, à vingt-deux ans, ce jeune homme qui n'aurait dû songer qu'aux baisers, aux voluptés infinies de la chair, renonce déjà à la joie de vivre qui s'affirme dans l'enivrement des tendresses ; l'amour et le bonheur, il l'écrit, il le pense, il tentera de le prouver plus tard, ne sont réels que dans le souvenir, et la pureté intellectuelle qu'apportent à la passion les héroïnes que crée sa fantaisie austère, ferait rêver Diotime et ravirait Platon. C'est toujours un révolté, du reste, moins douloureusement épris de chimère impossible et de liberté lointaine, mais âpre, toujours, et virulent, et déjà socialiste. Cette lueur de santé qui fait sourire son âme lui montre le chemin de l'action ; pour un instant, il y met le pied, marche en avant avec une belle énergie, affirme et déploie sa personnalité dans tous les sens. Pendant qu'il bataille avec les directeurs de théâtre par la plume et par la parole, il fonde, avec Björnson, Vinje, Botten Hansen, une revue caricaturale qui flagelle la sottise et l'opiniâtreté des conservateurs ; il supporte gaîment les colères, la misère elle-même dont le tire Ole Bule ; il prend, après un court voyage en Allemagne et en Danemark, la direction de la scène du théâtre de Bergen, et pendant cinq ans s'emploie avec une juvénile activité à monter des drames anciens et modernes, de Shakespeare, d'Holberg, d'Œlenschlager, voire de M. Scribe. Un jour de hardiesse, il trace les grandes lignes de la tradition scénique qui va chasser de Norvège celle qu'y avaient introduite les Danois, et, après avoir appris la technique de son métier de dramaturge, il laisse à Björnson une succession glorieuse et s'en revient à Christiania comme régisseur du Théâtre National. Il a des tracas, il a des soucis, il s'agite et travaille dix et douze heures par jour, mais il oublie ses révoltes, et les angoisses de son mal. Il vit pauvrement, mais il vit et se trouve heureux de vivre ; il a confiance dans l'avenir qui lui semble adorable ; il croit à l'amitié qu'il reniera plus tard en un blasphème célèbre ; il croit à la patrie qu'il célèbre en ses drames et veut défendre en fondant *la Société norvégienne* dont il est le président ; — enfin il croit à l'amour. Non plus à cet amour étrange et tout intellectuel, amour de pessimiste et de désabusé, qui fleurira, vénéneuse orchidée, dans le cœur de Rebecca West, d'Hedda Gabler ou de Nora, mais à l'amour charnel et jeune, puissant triomphateur de la mort, gardien des générations infinies. Quelques mois après son retour dans la capitale, il retourne pour quelques jours à Bergen, chercher celle qu'il a choisie, Daë Thoresen, la fille du pasteur, dont la tranquille physionomie dit la mansuétude, la douceur et la sérénité. Elle est l'incarnation chérie du bonheur qu'alors il espère, des réalités enivrantes qu'il croit accessibles à l'effort de son bras ; elle est le calme et la guérison. Plus tard, aux heures abominables de doute et de désespoir, d'aspirations furieuses vers le néant lent à s'ouvrir, il se rappellera qu'elle fut sa jeunesse, l'amie et la consolatrice, celle qui pansa ses blessures, et c'est vers elle qu'il fera monter cette hymne paisible d'actions de grâce :

« Elle songeait avec angoisse aux douleurs que me
« réservait la route ; son bonheur, c'étaient les inspira-
« tions fécondes qui me faisaient les surmonter ;

« Elle est du pays où fleurit la liberté précieuse, de
« la terre qui s'étend au delà des mers où bien souvent
« ma barque lava son flanc brillant ;

« Elle est la sœur de ceux qui passent, ondoyants

« et divers, et bannières déployées, à travers mes
« chants ;

« Elle est la vestale chargée d'entretenir en mon
« âme, jamais éteint, le feu sacré, et nul ne sait quelle
« est cette prêtresse bienfaisante.

« Et c'est pour son humilité et son désir de n'être
« point récompensée que je compose ces vers, que je
« lui dis : Merci ! »

Le mariage, c'est un pacte avec la vie. Ses premiers drames sont autant de liens puissants qui l'attachent à la Norvège. Le romantisme fut une affirmation spontanée après la grande négation du dernier siècle, une éloquente et magnifique clameur de foi vers la nature harmonieuse, vers les héros vaillants qui symbolisent l'humanité régénérée par un souffle venu des hauteurs, et tournant ses yeux vers l'idéal. Ibsen, sur les pas de Welhaven, s'engagea dans la route qu'avaient tracée les grands romantiques et que, vêtus de somptueux vêtements de fête, ils suivaient en chantant. Il écrivit des drames patriotiques, sains et passionnés. *La Châtelaine d'Ostroëtt*, était l'apothéose de la Norvège antique, le récit tragique des luttes qu'avaient soutenues les ancêtres du seizième siècle pour reconquérir une liberté perdue et chasser les envahisseurs, et des affres sanglantes que traverse un cœur ballotté par le patriotisme, l'amour et la maternité. L'épopée était longue encore, et diffuse, et timide, malgré son dénouement shakespearien, mais les *Guerriers de Helgeland* ressuscitaient les légendaires origines de la patrie, et la rivalité de deux femmes dont l'une, qui ne s'en doute pas, est à la merci de l'autre ; la fureur de Hjordis, humiliée par Dagny et qui se venge en tuant Sigurd, qui l'a déshonorée, et qu'elle adore, entoure le Nibelungen scandinave d'une poésie

sombre et furieuse à laquelle le poète ne s'élèvera plus. Enfin, dans *les Prétendants à la couronne*, paraissant enfin guéri, distrait de lui-même et joyeux, plein de vie, d'espoir et d'ivresse sacrée, il disait l'unité enfin conquise de la nation trop longtemps morcelée ; il faisait revivre aux yeux des oublieux descendants la noble personnalité du héros choisi par le destin, debout dans sa croyance et dans sa vocation, Hakon Hakonson, âme cornélienne, le glorieux ouvrier, le roi juste et pur qui comprend et qui veut le véritable bien de son peuple. Elles éveillèrent, je pense, bien des échos sonores et sympathiques, ces simples, ces fortes paroles qui jaillissaient du cœur du poète : « L'habitant de Trondjhem
« faisait la guerre aux marins du golfe du Sud, les gens
« d'Agd à ceux de Hœrdaland, de Hardaland et Sœ-
« gnedœll. Désormais tous n'auront qu'une même âme,
« il le faut, et sentiront qu'ils ne sont qu'un. Voilà la
« mission dont Dieu m'a chargé, la mission que doit
« maintenant exécuter le roi de Norvège... Tu t'imagines
« que c'est la voix du Seigneur qui te pousse à t'emparer
« du trône royal ! Ne vois-tu pas que c'est l'orgueil ! Ce
« qui t'attire, c'est la couronne d'or, le manteau de
« pourpre et d'hermine, le droit d'être assis trois mar-
« ches plus haut que les autres. Quelle pitié ! Si c'était
« là être roi, je te jetterais la royauté dans ton chapeau,
« comme une aumône à un mendiant ! » L'art pur, l'art impeccable, n'est fait que de l'essence des choses, réalisable que par les désintéressés qui se détachent des réalités défectueuses pour en mieux dégager le profil idéal. Jamais le poète ne fut plus entièrement affranchi des mesquines passions humaines, jamais il ne s'approcha aussi près de la beauté harmonieuse et classique, que dans les *Prétendants à la couronne*, et cela, grâce à

l'amour qui lui venait d'être enfin révélé. Rien de démesuré ni d'obscur dans cette œuvre haute et forte qui a sa place au nombre des monuments durables que les hommes, apaisés soudain, saluent en passant, dans leur marche oublieuse vers un avenir toujours nouveau.

Enfin, la raillerie d'Ibsen, qui ne désarmait pas, se faisait moins exclusive et moins amère, son ironie plus philosophique. La muse irritée semblait se calmer, se laisser gagner insensiblement par la joie de vivre ; elle s'épanouissait aux rayons ensoleillés de la jeunesse, et, vêtue de vêtements poétiques, s'en allait pour un jour, s'ébattre dans les fleurs. *La Comédie de l'amour* était la peinture indulgente et spirituellement philosophique de la situation singulière à laquelle une société maladroite condamne la passion, c'était un hymne délicieux hanté par un prêtre attristé sur le cadavre du dieu défunt, et dans le jardin aromatique de la veuve Halm, au milieu des roses trémières, marchaient et s'enlaçaient et devisaient des couples, ou gracieux ou grotesques, qui semblaient sortis d'une imagination toute pétrie de grâce latine, parfumée par un cœur heureux. Pourquoi cette œuvre charmante ne fut-elle pas comprise ? Pourquoi siffla-t-on l'écrivain qui l'avait osé produire ? Triste malentendu où, cette fois, le public eut tort. Les conséquences qu'il eut sur l'évolution du génie d'Ibsen furent tragiques. Le poète sentit soudain s'écrouler une fois de plus ses espérances, celles qui l'empêchaient de sombrer dans le néant définitif. Au moment où il croyait enfin avoir trouvé la voie de sa vie ; au moment où il allait être le penseur malin, mais indulgent et tendre, qui connaît les misères humaines et, avec un sourire triste, mais souverainement beau, en cherche le remède, l'ignorance, la sottise, l'intolérance se coalisèrent contre lui, lui faisant des blessures nouvelles, ravivant les blessures anciennes, donnant la suprême énergie à son mal. Le doute, qui ne l'abandonnera jamais plus, remplaça cette certitude heureuse où, durant quelques années, il s'était complu. A ses yeux stupéfaits se dessina, dans toute sa nudité désolante, la situation qu'il occupait dans sa patrie. Il avait trente-six ans, un fils lui était venu, mais non la fortune, et les jours de misère ne semblaient pas finis. Au théâtre, son caractère hautain et taciturne, qui se pliait mal aux compromissions des coulisses, aux cabales des coteries, avaient fait ses ennemis de tous les comédiens de Christiania. Le théâtre norvégien, dont il était le régisseur, s'étant, après faillite, associé au théâtre de la capitale, on l'avait mis à pied, comme un simple commis, ne lui laissant qu'une place de metteur en scène, à 1.200 francs par an, — à lui, père de famille et poète admirable dont les rêves étaient la richesse. Au moins, s'il eût pu se réfugier dans ces rêves ! Mais voilà que les clameurs de la foule imbécile les faisait évanouir, que des publicistes effrontés l'arrachaient à sa solitude, que des mains brutales déchiraient le voile de son intimité familiale, qu'on l'accusait d'immoralité, qu'on le traitait de renégat, qu'on le rejetait au ban de la société ! Il n'était rien, alors que Björnson, après *Sigurd*, était déjà quelqu'un ; les honnêtes gens qui, dans tous les pays font plus de mal que les coquins, le traitaient en révolutionnaire, en utopiste dangereux, pour une fantaisie ailée, aristophanesque, qui blessait en riant. — Et lui, il sentait affluer et bouillonner en son âme des forces irrésistibles, de quoi soulever des mondes. Les courtes joies qui avaient égayé sa vie et chassé sa douleur morale, s'étaient, hélas! enfuies, et d'elles il pouvait dire : « Quand la fête sonore s'est tue, quand les danses

« se sont arrêtées et qu'on a dit : « Portez-vous bien »
« aux invités retardataires...

« Comme tout, alors, devient morne et seul ! Tout à
« l'heure je prêtais l'oreille, et les murmures du rêve
« me venaient bercer délicieusement ! »

Tout s'est évanoui, à l'instant, comme un songe. La
joie n'était qu'une invitée, et l'invitée s'en est allée. Et
lui, le prophète à l'âme exquise qui, d'une main vigoureuse, avait, comme il le dit, « sonné les cloches d'a-
« larme sur le vaste pays », il s'en allait, las de la lutte,
ensanglanté. Il était comme l'eider auquel il se compare,
l'oiseau des vastes horizons et des fjords infinis, l'oiseau
de la liberté ; par deux fois les hommes ont violé son asile
et brisé son nid, par deux fois, le vaillant, il est revenu
dans son asile, a rebâti son nid, s'arrachant du corps les
plumes blanches ; mais il arrive qu'une troisième fois les
matelots l'assiègent ; alors, désespéré, l'eider prend son
essor dans le brouillard des mers, il s'en va vers le sud
où sourit le ciel limpide. Ibsen, lui aussi, s'en va vers le
sud où sourit le ciel clair. Avant de partir, il écrit, pour
rassurer ceux d'entre ses amis qui lui sont restés fidèles,
et leur expliquer sa conduite, sa lettre fameuse au Danois
Bloom, où s'exhale, en termes virulents, toute la haine
qu'exalte en lui cette sottise humaine dont il a tant souffert, et l'intolérance inspirée par la croyance à des
principes que le temps emporta comme le vent les feuilles
d'automne ; les conservateurs imbéciles, ceux qui veulent arrêter les novateurs en mal d'avenir, ressemblent à
quelque momie égyptienne qui se réveillerait de sa léthargie séculaire et, regardant le monde et le travail
humain réalisé, « serait pleine de mépris pour le temps
« qui n'a pas voulu s'arrêter et l'attendre ». — Lui, secoue sur la société étroite et tyrannique la poussière de ses

sandales ; penseur indépendant, affamé d'idéal, il sort de la cité qu'il maudit ; il renonce au commerce de ses semblables et aux joies du foyer, il s'en va vers les hauteurs, « tenant à la main le bâton de l'exilé, ayant la douleur « pour bagage, emporté par les rapides semelles de l'an-« goisse » ; d'en haut, il voit ce qui se passe dans la vallée d'ignominie, parfois il est tenté d'y descendre, mais il reste sur les sommets. « Je m'y sens si calme et si pur, « si près de moi-même et de mon Dieu ; à présent mes « pensées sont fortes et je suis résistant comme l'acier, « car j'obéis à ma vocation qui m'ordonne d'errer près « du ciel. Elle est finie, ma vie dans la plaine, près du « ciel seulement je puis vivre. Ici, sur la montagne, sont « Dieu et la liberté et là-bas les autres tâtonnent dans « les ténèbres de l'angoisse ! »

*
* *

En 1864, un matin de printemps, il vit frissonner dans l'aurore le bleu vibrant de l'Adriatique. Quelques jours après il était à Rome. Dès lors, comme Peer Gynt, il pourra dire : « Je suis citoyen du monde. » Il a brisé tous les liens qui l'attachaient à la terre natale ; il a chassé de son air tous les accidents, toutes les sensations morales qui pourraient raviver sa douleur. Il va dépouiller, comme Brand, son humanité lamentable, renoncer à tout ce qui fait le mensonger bonheur où se complaisent les autres hommes. Point de foyer : des chambres d'hôtel ; point de bien-être, une frugalité rare ; point de luxe, juste ce qu'il faut. Il va courir le monde, toujours plus solitaire et toujours plus farouche, lancé furieusement, sans arrêt ni merci, à la poursuite de l'idéal. Exilé par la barbarie du monde des formes et du royaume des êtres, il va se réfugier dans le monde des idées, qui ne trompe pas, qui ne fait pas souffrir, et réserve aux audacieux qui s'y aventurent les plus sereines, les absolues jouissances. Il prend pour guide, à travers ces terres de lumière, et Kant et Kjerkegaard, comme Dante avait pris Virgile, et son âme rassérénée s'exhale en splendides poëmes. Jamais on n'a plus fortement discuté les plus graves problèmes de la raison et de la croyance, et de la destinée cosmique; jamais plus puissantes imprécations contre la fatalité de l'erreur ne se sont envolées d'une bouche humaine; jamais on ne s'est élevé plus haut vers les vérités éternelles. Le penseur a découvert, comme son héros plus tard, que « l'homme le plus fort « au monde est celui qui vit isolé », et, dans la solitude à laquelle il se condamne avec délices, il crée des âmes souveraines et telles qu'elles seront dans le troisième âge, des âmes sur lesquelles il voudrait modeler l'humanité.

Mais, cette pauvre humanité, comme elle est lamentable! Comme Brand nous sommes les fils de l'orgueil, comme Peer Gynt nous sommes les fils de la terre, comme Julien nous sommes les enfants du doute. Nous ne savons pas vouloir, nous ne pouvons plus vouloir. Nous avons trop vécu, nous avons trop appris, nous avons trop cherché; comme le disciple de Maxime, nous sommes à la limite de deux mondes qui, l'un et l'autre également, nous tentent; nous ne savons pas choisir. Affres abominables! Destinée effroyable! « Et quand « viendra celui qui apportera la lumière et les paroles « de vérité qui nous réveilleront, celui-là, lequel d'entre « nous sera capable et digne de l'entendre! » — Le rêve est beau, la spéculation glorieuse et magnifique, l'idéal consolant, mais la réalité? — L'ivresse sacrée qui, pour une heure, faisait au malade oublier son mal, se dissipe; parti dans le ciel, il ne peut oublier la terre, il retombe dans la vallée obscure de laquelle il s'était échappé. C'est que sa tendresse humaine n'était point épuisée, que son intelligence n'avait point étouffé son cœur et que, blessé déjà, il voulait lutter encore. Or, il n'avait pas, pour se défendre, le scepticisme ironique et léger d'Henri Heine, le talent d'épancher et de sceller à jamais sa douleur dans un sonnet, dans une chanson ; il ne possédait pas la rude énergie d'un Flaubert, debout dans son orgueil, soutenu par l'excès même de son pessimisme, regardant sans faiblir et les yeux dans les yeux la fatalité lâche ; il ignorait la foi enfantine, mystique et résignée qui fait agenouiller Tolstoï devant l'ineffable Dieu d'indulgence et de pardon ; son âme, enfin, ne ressemblait pas, comme celle de Gœthe ou de Björnson, à ces beaux lacs de la Norvège, argentés sous le ciel tranquille, bordés d'une mystérieuse ceinture de bois, qu'un ouragan parfois effleure, mais qui aussitôt reprennent la sérénité harmonieuse de leurs rêves. Au contraire il voulait connaître, il voulait comprendre, il voulait savoir; son indifférence n'était qu'illusoire, il croyait, il aimait encore, il haïssait l'injustice et l'hypocrisie, il adorait la vie, il voulait la faire heureuse et libre, dompter et refaire la réalité. C'était un révolté à la manière de Dostoiewsky. Il était arrivé au pessimisme, mais pour puiser dans cet abîme l'eau de Jouvence qui devait raffermir ses membres las, retremper ses virilités. Il sentait, en un mot, qu'il devait accomplir en penseur honnête *la vocation* qu'il avait résolu de suivre. Il entend chanter dans sa conscience la voix intérieure qui l'encourage et le console ; bien qu'il soit vêtu de noir et que son cœur soit plein de souvenirs amers, il regarde vers l'Orient, sombre encore, d'où jaillira bientôt une éblouissante aurore; il l'attend, il la prédit, il veut purifier les intelligences pour hâter la résurrection... Et que voit-il ?

Une aurore, il est vrai, mais « une aurore de sang « et de larmes », l'aube tragique de la force aveugle qui se lève sur le monde. La sérénité des solitudes infinies l'avait effrayé, il était accouru au bruit du canon, mais l'écroulement momentané de la patrie française avait eu, dans son âme, un douloureux écho. Au commencement, il crut à la rénovation désirée, et que des ruines, des incendies, des hécatombes, allait surgir enfin, sculpté par les penseurs austères, « le temple d'Éleusis » que dore le soleil levant. « La vieille France, écrivait-il à « G. Brandes, la France mensongère est brisée, et cette « jeune Prusse le sera bientôt, et alors s'ouvrira l'ère « nouvelle et nous y pénétrerons d'un bond. Comme les « idées, alors, accourront à notre rencontre ! Il est grand « temps que cela arrive ! » Dans nos désastres il découvre la révélation de l'âme infinie de l'histoire, la régénération nécessaire, la purification des intelligences par la brutalité d'un mémorable exemple. Mais il voit ceux mêmes dont il attendait l'œuvre rêvée s'ensevelir dans les fureurs de la Commune, « cette caricature de son rêve », et le vainqueur lui-même s'avilir dans le siège de Paris, « dans cette chasse qu'aucun poète ne glorifiera jamais ». Il essaie, alors, et pour un moment, de se réfugier dans la tour d'ivoire du sceptique, que nulle vaine parole, nulle attaque vulgaire ne sauraient ébranler; il écrit à une dame suédoise cette *Lettre par Ballon*, chef-d'œuvre d'ironie hautaine, mais qui cache mal l'angoisse à laquelle son âme est en proie : « La lente évolution « des civilisations ressemble, suivant une loi invariable,

« à un escalier tournant. Aux oasis succèdent les déserts,
« la route est interminable, le dédale sans issue. Tou-
« jours mêmes espérances, mêmes désirs!... L'individu
« disparaît dans la masse grouillante des inconnus, des
« imbéciles, qui pensent et bâtissent pour un seul, mais
« ne comptent que par le nombre... Voyez ces hordes
« de barbares qui se meuvent à l'assaut de Paris : qui
« d'entre eux est debout, cible vivante, au milieu du
« danger? Qui d'entre eux cueillera la palme de la vic-
« toire? Qui d'entre eux nous est apparu auréolé d'une
« gloire si éclatante que des millions de voix chantent
« ses louanges à travers le vaste monde? Bataillons,
« escadrons, généraux, éclaireurs, meutes de chiens
« qu'on a lâchés, suivent le gibier, à la piste, mais la
« renommée ne veut pas d'eux... Sous les couleurs lu-
« gubres de la Prusse, haillon funèbre, noir et blanc, les
« fortes larves de l'action ne s'épanouiront pas en pa-
« pillons ailés, chanteurs ; peut-être, un temps, fileront-
« elles la soie, mais pour y mourir. Dans la victoire est
« la ruine ; l'épée de la Prusse devient la verge du Prus-
« sien. Jamais problème d'arithmétique ne fera germer
« la beauté, et depuis l'heure où l'élan d'un peuple épris
« du beau, épris de l'indépendance, est devenu la spé-
« culation d'un état-major; depuis l'heure où M. de
« Moltke assassina la muse des batailles, la glorieuse
« épopée, la poésie sont mortes. » Il attend qu'elles res-
suscitent ; l'humanité n'est point mûre encore pour le
bonheur définitif, pour le complet affranchissement ;
mais lorsque l'État, « miné et sapé » par les penseurs,
aura croulé, entraînant dans sa chute les prisons et les
bastilles, toutes les traditions, tous les préjugés sur lesquels il s'appuie, alors l'individualité précieuse luira de
tout son éclat, connaîtra toute son expansion. « Serons-

« nous de la fête, Madame ? Qui sait quand la colombe
« nous apportera dans son bec le rameau précurseur ?
« — Nous verrons. Pour moi, jusqu'à ce jour, je me
« tiendrai dans ma chambre, ganté de suède, jaloux de
« solitude, alignant sur le vélin des rythmes distingués.
« La multitude vagabonde s'en fâchera sans doute, et
« me traitera de renégat, mais cette foule, elle m'épou-
« vante, je ne veux pas que la boue m'éclabousse ; et
« je veux, en habits d'hyménée, sans tache, attendre
« l'aurore qui va venir. »

Il ne la verra pas. Il veut calmer sa maladie par l'isolement, son pessimisme en s'éloignant de toutes les bassesses du monde, qui le causèrent et qui l'aggravent : il ne le peut. Il est homme, toujours ; il croit encore à la guérison possible, à l'affranchissement de ses semblables ; il aide à la révolution, qui ne sera pas une révolution pour rire, mais la révolution de « l'esprit humain ». Sa tendresse est la plus forte ; elle le lance à nouveau dans la mêlée. Il porte de terribles coups, chacun de ses drames, chacun de ses vers, chaque mot qu'il écrit est une lutte pour la bonne cause. Les chefs-d'œuvre se succèdent, ces tragédies poignantes : *Nora, les Revenants, le Canard sauvage, Rosmersholm, l'Ennemi du peuple, Hedda Gabler*, avec une abondance, une énergie qui ne s'arrête pas. Malgré elle, il veut sauver l'humanité ; il connaît la lassitude ; parfois il est forcé de reprendre haleine ; il frappe toujours. Hélas ! à mesure qu'il monte le terrible calvaire où le spectacle pitoyable de la misère humaine le clouera quelque jour ; à chaque pas qu'il fait dans la cité des hommes, il n'y trouve qu'égoïsme, hypocrisie, mensonge, laideur du corps, laideur de l'âme. Il se sent étranger au milieu d'eux et qu'ils refusent de recevoir le dieu sacré qu'il leur présente. Les infortunés sont couchés dans leurs édifices si somptueux d'aspect, rongés par la gangrène sociale, envahis par la pourriture des traditions et des doctrines, — tel un lépreux dans un palais. La guérison, il l'apporte, mais nul n'en veut. Il a d'abord essayé, lui, le rêveur austère et tendre dont la foi fit la force, de construire, comme Halward Solness, « des églises surmontées de tours gigantesques, « où les hommes pussent venir prier »; — les hommes ont nié l'idéal, ont eu peur de monter dans les tours, il ne savaient plus prier. Voici qu'aujourd'hui il bâtit pour eux des maisons saines et lumineuses, où circule l'air de vérité qui purifiera les âmes ; — et les hommes ne veulent pas des calmes foyers sereins. Ils restent dans leurs cités maudites, ils se complaisent dans ce vieux monde condamné qui croulera comme croula Sodome, sous le poids des iniquités, en un soir de tempête, dévoré par un feu vengeur. — Pour lui, l'impuissant constructeur, le penseur désespéré, il n'a plus qu'à mourir, mourir de lassitude et de dégoût, mourir du mal que tant d'ignominies ont aggravé, ont rendu mortel, et qui se hâte. Il a perdu le bonheur de vivre en perdant les croyances antiques, qui donnent au moins la tranquillité; ses enfants, jeunes encore, il les abandonna dans l'incendie qui réduisit en cendres la maison de ses pères; la jeunesse frappe à la porte, les générations nouvelles à qui il promit le royaume du rêve et de la liberté, l'affranchissement définitif qu'il n'a pu conquérir. Meurs ! monte à la dernière tour que tu t'es bâtie pour toi-même, orgueilleux fils de la terre, dernier-né d'un siècle inutile et qui n'a rien donné. Les yeux fixés sur un avenir qui sera tu ne sais lequel, ou la lumière, ou la nuit noire, jette-toi dans le vide et brise-toi le crâne, désespéré comme Julien, comme Jean Rosmer, comme tous les grands incertains, comme tous les grands malades qui n'ont pas su se guérir par ce qui sauve : l'action...

... Avoir vécu toute une vie d'angoisses, et quelles angoisses! avoir supporté la faim, le froid, le mépris et la haine, les colères de la foule ignorante, s'être condamné à l'exil pour pouvoir se donner tout entier à son rêve ; avoir promené ce rêve généreux de capitale en capitale, de ville en ville, d'hôtel en hôtel ; avoir lancé dans notre société chancelante et menacée le plus douloureux cri de révolte dont aient jamais frissonné les hommes ; avoir soulevé de ses mains terribles le séculaire édifice, et tout cela, pour en arriver, à soixante ans passés, quand la gloire est venue, à comprendre que la gloire est vaine, l'effort inutile, l'espérance illusoire, les clameurs perdues, — qu'il n'y a rien, rien, rien ; à fuir à travers le monde, comme un animal blessé, sous le fouet inlassable des âpres destinées, et n'attendre plus, pour cesser de souffrir, au lieu de l'aurore ineffable du troisième âge autrefois entrevue, que « l'aube tragique, l'aube de « sang et de larmes » dont la lueur effroyable éclairera le dernier jour de l'humanité, — quelle destinée, qui est la nôtre à tous, qui fut celle du siècle que nous voyons mourir! Comprenez-vous ces yeux d'angoisse et d'hallucination, cette bouche amère, ironique et lassée, ce visage empreint d'une tristesse indélébile que rien ne peut plus consoler ? Comprenez-vous cette existence étrange et désolée, cette maladie toujours plus grave, enfin meurtrière, maladie de l'âme, maladie de l'homme éternel qui, jouet du sort, marche depuis que le monde est monde, d'un pied meurtri, dans la nuit insondable, vers la lumière consolatrice qui recule et vacille à mesure qu'il en approche ?

II.

Les écrivains favorisés, aux oreilles de qui les bruits du monde n'arrivent qu'étouffés par les lourdes tapisseries des tentures, qui n'ont point pris contact avec les laideurs de la foule, s'abandonnent volontiers aux subtiles épilogues sur la vie intérieure, à l'analyse quintessenciée des réactions insaisissables qu'ont les uns sur les autres les sentiments et les idées. Ils gagnent en délicatesse ce qu'ils perdent en puissance, et si leur talent étreint le lecteur avec moins de force, il le retient par plus de charme. Dans la jolie prison où les enferme leur défiance des hommes, séparés du monde par de fins égoïsmes, ils se complaisent à l'étude de cas très rares, de tempéraments exceptionnels où le jeu des passions s'enchevêtre et se déroule dans un curieux imbroglio. Mais l'écrivain qui a connu les efforts et les anxiétés du vouloir, qui a souffert de toutes les mesquines combinaisons que la sagesse sociale groupe en un seul mot : « la lutte », garde communément une tendresse pour la variété pittoresque et le relief puissant qu'offre la maquette du spectacle humain. Pris à la magie de ce spectacle, il est surtout sensible à la forte poésie des actions et des sentiments. Il pourra maudire ces actions et ces sentiments, s'isoler dans un pessimisme, mais qui ne sera pas, comme celui de son heureux congénère, scepticisme et sécheresse de cœur, mais au contraire pitié, colère, tendresse saignante. Son pessimisme sera celui d'un cœur ému; son art sera celui d'un réaliste.

Nous avons vu que le pessimisme d'Ibsen était celui d'un cœur ému; son art est également celui d'un réaliste. La physionomie générale de son œuvre est harmonique à la physionomie générale de sa vie; c'est une œuvre de penseur austère et mécontent. Il n'aurait pas, sans doute, été un véritable artiste s'il n'avait pas exprimé la matérialité des spectacles qui s'offraient à sa vue, s'il fût resté sur les hauteurs au lieu de descendre dans la plaine où luttent et se désespèrent les hommes, mais cette matérialité il l'a reproduite et fait vivre telle qu'il l'avait observée, avec son cœur douloureux. Il y a eu par suite déformation du réel observé; l'opération, sans doute, a été menée avec une autorité singulière, mais il n'en reste pas moins que la vérité de la vie a été ployée aux conceptions de la pensée. Cette pensée était surtout d'un raffiné, l'art fut la floraison morbide de cette pensée raffinée et lasse. Observateur médiocre, l'écrivain acquit les notions qu'il employa plus encore dans les vers qu'il avait lus, dans les philosophes qu'il avait interrogés, dans les agitations historiques dont l'écho affaibli lui était parvenu, qu'il ne les dut à la puissance relative qu'il possédait de fouiller profondément la pulpe humaine. Son esprit, étant d'une distinction rare, s'assimila toute cette expérience livresque avec une discrétion aristocratique, et sa curiosité première se résolut en un exclusivisme rigoureux, mais d'autant plus fort. De toutes les humanités qu'il avait abordées, parce qu'elles l'avaient tenté, il n'en garda que quelques-unes, mais qui prirent à ses yeux la place du monde animé, ou plutôt comme le résumé des forces universelles. Vers elles il remonta, à ces personnages il rattacha toutes les données, nombreuses ou non, qu'il avait recueillies, il en fit un ensemble harmonieux et sévère qu'il revêtit d'une forme superbement forte et sonore, hautement intellectuelle. Il apparaît dans notre siècle, qui s'éprit si follement de pittoresque et de sensations compliquées, comme un penseur entièrement désintéressé de ce qui n'est pas son rêve, un classique austère et magnifique, une sorte de Corneille du désespoir humain.

Et c'est pourquoi l'impression qui jaillit, frémissante, de son œuvre, est si poignante et si douloureuse. Son réalisme, en effet, se traduit par la création d'êtres extraordinaires, détraqués et malades, et que nous sentons nos frères. Ils sont pétris dans la matière humaine, dans la pauvre matière de chair et de sang qu'ont pourrie des siècles innombrables d'hypocrisie et de mensonge, par toute cette civilisation désordonnée qui ne nous fit pas plus heureux et nous jeta dans la révolte contre les lois de la nature. Comme nous-mêmes ils subissent le châtiment de leurs perpétuels sacrilèges ; les choses se vengent, les lois sacrées ne pardonnent pas. Et, pris comme nous-mêmes le sommes, et sans espoir de délivrance, entre la société qui les étreint et leur nature originelle qu'ils veulent et ne peuvent dépouiller, ils vivent dans une crise perpétuelle qui semble ne devoir jamais finir. Ce paroxysme de pensées, de sentiments et de vouloirs où le poète les jette sans pitié, n'est que la conséquence logique et la fidèle image de leur exaspération vitale. Ils sont en proie à la névrose qui nous travaille et nous tuera. A quoi donc serviraient de compliqués décors, des tirades romantiques, des foules bariolées ?

En quoi tout cet attirail augmenterait-il l'émotion effrayée que produit en nos cœurs ce douloureux spectacle où nous n'ignorons pas que nous jouons un rôle? Dans toute sa nudité brutale, n'est-il donc pas suffisamment tragique? N'est-ce point assez de ces dialogues hachés, fiévreux comme les âmes qu'ils expriment, de ces mots infinis et profonds comme la misère humaine elle-même, de ces cris de désespoir étouffés sitôt qu'entendus, de ces conversations subtiles, aiguës, tranchantes, qui dissèquent avec férocité les états psychologiques des pantins lamentables qui s'agitent à nos yeux éperdus? N'est-ce point suffisant pour nous jeter, pantelants, aux pieds des vérités éternelles que nous avons oubliées? Que ces vérités aient été dérobées parfois à Dumas fils, à Björnson, détournées de quelques-uns des vieux rêveurs de 48 qu'on a tant méconnus, et qui cependant, en un langage parfois burlesque, dirent de fortes choses et déguisèrent sous des oripeaux de mi-carême les belles créatures de sincérité qu'enfanta leur cerveau, c'est, je crois, évident. Il n'en reste pas moins que l'intelligence hautaine du moraliste inexorable a fait converger, en les reproduisant, vers ces vérités éternelles, les physionomies banales et les menus faits de chaque jour. Les conversations, saisissantes de vulgarité, qu'ont entre eux ces personnages, nous élèvent d'un coup d'aile vers les explications supérieures et définitives. Tous les phénomènes, dépourvus de signification immédiate, il les a sollicités, organisés, violentés avec une énergie farouche jusqu'à ce qu'il ait fait d'eux les manifestations expressives de l'infini. Tout ce que la réflexion solitaire peut jeter sur une feuille de papier blanc, verser d'âme dans des contingences inanimées, il l'a jeté, il l'a versé pour arriver à l'idéal qu'il a rêvé. L'expression de l'infini, voilà ce qu'a voulu, avec une obstination géniale, dégager le vieux maître.

Il a cru réussir, et, l'infini exprimé, a pensé qu'il était inutile de l'analyser plus longuement. A quoi bon tout dire? expliquer? Il est préférable de donner à entendre, de porter la réponse à côté de la vraie question, d'estomper les caractères, d'atténuer la chair palpitante pour ne point amoindrir, en le vulgarisant, cet infini si supérieur à nos agitations éphémères. Accablé par les ignominies du monde réel, l'homme aperçoit confusément, par delà les évidentes misères de l'heure présente, un au-delà; il comprend qu'il est au-dessus de lui quelque puissance cachée, capable de rebâtir ce qui s'est écroulé, de lui rendre ce qu'il a perdu, de régénérer son âme en agonie. Il se voit à la limite de deux univers insondables, celui des sens qui écrase sa volonté, celui de l'âme auquel il aspire; il comprend qu'il est ballotté entre le bien et le mal. Et ce positiviste de raison, ce positiviste voulu qu'est Ibsen devient, grâce à lui, un idéaliste de nature et spontané. Lutteur, homme d'action vigoureuse et d'énergie intense, la logique souveraine de sa pensée le conduisait au nihilisme, il a entrevu le pays désolé du Nirvâna et respiré l'odeur de mort qui monte de la terre souillée par l'humanité; mais il a vu passer dans un éclair les chevaux blancs de Rosmersholm. Nous sommes remplis d'inconnu! Nous ne sommes grands que par l'inconnu que nous portons en nos flancs! pourvu qu'il ne nous abandonne pas! Pas de bruit! Pas de clameurs importunes! Et le drame s'avance, se déroule sourdement, à tâtons, dans le mystère et dans l'angoisse, dans un silence saisissant qui n'est que la peur de parler. L'action a des réticences, des arrêts frissonnants, marche d'un pas troublé, du pas d'un apeuré qui traverserait une chambre de malade : la malade, et qui agonise, c'est l'humanité. — Mais la pensée, alors trop forte, brise le cadre de l'expression dramatique. Les conceptions du puissant créateur sont enveloppées de profondes ténèbres que traversent de trop rares éclairs; son art est flottant, indécis et rude, renferme on ne sait quoi de maladroit et d'inachevé. Ce monde tragique où passent des âmes angoissées et clamantes, écrasées sous le poids des fatalités, un brouillard énigmatique l'enveloppe et le domine, une lumière étrange l'éclaire, la pensée recule devant cet inconnu. Mais de ce spectacle étrange, celui qui l'a contemplé emporte une impression inoubliable; et de cette œuvre plastique comme de l'œuvre morale se dégage un noble conseil, celui de vivre sans cesse, autant qu'on peut, ardemment, par l'intelligence, de jeter en aliment au foyer de l'esprit ses sentiments et ses passions. Et c'est parce qu'il nous a donné, à tous, fils d'un temps condamné, contempteurs des vérités éternelles, cette angoisse de l'infini et du mystère qui nous entourent, que le maître a été un si formidable remueur de consciences.

*
* *

Dans le premier comme dans le dernier de ses drames il fut un moraliste. C'était la conséquence de la maladie morale dont il était atteint et qui le fit tant souffrir.

Son éducation religieuse, l'habitude qu'en son enfance il avait acquise des discussions dogmatiques, des controverses, avait développé en lui le sens dramatique, le génie de la psychologie active, l'imagination du dialogue, comme elle les a développés chez la plupart des écrivains, poëtes ou romanciers de son pays; il voyait, entendait les idées, en suivait la marche et la lutte, et cette puissance de vision intérieure lui donnait les moyens de donner aux mots qui expriment ces idées une vie charnelle, une vie exubérante. Mais il avait surtout le besoin des raisonnements concrets, un goût pour l'analyse des dégradations lentes, des nuances de la lumière dont s'éclaire la conscience. Ses yeux, influencés par le mal qui le travaillait, lui faisaient voir le monde comme le théâtre d'un éternel et tragique conflit moral. Il en arriva peu à peu à considérer sa fonction d'écrivain comme une fonction métaphysique et surhumaine; il écrivit non pour égayer sa fantaisie, assouvir son désir de voluptés plastiques, mais pour obéir à son devoir. Chaque page qui s'envole de ses mains devient une action; son cerveau ne lance pas une pensée dans le monde sans avoir auparavant pesé quel retentissement elle aura. C'est un convaincu. Et c'est parce qu'il est un convaincu; parce qu'il est un moraliste qui parle à la foule des graves problèmes; parce qu'il est un dramatique et que, doué du pouvoir de créer la vie, il intéresse ceux qu'il instruit, que la foule, spontanément, est accourue vers lui.

Que lui dit-il? Il se borne à s'inspirer de la parole éloquente : « La vie est une profession de foi, elle « exerce une propagande irréparable et silencieuse. Elle « tend à transformer, autant qu'il dépend d'elle, l'uni- « vers et l'humanité à son image... » L'intérêt dominant qui nous appelle et qui s'impose à notre effort, c'est de vivre, et de vivre comme il faut. — A quoi bon tant de mots, dira-t-on, à quoi bon tant d'efforts et tant de sacrifices? — Nul ne peut s'abstenir, quel qu'il soit, d'où qu'il vienne, de songer aux problèmes, parce que le besoin de la vérité est irrésistible et que nous sommes remplis d'infini. Un peu plus tôt, un peu plus tard, il faut ouvrir les yeux et, courageusement, considérer l'océan prochain où nous devons, — on ne sait lequel, — ou nous perdre ou surnager. Nul ne peut s'abstraire du monde, quand même il serait blanc comme un cygne, et que, comme le cygne, il aurait le droit de tout mépriser :

« Cygne candide, toujours muet, calme toujours ! La
« douleur ni la joie ne pouvaient troubler la sérénité
« de ton indifférence ;

« Protecteur majestueux de l'Elfe qui s'endort, tu
« glissais sur les eaux sans jamais un murmure, sans ja-
« mais un chant.

« Tout ce que nous rencontrons sur nos pas, nous
« autres, serments d'amour, regards d'angoisse, hypo-
« crisies, mensonges, que t'importait ! Que t'importait ?

« Mais le matin que tu mourus tu soupiras ton agonie,
« tu chuchotas ta douleur... et pourtant tu étais un
« cygne ! »

Il faut mourir, et c'est l'appréhension de la mort qui trouble toutes les indifférences et tous les scepticismes ; c'est l'idée de la mort qui nous force à interroger la vie, à lui demander son douloureux secret et les moyens de la vivre, — à chercher sa *vocation*. Kant et Kjerkegaard, autrefois, ont appris au maître la valeur absolue des personnalités morales, et qu'il n'est rien de supérieur au monde à l'homme de bonne volonté, et la vocation n'est que la bonne volonté qui, infatigable, s'étend, s'épanouit et marche à son but d'un pas inflexible, sans dévier ni faiblir. *Brand* est un de ces apôtres populaires comme il en est encore dans les bourgs perdus de la Norvège, comme était le pasteur Lammers, qui s'en vont prêchant dans les carrefours la pénitence des péchés qu'on a commis contre l'impératif irrésistible de la conscience et l'absolue sincérité. Il combat sans pitié l'indulgence coupable, les compromissions lâches, la démence du cœur. Il enseigne la véritable action, l'action dont le désir de l'idéal est la cause et la raison profonde, celle qui rend « pareil à la pioche et à l'épée », la seule qui soit véritablement féconde. Or, comme il est dit dans *Peer Gynt,* « il faut oublier son moi, mais non « l'éparpiller »; pour purifier les autres, il faut d'abord se purifier soi-même, être si droit, si fort dans sa liberté reconquise, qu'on plane au-dessus de toutes les faiblesses possibles et qu'on n'ait plus à craindre les trahisons charnelles. Et alors, quand même les hommes obstinés, voués à l'aveuglement éternel, refuseraient, comme il arrive, de suivre le prophète au sommet de l'âpre montagne d'où l'on voit, des ténèbres anciennes, jaillir l'ineffable aurore; quand même le sage aurait, en marchant, écrasé des cœurs sanglotants de mère et d'amoureuse; quand même il serait condamné à voir crouler ses rêves, au suicide inévitable, aux chutes mortelles dans l'abîme du doute et du désespoir, interrogeant les cieux fermés d'un regard de suprême angoisse, s'il a aimé la vérité d'un amour inébranlable, s'il a marché vers elle à travers les souffrances, les effrois et les clameurs, il a rempli sa destinée. « Il faut vouloir, vouloir l'impossible, « vouloir jusqu'à la mort ». Tout secours est inutile à celui qui ne veut pas ce qu'il ne peut encore et il faut « vouloir le supplice de la croix, s'il est nécessaire « au salut, il faut le vouloir malgré les trahisons de la « chair, malgré les affres de l'esprit ».

« Les trahisons de la chair »; ce sont là les ennemis dangereux qui tueront chez *Peer Gynt* l'énergie de vouloir, qui le lancent à travers le monde, affamé de volupté, esclave du ventre ignoble, à la poursuite des jouissances que lui fait entrevoir dans un trompeur mirage son imagination perfide. Il se heurta dans sa jeunesse à la sottise des hommes, mais n'eut pas le courage de la combattre; il céda devant elle et s'en alla ailleurs, loin, bien loin, chercher une autre fortune. Il eut l'espérance que n'avait pas Brand, le surhumain prophète, et l'amour qui s'en vint à lui sous les traits de l'adorable fille, Solveig. Il s'obstina à pécher, se complut dans une fausse notion du bonheur, dédaigna la joie de vivre qui s'offrait à sa main et la virginité d'une âme qui voulait se donner. « La femme mauvaise n'est « plus devant mes yeux, mais elle est encore dans mon « cœur. » Les sens n'oublient pas, et les esclaves des sens qui n'ont point la foi ne connaîtront jamais, jamais, la liberté. Et lorsque las, meurtri, désabusé, ayant gaspillé les trésors de sa personne dans toutes les aventures qui flétrissent et déshonorent, il reviendra mourir, racheté par l'amour oublié, entre les bras de la femme fidèle, de Solveig qui berce, en chantant, sa douleur, il aura entendu crier sous ses pas fugitifs, d'une voix ironique et vengeresse, les feuilles, les pierres, les mousses, toute la nature entière qu'il aurait dû sauver, dont il était le rédempteur désigné par la mystérieuse destinée, et qui lui demande des comptes :

« LES MOUSSES MURMURANTES. — Nous sommes les « pensées que tu aurais dû penser. Pourquoi nous re- « pousser de tes faibles pieds, et qui tremblent ?

« PEER GYNT, *marchant comme un homme ivre.* — « Cessez votre course affolée, pauvres âmes que je mé- « prise ! Fuyez, fuyez, sans quoi mes pieds vous écra- « seront.

« LES FEUILLES SÈCHES, *qui le suivent, flagellées par* « *le vent.* — Nous sommes les paroles, que, sans trêve

« et sans repos, tu aurais dû répandre. Et nous de-
« vons pourrir, et nous n'aurons point été tressées en
« verdoyantes couronnes. Au printemps embaumé nous
« n'aurons pas protégé les fruits d'or, les vers nous
« guettent.

« ... Des Voix, *dans la tempête*. — Nous sommes les
« chansons que tu aurais dû chanter. Tu nous condam-
« nas au silence et pourtant nous voulions nous envo-
« ler dans l'air. Dans l'obscurité de ton cœur, silen-
« cieuses, nous attendions et tu nous vis nous endormir ;
« tu nous vis nous évanouir sans un remords, sans
« un regret...

« ... Des Gouttes de rosée, *tombant comme des
« pleurs des rameaux flétris*. — Nous sommes les larmes
« que tu aurais dû pleurer....

« Les Herbes, *qu'il écrase*. — Nous sommes les œu-
« vres que tu devais accomplir, les forces que tu ne vou-
« lus pas aimer. Nous reviendrons au dernier jour avec
« des clameurs de souffrance; elles t'écraseront, ces for-
« ces que tu dédaignas d'employer. Ce jour-là, toi aussi
« tu connaîtras la souffrance, et toi aussi tu gémiras ! »

« Les affres de l'esprit », le doute, c'est encore la sug-
gestion funeste de l'imagination qui présente à l'esprit
une foule de mirages intellectuels, également dangereux, entre lesquels il erre sans pouvoir se fixer. Pourquoi Skule, le prétendant à la couronne, le rival longtemps
heureux d'Hakon Hakonson, a-t-il été vaincu ? Parce qu'il prenait pour la réalité digne d'effort les satisfactions de son orgueil. L'orgueil est le principe du
doute, la révolte d'une intelligence qui ne veut pas s'a-
vouer vaincue par une vérité pressante, ne veut pas s'arrêter à un but évident, et qui erre et tâtonne à travers
la nuit obscure, se hâtant vers le gouffre fatal qui la

doit engloutir. Et Julien, guidé pourtant par la sagesse humaine incarnée dans Maxime, par la tendresse humaine incarnée dans Aurélie, par la prescience humaine incarnée dans le prêtre d'Éphèse, pourquoi ne peut-il arriver à la lumière qu'il voit briller dans le lointain avenir, à travers les brumes du présent? Parce qu'il s'est abandonné aux voluptés de l'esprit comme Peer Gynt aux voluptés du corps, parce que sa raison défaillante ne sut pas dominer les tentations qui l'assiégeaient, parce que sa curiosité jamais satisfaite ne lui permit pas de s'arrêter, au moment qu'il fallait, dans la forte certitude où se réfugiait Brand. Il a échoué parce qu'il n'a pas pu dépouiller, comme un vêtement hors d'usage, cette tunique de Nessus qui consume l'énergie, est le linceul de la volonté. Il n'a pas su être lui-même, et, près de voir s'ouvrir à ses pas hésitants le temple lumineux vers lequel il marche, soudain il recule, il hésite, se détourne et s'enfuit dans un dernier blasphème contre la réalité sainte dont il fut l'insensé contempteur.

« JULIEN. — Je te quitte, mon maître bien-aimé, il
« le faut.

« MAXIME. — Où vas-tu?

« JULIEN. — Vers la cité. Le roi des Perses m'a de-
« mandé la paix; ma précipitation fut trop grande, et
« mes messagers sont partis; il est temps de les rappeler,
« encore; je dois les rejoindre.

« MAXIME. — Tu veux recommencer la guerre contre
« le roi Sapor?

« JULIEN. — Je veux ce que voulait Cyrus, ce que
« tenta Alexandre...

« MAXIME. — Julien!...

« JULIEN. — Je veux être le maître du monde! »

(*Il s'en va à grands pas, tragique et douloureux. Sombre et pensif, Maxime le suit des yeux.*)

(*Des voix de femmes, des voix éplorées et navrantes montent dans le lointain de la nuit, sous les étoiles.*)

« Dieux des hommes, idoles étincelantes, vous tomberez
« en poussière, et le vent du ciel balaiera vos débris ! »

Oui, toutes les idoles humaines, idoles de la chair que Peer Gynt adorait, idoles de l'esprit à qui Julien sacrifiait, d'un cœur insensé, ses hautes destinées, elles tomberont en poussière au choc de la volonté pure, de la volonté sainte dont parlait Kant avec un religieux respect, la volonté puissante et magnifique dont l'expansion emplira le monde, dont l'énergie poussera l'humanité misérable vers les temps sacrés que dédaigna follement le maladif empereur. Que tous les fils de la terre le veuillent ou non, que la matière inerte et le doute orgueilleux se liguent ou non contre l'action, le vouloir et le pouvoir se confondront un jour dans une souveraine harmonie ; il viendra ce troisième âge, que, dans les solitudes désolées de la Mésopotamie, durant les nuits sinistres qu'éclairait seule la face pâle du Crucifié, prophétisait Maxime en paroles splendides. Pareil aux illuminés qui s'en allaient vers les bourgades de la Judée, dont il a l'éloquence et l'emportement, ce fils des siècles morts qui prévoit les siècles futurs, sur la limite de deux ères ennemies dont l'une fut magnifique, dont l'autre sera féconde, annonce les temps à venir, en qui s'uniront dans une mystique et définitive effusion la vérité et la beauté, l'art et la vie heureuse, l'âme et la chair.

« Mon frère, toi qui aimes la lumière, écoute-moi. En
« vérité, je te le dis, l'un et l'autre, l'Empereur et le Ga-
« liléen, disparaîtront, mais ils ne seront point chassés
« du monde. L'enfant s'absorbe dans le jeune homme

« et le jeune homme dans l'adulte; pourtant, ni l'un
« ni l'autre ne sont morts... Toi, l'Empereur, tu as
« voulu métamorphoser ce jeune homme en enfant. Or,
« le royaume de l'esprit a définitivement vaincu le
« royaume de la chair, mais le royaume de l'esprit n'est
« pas le terme, pas plus que l'adolescence n'est le terme
« de notre développement humain. Et toi, tu l'as voulu
« empêcher de grandir ! Insensé qui as tiré l'épée con-
« tre l'avenir, contre le troisième âge où régnera celui
« qui est unique en deux personnes !... Les Juifs ont un
« nom pour le désigner : le Messie, et ils l'espèrent. Le
« Messie, ni Empereur, ni Dieu, mais les deux en un
« seul, un seul dans les deux, Empereur-Dieu, Dieu-
« Empereur. Empereur dans le royaume de l'esprit, Dieu
« dans le royaume de la chair ! Le Messie de l'empire du
« monde... Il naîtra par l'effort réfléchi de la volonté
« clairvoyante ! »

« Le divin, disait Brand, c'est l'harmonieux, » et la
volonté forte peut seule créer le divin, l'harmonieux.
Mais comment diriger la volonté ? « Vous ne connaissez
« que deux routes, celle qui conduit à l'école ou celle
« qui conduit à l'église; mais la troisième, celle qui va
« vers Éleusis, au delà, et plus loin encore, celle-là,
« vous ne la voyez pas ». — Nous pourrons entrevoir la
voie sacrée, nous n'y pourrons entrer qu'en dépouillant
notre égoïsme, notre amour du mensonge, nos furieux
appétits sensuels, tout ce qui salit l'âme. Mais comment
dépouiller cette humanité dégradante ? Nous sommes à
l'église, nous avons entendu la parole du Christ; mais
nous maudissons le prophète, nous jetons un regard en
arrière vers les portiques verdoyants où les sages en
sandales devisaient, au soleil, des choses éternelles. Nous
maudissons la dure nécessité qui nous fut imposée, la

discipline étroite où nous avons grandi et nous disons, avec Julien : « Lorsque mon âme se ramassait en une
« haine implacable et farouche contre les meurtriers de
« ma race, on me disait : Aime tes ennemis ! Quand mon
« cœur, altéré de beauté, languissait après les joies et
« les ivresses du monde païen disparu, la loi du chré-
« tien tombait sur moi et me criait : Cherche ce qui
« seul est nécessaire ! Quand je sentais les doux appétits
« de la chair ; il me criait sévèrement : « Ne désire que
« ce qui est saint !... Les choses du monde sont deve-
« nues illicites du jour où le Voyant de Galilée a pris le
« gouvernement du monde. Vivre, selon lui, c'est mou-
« rir ; aimer et haïr, c'est pécher. A-t-il donc transformé
« la chair et le sang de l'homme !... Ce qu'il y a de plus
« profond et de plus sain en notre âme se révolte contre
« sa loi, et cependant nous devons vouloir contre notre
« propre volonté ; nous devons ! devons ! devons !...
« Votre Dieu est un Dieu prodigue, Galiléens, il lui faut
« beaucoup d'âmes ! »

— Et cependant, nous pressentons, nous voulons autre chose, mais nous ne sommes pas dignes de voir l'idéal, et nous allons mourir ! Julien, mon frère tragique, âme ondoyante et tourmentée, hésitant entre le passé plein de soleil et l'avenir plein d'idéal, et ne sachant lequel choisir, tu es le fils de mon siècle, le grand amoureux des chimères, le triste Rosmer antique, et, comme moi, comme nous tous, tu mourras de ton rêve inassouvi. Enfant des races condamnées, tué par tes pensées trop fortes pour ton cerveau fragile, tu tomberas, comme je tomberai moi-même, sous la flèche du barbare, du fils de l'avenir ignorant encore et farouche, mais jeune, mais fort, mais sachant vouloir et sachant agir, et qui, éclairé par la foi nouvelle qui va s'allumer sur le monde, marchera dans les voies austères qui mènent au temple sacré. Il y a bien longtemps que, sur les sables de Paxos, les navigateurs entendirent monter dans l'infini des temps la grande clameur désolée qui annonçait au monde que Pan venait de mourir; la chair a disparu, l'esprit va disparaître; des hommes nouveaux, à cheval, se montrent dans l'horizon. Regarde, emplis tes yeux, déjà voilés, de l'ineffable lumière, et retombe au néant, lamentable rejeton des âges qui ne sont plus, des croyances envolées et des dieux oubliés. Et nous, comme toi, qui avons vu crouler les croyances et les dogmes et les philosophies qui firent la joie, la santé, le bonheur de nos pères, nous sentons les mêmes angoisses qui menèrent au torrent le plus noble d'entre nous. Notre fortune est bien cruelle; vraiment la part est lourde à porter que nous assigna la destinée. Voyageurs altérés dans l'immensité muette, nous cherchons en vain, à travers l'âpre solitude de nos cœurs et de nos esprits, une source où calmer les brûlures du désespoir, les vestiges qui nous mèneraient aux oasis. Le désert est vide. Nos pieds sont meurtris, nos bras fatigués, nos énergies brisées; une anxiété étrange nous presse et nous domine. Couchons-nous sur le sable, attendons le néant!

Mais voici que, sous le ciel noir qui n'entend pas, monte une plainte douce ainsi qu'un chant de flûte, dans une nuit d'étoiles. Appuyés sur le coude, les oreilles attentives et les yeux grands ouverts, écoutons... — Agnès, la douloureuse et la mélancolique; Agnès privée de son enfant, qui écrasa son cœur entre ses doigts meurtris; Agnès, lasse de sacrifice et déjà glacée pour la tombe, apprend à son époux que ce n'est pas assez de tout donner à Dieu; ce Dieu il faut le connaître dans son essence véritable et c'est d'une main vierge de cruautés qu'il lui faut présenter les trésors de sa vertu ; Brand, l'implacable et terrible prophète, est mort tué par son orgueil et par le désespoir de survivre à son rêve, car il n'a pas connu le Dieu de charité ; Solveig, la pauvre amoureuse délaissée pour tant d'autres, dédaignée si longtemps, pardonne, oublie et se dévoue, et, lorsque Peer Gynt revient vers elle, elle le prend entre ses bras de vierge, le berce dans son sein resté jeune sous les cheveux blancs ; de sa voix chuchotante de vieille femme sereine, elle endort sa douleur, donne à son agonie l'illusion du bonheur. « Je t'endormirai, je te veillerai, « ô mon pauvre enfant ! » — Et à l'heure où Julien va chercher dans l'au-delà obscur le dernier mot du problème qui consuma ses forces ; lorsque sa vie s'exhale en un dernier blasphème contre le Galiléen, contre ce Dieu de l'esprit qu'il a voulu chasser du monde, à ce moment Aurélie, debout dans la tempête, sacrifie au soleil qui se lève à travers un brouillard sanglant. Qu'est cela ? Enfants des siècles morts, brisés entre deux âges, nous sommes des êtres faibles et voués au néant : certains d'entre nous sont déjà disparus... Et pourtant !... La vérité, c'est la justice ; la volonté consciente c'est l'amour ; le bonheur n'est que la justice illuminée par la tendresse ; le Messie qu'on attend est un Messie d'amour. « Cet Adam, jeune et fort » dont Brand annonçait la naissance, il jaillira du flanc blessé, mais toujours fécond, d'une femme ; c'est par la femme, une fois de plus, que s'accomplira la rédemption du monde.

III.

Pourquoi ? Nous vivions dans l'âge du Christ, âge

intermédiaire que l'on a cru définitif, et la fatalité du devoir a remplacé, pesant sur nous, l'antique fatalité des forces. « Le Voyant de Nazareth n'annonçait pas tel « Dieu, ou tel autre Dieu ; il est venu disant : « Dieu, « c'est moi, je suis Dieu », et il a tué les autres dieux, « et, avec eux, la liberté d'être et la joie souriante de « vivre. » L'air du jardin des Oliviers, comme l'air qu'on respirait à Rosmersholm, agrandit la noblesse mais rapetisse le bonheur; la foi, c'est l'autorité, et l'autorité dogmatique a gouverné le monde depuis que cette antique beauté, « qui ne fut pas longtemps belle », s'est enfuie vers des siècles finis. Car, comme il corrompt le bonheur et emprisonne la volonté, le christianisme a proscrit la beauté, et, ce qui est le reflet sublime de la beauté terrestre, la bonté du cœur. « Statues ! beaux « temples, s'écrie Julien dans une hymne éperdue de « détresse, beaux éphèbes couronnés de pampres ! Jeunes « filles qui dansaient !... Vie si belle ! Terre si belle ! O « soleil, soleil, pourquoi m'as-tu trompé ! » et Brand, par delà les temps, lui répond de sa voix austère : « La « peinture, la musique t'enchaînent dans les filets de « Satan ; être bon, être beau, voilà les mots avec lesquels « on devient lâche. » Mais il n'est arrivé qu'à la stérile intolérance, à l'orgueil du suicide et du néant de tout : « Oui, tu sépares le corps de l'âme, pourtant, je te le dis, « ils ne font qu'un seul être, et jamais tu ne pourras « ressembler à ton Dieu, puisque tu es de chair ! » L'autorité a tué la vie; la société, née de l'autorité et qui se justifie en la justifiant, a tué l'humanité; et c'est la clameur vengeresse de l'humanité écrasée par des siècles de société que pousse, en une heure de clairvoyance sublime, notre frère douloureux, qui, lui aussi, meurt victime du passé, Julien : « Un hymne ! Un hymne universel

« pour glorifier la vie, glorifier la lumière, glorifier le
« bonheur ! »

Le principe d'autorité est criminel ; il fait mourir l'individu, et, avec lui, le monde, qui ne peut être sauvé que par l'individu. En notre temps, dans nos conditions actuelles de civilisation, c'est donc une lutte sans merci qui se trouve engagée de la société contre l'individu. Lorsqu'à Grimstad, Ibsen, passionné pour la Révolution qui, alors, bouleversait l'Europe, dévorait les journaux qui lui tombaient sous la main, il y retrouvait souvent l'écho plus ou moins sonore des théories de Proudhon. Il devait apprendre plus tard de Kant que la vérité, conquise par une raison libre, affranchie des tentations sensuelles et des angoisses du doute, est le but que tout homme de bonne foi, tout homme digne de ce nom, doit proposer à son effort. Le rude polémiste de 48 lui enseignait déjà que toutes nos sociétés, sous leurs dehors brillants et féconds, sont iniques et stériles parce qu'elles corrompent les germes les plus purs des personnalités qui pourraient fleurir ; que ce qui nous prend dès notre naissance, et nous pétrit, et nous transforme, et nous rend pires, ce sont les hommes qui, en se réunissant, ont renoncé à leur expansion naturelle et qu'arrêtent dans leur élan vers la justice et l'idéal les mutuelles concessions que nécessite la vie commune ; chacun d'eux s'habitue, dompté par les principes que décrètent et appliquent les majorités, à l'hypocrisie ; il adopte nécessairement une morale de convention, une morale de force qui viole les droits sacrés, détruit le devoir, anéantit la beauté de l'action. Ibsen fit le reste et voici ce qu'il conclut de ces prémisses : des opinions suggérées par des habiles se forment et se propagent on ne sait trop comment ; elle grandissent, prennent de la vigueur, deviennent traditions et dogmes; la foule dont elles flattent les instincts les accueille, les formule et les suit aveuglément, elle en fait des règles inexorables de conduite et les impose à tout vivant. Pénétrez, analysez, jetez un rayon de lumière dans la profondeur des consciences, vous reculerez effrayés. La morale humaine, la noblesse humaine, l'âme humaine entière sont mortes, la vertu n'est qu'un mot, notre vieux monde s'écroule. Et quelle galerie d'infâmes que celle où sont fixés, flétris par une main vengeresse, ceux qui tentent encore de l'étayer sur le mensonge, tous les « Soutiens de la Société ! » Les « Soutiens de la Société » adorent toujours les vieilles idoles parce qu'ils se sont institués eux-mêmes les prêtres de ces idoles et qu'ils vivent de l'autel; ils sont remplis d'un saint respect devant les traditions pourries, écoutent religieusement les mots vides et sonores qui bercèrent leur enfance, engourdirent leurs âmes et leurs énergies, parce qu'ils n'ont ni le courage ni la volonté de secouer leur erreur, de vivre et de penser pour leur compte, de braver l'opinion qui les admire et les exalte, de désabuser la multitude dont ils sont les flatteurs tout en semblant la dominer. Cabotins piteux ! Acteurs voués à la comédie qui ne finit qu'à la mort, ceux qui triomphent et qu'on applaudit, ceux qui connaissent les sourires, les bravos et les couronnes, sont les souples et les rusés, les habiles hâbleurs qui cachent leurs ambitions sous des dehors de dévouement, leurs vices sous le masque de l'austérité, et sous un rire tragique et qui sonne faux les humiliations de la servitude, les fureurs de l'orgueil blessé, les âpres désirs inassouvis. Le cœur de pas un d'eux n'est pur, ils le savent, mais ils se grisent de paroles, s'excusent et se défendent contre les revendications de leur conscience au moyen d'arguments spécieux ; ils ont des phrases, des maximes, font un peu de bien sur la place publique et beaucoup de mal dans leurs demeures ; ils semblent ne vouloir que le bonheur de tous, ils le disent pour que tous entendent, mais ils sacrifieraient sans hésiter des hommes à leur égoïsme farouche. « Ni l'homme, dit Bernick, ni la femme ne doivent « penser à soi d'abord ; nous devons tous prêter notre « appui à une société quelconque ; penses-tu que ce soient « mes propres affaires qui m'occupent ainsi ? » Et ils s'habituent si vite aux ténèbres où s'endort leur âme qu'ils disent naïvement, avec le même qui les résume et les incarne : « Il n'est point d'âme humaine où ne se « trouve un point noir et qu'il faut cacher. — Et vous « vous appelez, je crois, les « Soutiens de la société » ? — « Elle n'en a pas de meilleurs, » car elle-même est mensonge et ceux qui la respectent et s'en contentent, qu'ils le sachent ou qu'ils l'ignorent, sont des renégats de l'idéal.

Les uns, ceux qui s'en doutent, et le savent, et le veulent, Bernick, Peter Stockmann, Aslaksen, tous les galonnés, tous les salariés, tous les influents qui portent l'uniforme ou remplissent des fonctions publiques ; ceux que l'histoire appelle les bienfaiteurs des peuples, les grands hommes dont le bronze fixe les effigies, ce sont ceux-là, les plus vils et les plus lâches, ceux qui jettent en pâture au lion populaire les innocents et les justes, ceux qui traînaient Jésus au prétoire, le livraient à la tourbe de Jérusalem, ceux qui crachent sur les vaincus et disent avec Pilate : « Je m'en lave les mains ! » Au besoin, ils sortent de ce mépris hautain et satisfait que professait le proconsul pour la souffrance et la justice ; ce sont les hommes d'action qui veulent combattre, se faire chefs de parti et diriger les majorités ;

ils vous disent avec Aslaksen qu'ils veulent le bien de tous et la modération et quand on démasque la poltronnerie dont cette modération n'est que l'apparence vile, ils s'écrient, avec Aslaksen encore : « Moi poltron ! Eh
« bien, oui, quand il s'agit des autorités locales, j'ai peur
« et c'est à l'école de la vie que j'ai appris cette crainte.
« Mais mettez-moi dans la politique, vis-à-vis du gou-
« vernement même, et vous verrez si j'ai peur... Je suis
« un homme de conscience, voilà tout. Si l'on attaque
« le gouvernement, on ne fait en tout cas aucun tort à
« la société parce que les gens du gouvernement se mo-
« quent des attaques, voyez-vous, ils restent malgré tout,
« eux. Au contraire, les autorités locales peuvent être
« renversées, on risque d'avoir au gouvernail des inex-
« périmentés... Un homme politique ne doit jurer de
« rien... vous m'accusez de lâchetés et de contradictions ;
« voici ce que je puis affirmer. Le passé politique de
« celui qui vous parle est grand ouvert comme un livre
« sous les yeux de tout le monde. Mes idées n'ont suivi
« aucun changement, si ce n'est que je suis plus modéré.
« Mon cœur est toujours avec le peuple, mais je ne
« conteste pas que ma raison incline du côté des gou-
« vernants. » Vous les connaissez tous ceux-là, tous ces sots ambitieux qui n'ont ni bonne foi ni fidélité. D'autres sont leurs valets, les sceptiques et les cyniques qui prêchent des doctrines auxquelles ils ne croient pas ; ils propagent le mensonge avec sérénité, le mensonge, à leur sens, étant indispensable à qui veut arriver. Ils activent la corruption dans laquelle ils se plongent, notent et suivent d'un regard curieux les progrès du mal sur eux-mêmes et sur les autres, et ne sauraient admettre, empêcheraient au besoin par la force qu'on essaie de le guérir.
« Écoutez, monsieur Werlé fils, dit Relling du *Canard*

« *sauvage*, je ne vous conseille pas de faire ici, tant que
« je suis là, vos réclamations d'idéal. — Et si je le fais
« tout de même ? — Vous descendrez l'escalier la tête la
« première, c'est moi qui vous le dis. » — Et plus loin :
« Tout homme est un malade... Mon traitement ? Je tâ-
« che d'entretenir en chacun d'eux le mensonge vital
« qui est le principe stimulant... Si vous enlevez le men-
« songe vital à un homme ordinaire, vous lui enlevez en
« même temps le bonheur. » Ce sont eux, les loups-cer-
viers dont les dents sont longues et les convoitises ai-
guisées, Morstengaard, Hovstad, Steensgaard ; ils seront
une fois repus, ce qu'est l'assesseur Brack, les intelligents aventuriers, sans pitié ni scrupules, dont les mains
sont impures et le passé suspect. Les premiers étaient
braves ; ceux-ci ne sont que lâches ; jetez-leur un os, ils
ramperont, tels des chiens de basse-cour, et vous lèche-
ront les pieds. Au moment des ripailles, quand sonne
l'hallali, la meute affamée se lancera sur le lion vivant
encore et frémissant, chacun fouillera dans la plaie sanglante, chacun tirera de son côté. Du combat loyal et
seul à seul prudemment ils s'éloignent ; ce n'est pas leur
métier ; il faudrait du courage, eux ne savent qu'aboyer
et surprendre en trahison. Des coups de fouet, la fringale
des honneurs, des bravos, du bien-être, et la foule des
corbeaux derrière eux, — ils marcheront, soyez-en sûr.
Et Thomas Stockman, le juste et le sincère, monte
sous les huées le calvaire éternel !

Certains, pourtant, d'entre les « Soutiens de la Société » ne sont pas vicieux, mais seulement craintifs,
enfoncés comme Helmer dans les ténèbres de l'habitude,
enfoncés comme le pasteur Manders et comme le recteur Kroll dans les ténèbres de la routine et de l'éducation. Plus d'un, parmi ceux-là, n'attend que la grâce

et la lumière, et c'est d'un cœur honnête que le recteur s'écrie : « Jamais je ne ferai de compromis-
« sions avec les forces de destruction qui minent la
« société, » et il ne manque à l'hésitant pasteur que de connaître mieux la vie, moins bien la Bible, d'observer davantage et d'écourter ses sermons; de se rendre compte aussi qu'hélas! bien des préceptes sur lesquels il assit sa vie sont vermoulus et menacent ruine, d'être mieux instruit, pour devenir l'honnête homme éclairé, clairvoyant, qu'il deviendra sous l'influence de l'amour combattu, mais jamais repoussé. « Chère madame, il est
« des occasions en cette vie où il faut nous en rapporter
« au jugement des autres. Que voulez-vous? C'est un
« fait, et cela est bien. Que deviendrait la société s'il
« en était autrement? » Et c'est dans un sanglot, un sanglot sincère et pénétrant, qu'Helmer, désabusé trop tard, voyant crouler sous lui son mariage, son bonheur, toutes les joies du foyer, s'écrie : « J'ai la force de me
« transformer ! » Il se transformera, par un prodige peut-être, « le plus grand des prodiges », mais l'avenir est si vaste et l'amour si puissant ! Pourtant, pour devenir « un homme libre », le Wiking audacieux, inflexible, des anciens jours, il leur manque ce qui manque à toute notre pauvre humanité dégénérée, gangrenée par le mensonge, l'égoïsme ou l'habitude : le sentiment de la dignité morale, la volonté forte qu'il leur faudrait pour vaincre les tourments du cœur, des sens, de l'âme désemparée. Partisans obligés des compromissions lâches, des accommodements louches, leur vie est inutile quand elle n'est pas mauvaise; ils adorent le mal en croyant adorer le bien. A chacun d'eux l'on pourrait dire ce que Lona dit à Bernick : « Tu as fait beaucoup pour toi et beau-
« coup pour les autres, tu es l'homme le plus riche et le

« plus influent de la ville, tout le monde s'incline devant
« toi parce que ta réputation est sans tache, ta maison
« passe pour une maison modèle, ta vie pour une vie
« exemplaire, et pourtant tout cet édifice repose sur un
« terrain fangeux... Vous n'avez que deux cultes, celui
« de l'hypocrisie et celui du mensonge. Quel malheur
« serait-ce qu'une telle société fût renversée ? »

Elle le sera. « L'État est la malédiction de l'individu, » parce que l'État empoisonne par le mensonge et l'hypocrisie toutes les sources de notre vie intellectuelle et pratique. Fonctionnaires, députés, journalistes, pasteurs, recteurs, ronds-de-cuir imbéciles, ambitieux sans conscience, de cet individu que vous avez mis sous le joug, dites-moi, qu'en avez-vous fait ? En échange de cette liberté inaliénable et souveraine, lui avez-vous donné le bonheur ? En échange de cette noblesse originelle qui le consolait de sa chute, lui avez-vous donné la tranquillité de l'oubli ? Vous avez compliqué sa vie, vous l'avez chargé d'un poids écrasant de devoirs ; vous avez limité, rétréci son horizon. Vous l'avez rejeté dans cette plaine aride, entourée de montagnes, dominée par un ciel obscur, où il languit depuis des siècles. Assis sur un rocher, les yeux levés en haut, il ne voit rien luire, et l'aube est lointaine encore ; des souffles funèbres passent en sanglotant sur sa tête ; il entend des voix qui crient « malédiction ! » — Il songe au passé qui fut au moins tranquille. Car autrefois valait mieux où l'on croyait et que le ciel consolait de l'enfer de la vie. Aujourd'hui on ne croit plus ; vous nous avez pris même notre foi... Et si c'est du christianisme que sont sorties nos sociétés, si c'est le christianisme qui vous a élevés où vous êtes, du christianisme, qu'en avez-vous fait, ô vendeurs du Temple ? « Où est-il le christianisme, deman-

« dait Julien à Basilius ? Chez l'empereur, chez le César ?
« Ses actions, il me semble, crient assez haut : Non !
« non ! — Est-il chez les puissants et chez les riches,
« chez ces débauchés, ces moitiés d'hommes de la cour,
« qui joignent leurs mains sur leurs gros ventres et
« murmurent : le Fils de Dieu est-il sorti du néant ? Est-
« il chez les hommes cultivés qui, comme toi, sont
« abreuvés de beauté païenne ? Que dire de la foule en
« haillons, de tous ceux qui sévissent contre les tem-
« ples, qui égorgent les païens et leurs familles ? Ha !
« ha ! Le font-ils pour l'amour du Christ ? Ils se battent
« après pour se disputer les dépouilles de leurs victimes.
« Avance, Basilius, avec la lanterne de Diogène. Jette
« une lueur dans ces ténèbres. Où est le christianisme ? »
Liberté ! Liberté !

***

C'est aux révoltés, aux « Ennemis du peuple » qu'il appartient de conquérir la liberté et de guérir les âmes meurtries par le séculaire esclavage. Ah ! ces révoltés qui se dressent dans la noblesse et la sérénité de leur vie intrépide, ces apôtres du nouvel Évangile d'énergie et de sincérité, comme ils sont grands ! Ceux-là, certes, ne se sont pas contentés d'admettre tous les principes et toutes les croyances qu'on tente de leur imposer ; ils ont voulu connaître, dégager la vérité, et, dans ce but, ils ont travaillé durement, dans les luttes, à développer leur personnalité, à sauvegarder de toute impureté funeste l'intégrité de leur conscience, à réfléchir sérieusement aux problèmes illimités de la religion et de la morale. Ils ont refusé d'accepter les apparences et les formules, ils ont voulu se rendre dignes de vivre cette vie intérieure qui seule agrandit l'être, qui seule ennoblit l'âme, faite uniquement d'intelligence, d'amour et de pure action. Ce sont les combattants héroïques, les vaillants ouvriers du troisième âge; vers eux, spontanément, monte notre admiration. La passion ardente qu'ils éprouvent à l'égard du juste et du beau, l'horreur de l'hypocrisie, le spectacle du mal dont sont atteints tous ceux qui, autour d'eux, cheminent dans le banal et mesquin sentier de l'égoïsme et de l'intérêt, pourront parfois les entraîner au delà du but, mais ils sont de si bonne foi, ils ont un si profond respect pour les droits souverains de la conscience ! Et ils ont tant souffert ! Le calvaire est si dur que leur a fait monter la sottise humaine, la croix si pesante dont chargent leurs épaules les imbéciles ou les méchants ! Toujours ils osent tout dire, ils ne reculent devant aucune gloire, aucune foule, aucune puissance. A ceux qui leur parlent de devoir social, de religion, de maternité, de famille, de tous ces principes séculaires dont la société tyrannique fit ses plus fermes appuis, ils répondent ce que Nora répond à Helmer, en ce moment tragique où elle va partir, dans la nuit et l'incertitude, vers l'accomplissement de ses véritables destinées :

« NORA. — Mes devoirs les plus sacrés ce sont mes
« devoirs envers moi-même... Je crois qu'avant tout je
« suis un être humain, ou du moins je dois essayer de le
« devenir. Je sais que la plupart des hommes te donne-
« ront raison, Torwald, et que ces idées-là sont imprimées
« dans les livres, mais je n'ai plus le moyen de songer à
« ce que disent les hommes, à ce qu'on imprime dans
« les livres. Il faut que je me fasse moi-même des idées
« là-dessus et que j'essaie de me rendre compte de tout...

« TORWALD. — N'as-tu pas la religion ?

« Nora. — Hélas! je ne sais au juste ce que
« c'est... Là-dessus, je ne sais que ce que m'en a dit le
« pasteur Hansen en me préparant à la confirmation. La
« religion, c'est ceci, c'est cela. Quand je serai seule, et
« affranchie, je veux examiner cette question comme
« les autres. Je verrai si le pasteur disait vrai, ou du
« moins si ce qu'il disait était vrai par rapport à moi...
« Vois-tu, Torwald, il m'est impossible de te répondre ;
« je ne sais rien, je ne puis me retrouver dans tout cela.
« Je ne sais qu'une chose, c'est que mes idées diffèrent
« entièrement des tiennes. J'apprends aussi que les lois
« ne sont pas ce que je croyais, mais que les lois soient
« justes, c'est ce qui ne peut entrer dans ma tête. Une
« femme n'aurait pas le droit d'épargner un souci à
« son vieux père mourant ou de sauver la vie à son
« mari! Cela ne se peut pas! »

« Je ne puis me retrouver dans tout cela! » C'est le
cri de détresse de l'intelligence lorsqu'elle voit disparaître, au choc inflexible d'une sincère analyse, toutes ces idées conventionnelles, contradictoires, qui jusque-là furent sa certitude et qui, tyranniques, dominèrent, anéantirent toutes les idées naturelles, toutes les idées spontanées qui enfoncent leurs racines et puisent leur énergie dans l'âme affranchie de l'individu. Mais qu'importe! Celles-là, rejetées au néant dont elles n'auraient jamais dû sortir, celles-ci pourront germer, et pousser, et fleurir; les ressources de la personnalité sont inépuisables! Nora raisonne avec son âme ardente d'amoureuse désespérée, d'épouse froissée en ses plus chères tendresses, de petit être joyeux qu'une brutale étreinte a meurtri; mais ce bonhomme sublime, ce docteur que les malins trouvent ridicule, ce bon rêveur indifférent aux banalités journalières qui, dépassant l'étroit horizon de

sa petite ville potinière, jette un regard d'angoisse sur la boue abominable où s'enlisent les sociétés ; ce qu'elle dit, il le prouve, et scientifiquement, avec sa triviale et forte éloquence qui jaillit spontanément du cœur, du large cœur prêt à tous les sacrifices, plein d'un immense amour pour ses pauvres frères boiteux et chargés de chaînes, les hommes. — « Vous me croirez si vous « voulez, mais les vérités n'ont pas, comme on se l'ima- « gine d'ordinaire, la vie aussi dure que Mathusalem. « Une vérité normalement établie ne vit guère que « quinze ou vingt ans, tout au plus ; rarement davan- « tage... Quelle nourriture peut-on trouver dans cet « aliment-là ? Aucune, je vous assure, et je dois m'y « connaître, puisque je suis médecin. Elles ressemblent « aux harengs salés de l'année précédente, aux vieux « jambons rances et moisis. Et voilà l'origine du scorbut « moral qui ravage toutes les sociétés ! » — « Ah ! « s'écrie dans une superbe apostrophe, Mme Alving, enfin « lasse, et se révoltant sous l'étreinte de la souffrance, « ah ! cet ordre et ces prescriptions ! Il me semble parfois « que ce sont eux qui causent tous les malheurs du « monde !... Et qui a institué ces choses-là, pasteur ? » Qui ? La majorité, la majorité odieuse qui chassa la vérité du monde, qui abreuvait d'outrages et flagellait le Christ dans le prétoire du proconsul, la majorité qui dressa les gibets, alluma les bûchers, bâtit les échafauds, enfonça les clous dans les mains des crucifiés sublimes ; la foule, enfin, la foule idiote et cruelle, qui martyrisa tous les apôtres de l'idéal, et les sanctifia après qu'elle les eut fait mourir. Démocratie, vile populace « qui n'es « que la matière première dont on doit tirer le vrai « peuple », quand donc épargneras-tu ceux qui t'ont sacrifié leurs joies, leurs bonheurs et leurs espérances,

quand donc, d'une main intelligente, démoliras-tu les potences dressées sur les grèves pour l'assouvissement de tes hideuses passions? « Les ennemis les plus dan-
« gereux de la vérité et de la liberté dans notre société,
« c'est la majorité compacte, oui, la maudite majorité
« compacte et libérale !... La majorité a la force, et c'est
« un malheur, mais elle n'a pas la raison. C'est la
« minorité qui a toujours raison... Et par minorité
« j'entends cette élite qui est parmi nous et qui a adopté
« les vérités naissantes. Ces gens-là se trouvent à
« l'extrême avant-garde, si loin que la majorité ne les
« a pas encore rejoints, et là, ils luttent pour des vérités
« qui sont encore trop nouvelles dans le monde, pour
« être comprises et reconnues par la majorité !...

« Révolutionnaire, je le suis, en effet. Je veux décla-
« rer la guerre à ce mensonge d'après lequel la multi-
« tude serait en possession de la vérité. De grâce, quelles
« sont donc les vérités autour desquelles se groupe une
« majorité, lesquelles, sinon des vérités si vieilles qu'elles
« sont déjà mortes ?... Vienne à présent votre presse vé-
« nale nous dire que la masse seule a le monopole de la
« moralité et que la corruption est une conséquence de
« la culture intellectuelle. Je lui répondrai que la cul-
« ture intellectuelle n'a jamais corrompu personne, que
« libre-pensée est synonyme de moralité, que le manque
« d'oxygène affaiblit la conscience et que l'abrutissement
« et la misère sont les seules causes de la corruption ! »
— Et lorsque bafoué, accablé de huées et d'outrages, menacé dans les siens, vaincu, il se redresse en un dernier défi, Thomas Stockmann s'écrie encore : « Cela
« n'a aucune importance qu'une société mensongère
« soit ruinée. Il faut l'anéantir... Et si le mal devient
« inguérissable, je dirai dans toute la sincérité de mon

« cœur : Que tout ce peuple disparaisse !... Vous aurez
« des nouvelles de l'ennemi du peuple avant qu'il se-
« coue la poussière de ses souliers. Je ne suis pas aussi
« bon enfant qu'une certaine personne qui disait : « Je
« vous pardonne parce que vous ne savez ce que vous
« faites ! » — Oui, que tout ce peuple disparaisse, que
le monde, condamné, disparaisse avec lui ! Dans une
lettre à Brandes, Ibsen écrivait : « Les idées nouvelles
« demandent une expression nouvelle. La Liberté, l'É-
« galité, la Fraternité ne sont plus ce qu'elles furent au
« temps de feu la guillotine... Les hommes ne veulent
« que des révolutions spéciales et localisées, des révo-
« lutions extérieures et politiques. Charlatanisme que
« tout cela ! Ce qu'il faut accomplir, ce qui, à tout prix,
« importe, c'est la révolution de l'esprit humain. » —
La révolution totale et définitive n'est-ce pas celle-là
qu'il caractérise en ces vers célèbres ?

A un orateur révolutionnaire.

« Vous dites que je me suis fait conservateur. Je
« suis ce que je fus toute ma vie.

« Je ne joue pas si l'on se borne à déplacer les pions.
« Renversez le jeu, je suis votre homme.

« Je ne connais qu'une seule révolution qui n'ait pas
« été faite par un gâcheur.

« Elle dépasse toutes celles que l'on a faites depuis, et
« c'est du déluge que je parle.

« Et pourtant, même en celle-là, le diable fut dupé ;
« Noé, comme vous savez, prit la dictature.

« Recommençons la chose et plus radicalement. Il faut
« pour cela des lutteurs et des orateurs.

« Vous vous occupez, vous autres, de faire couler l'arche ; moi j'attacherai avec allégresse la torpille à ses flancs ! »

Et alors ? Alors sera prêt le monde pour l'apparition sublime de ce troisième âge que Maxime entrevoyait déjà dans le brouillard des siècles. Alors la terre, en habit de fête, inondée d'un printanier soleil, rajeunie, purifiée par le sang, par les larmes, enrichie par toutes les corruptions qui s'étalaient à sa surface et qui, tombées aujourd'hui dans son sein, élaborées par elle, seront le ferment généreux d'où sortiront les générations innombrables, vigoureuses, sincères et magnifiques dont la succession remplira les temps futurs, alors la terre connaîtra le renouveau sacré. Alors jaillira de ses flancs inépuisables cet homme unique et longtemps attendu, « l'homme le plus fort qui sera le plus seul », qui ouvrira, en chantant un hymne d'allégresse, la porte du temple, ivre de liberté, de génie et d'amour. Mais cet homme, quel sera-t-il ? Viendra-t-il jamais ? La terre n'est-elle point épuisée ? Nous sacrifier, nous autres, enfants dégénérés des sociétés pourries, nous le voulons, mais à quoi bon ? Sommes-nous sûrs de revivre en des rejetons meilleurs ? Ne marchons-nous pas, au contraire, au néant insondable, à l'inutilité ironique de la douleur et de l'effort ?

« La vieille société, dit Alexandre Dumas dans la préface du *Fils naturel*, s'écroule de toutes parts. Toutes les lois originelles, toutes les institutions fondamentales, terrestres et divines, sont remises en question. Les sentiments hésitent et frissonnent, la passion doute, les vérités d'autrefois tremblent à ce vent nouveau. L'homme ne se retrouve plus dans ce qu'il était jadis, il traverse une des nuits de l'âme, qui a ses jours et ses nuits comme les mondes physiques, seulement immenses, éternelles au premier aspect. Poltron, il chante à tue-tête, croyant donner le change à Celui qui le regarde passer dans l'ombre, mais il pressent, malgré tout, une destinée autre ; il distingue par moments, au-dessus de l'horizon, une lueur vague qui lui rend, à de certaines heures, la terre transparente... Quelle idée nouvelle allume secrètement le foyer de cet astre naissant ? C'est la vérité qui utilisera sans parti pris, sans exclusions, sans légendes et sans mystères, toutes les virtualités éparses et qui s'ignorent. » — A la fin de la réunion tragique où Stockmann est décrété ennemi du peuple, Petra monte sur l'estrade, pour le défendre et l'encourager. Elle symbolise. La vérité va luire, la régénération est proche et nous les verrons, certes, car on nous les apporte. Les messagères de l'idéal, qui annoncent le triomphe du rêve dans la volonté, dans l'amour, ce sont nos mères, nos épouses et nos filles, — ce sont les femmes.

IV.

Dans un tiède matin de novembre, un de ces matins crépusculaires comme on n'en peut voir que dans le Nord, et qui font penser au sourire d'un mourant, je m'en allai visiter, à une heure environ de Christiania, le domaine de Gaulsta. Tout en haut d'un plateau, au détour d'un chemin, m'apparaît un château de briques aux formes fines qui s'adosse à la sérénité grave des bois de sapins. Devant moi, le coup d'œil est coquet ; derrière moi, le spectacle est grandiose : la ville et le fjord poursuivent leur rêve dans leur prison de hautes montagnes. Gaulsta, c'est sans doute le *gaard* d'un marchand de bois millionnaire qui vient se reposer là, dans son luxe et sa prospérité? Non, Gaulsta est un asile; ceux qui l'habitent, ce sont des fous.

Ils sont là deux cents, voués à l'éternel inconscient, et, plus fidèlement que partout ailleurs, ils sont l'image exaspérée d'une race. La folie est fréquente, en effet, chez ce peuple qui semble payer de cette terrible rançon le singulier génie qui lui échut. Que l'imagination tourne à droite ou à gauche, elle va à la splendeur des apothéoses ou à l'abîme dont personne n'a jamais vu le fond. En nulle autre intelligence, mieux qu'en la sienne, on ne comprend combien est étroite et glissante, et difficile à tenir, la limite qui sépare la vie et la mort de la raison, et comment quelques grammes de substance en plus ou en moins auraient fait de Björnson ou d'Ibsen un de ces déments dont je vis, en ce triste jour, agoniser l'âme aveuglée. Ce sont, pour la plupart, de grands désespérés, frappés d'une maladie mélancolique, en proie à une douleur mystérieuse qui ne s'apaise jamais. L'exaltation cérébrale excitée, entretenue par la lecture fréquente des psaumes et de la Bible; le mysticisme qui naît d'une concentration trop forte de la sensibilité qui ne sait comment se dépenser; les tourments d'une imagination puissante, refoulée et combattue, et des passions vivaces qui brûlent dans la solitude comme un feu de pâtre abandonné au bord d'un bois, et que nul ne songerait à éteindre; l'effroi de l'enfer et des châtiments dont les menace une religion farouche et sans pitié; — tout cela, sensibilité, passion, réflexion exagérée, raison surexcitée, restant sans objet ni but, sans cesse déçu, se brise au contact des réalités brutales et de la nature impassible. Que peut une pauvre cervelle humaine, énervée, désemparée, contre la toute-puissance formidable des choses? — Peu à peu la démence monte, monte sourdement, sapant la personnalité comme l'eau des fjords la base des montagnes. Elle se cache d'abord pendant de longs mois, de longues années même, ne se manifestant qu'en des effrois sans cause, des hallucinations étranges, un taciturne silence, une dévotion que rien ne rebute, des contemplations que rien ne distrait. Et brusquement, quand la ruine est imminente, elle fait, d'un dernier et plus vigoureux effort, crouler ce rocher qu'on croyait solide, en porte en tumulte les débris vers on ne sait quelle mer d'angoisses et féconde en sinistres. O l'épouvante de l'avenir, l'aspiration trompeuse et meurtrière vers un idéal entrevu et qu'on n'atteindra pas! O les pressentiments de la chute irrémissible, l'obsession du brouillard qui s'abat, impassible, comme un obscur linceul qu'on ne soulèvera plus! O les désirs de la mort libératrice! O la prostration douloureuse qui succède aux efforts désespérés vers le salut, vers la lumière, vers la vie qui s'enfuit, trompant la main affamée qui voudrait la retenir et qui déjà tâtonne, hélas!...

On dira : Cette folie effrayante, elle est l'écrasement par les choses des esprits obscurcis par les dogmes, exaltés par la solitude; elle s'abat sur les paysans et les pêcheurs des côtes, mais sévit peu dans les villes, sur les intelligences éclairées par les lectures et les réflexions méthodiques! — Écoutez : « Sur les rives des baies, que
« depuis longtemps les harengs ont choisies pour ha-
« bituels refuges, s'élèvent d'ordinaire, quand l'endroit
« le permet, de petites villes. Non seulement on peut
« dire de ces villes qu'elles sont sorties de la mer, mais
« même que, de loin, elles rappellent les débris de na-

« vires autrefois naufragés, jetés à la côte par les va-
« gues, ou à un groupe de barques que les pêcheurs
« auraient halées sur la grève pour les abriter des tem-
« pêtes. En approchant on s'aperçoit que les maisons
« ont été bâties au hasard, et il n'est pas rare qu'au
« milieu des rues on bute dans quelque épave, le flot en-
« vahissant la ville à marée haute. Les rues sont tor-
« tueuses et s'allongent à droite et à gauche, sans plan
« ni méthode... Ces petites villes sont calmes ; tout le
« mouvement est concentré sur les quais où sont amarrés
« les bateaux de pêche et où l'on charge et décharge les
« navires (1). » — Si calmes ? Oui, en apparence ; réelle-
ment agitées par les pires passions et les plus oppressives
qui puissent tyranniser l'esprit indépendant. Que faire en
ces bourgades perdues ? Les hommes, fonctionnaires ou
commerçants, pasteurs, recteurs, médecins, armateurs ou
marchands de bois, travaillent, s'agitent, vont en mer,
boivent, jouent, font de la propagande politique ou religieuse, bataillent au besoin. Mais les femmes? Elles
sont condamnées à regarder monter et se grossir en elles
cet océan de sensibilité qui les emporte aux pires rêve-
ries. Nul déversoir, nulle matière suffisante à cette activité morale qui, trop longtemps contenue, finit en
bien des cas par faire éclater l'enveloppe. Songe-t-on à
ce que cachent ces yeux si bleus, si purs parfois, si profonds, en qui les flots immenses semblent avoir mis leur
infini ? Que se passe-t-il en ces jolies têtes, ou brunes
ou blondes, si gracieusement penchées sur les corps souples et blancs? Les sottes et les bornées d'esprit, celles
en qui l'idéal ne versa rien d'anxieux, papotent, bavardent, médisent, effroi des timides, cauchemar des indé-

---

(1) Björnson, *la Fille de la pêcheuse*, I.

pendants. Les soirs d'été, au crépuscule, lorsque des jardins monte l'odeur subtile et comme mourante des fleurs du Nord ; à l'heure où le soleil se couche derrière les montagnes couvertes de neige, laissant traîner des rayons perdus sur les bois dont les pieds trempent dans l'eau du fjord, quand la mer est tranquille et les pêcheurs rentrés, les dames, assises sur les escaliers de bois, causent d'une maison à l'autre, s'interrompant parfois pour adresser un « Dieu vous garde ! » au passant qui s'en va promener sur la jetée ou dans les avenues. En hiver, c'est autour de la lampe, près du poêle qui chante, dans la salle commune où le café circule, qu'après les lectures édifiantes se provoquent et s'excitent les méchants propos. Aussi n'est-il point besoin de police, « mais quand on descend dans la rue, il ne faut
« pas oublier d'envoyer un salut à chaque fenêtre... il
« faut aussi saluer tous ceux qu'on rencontre, gens pai-
« sibles qui se promènent en pensant toujours à ce qui
« est convenable en général et à ce qu'on leur doit en
« particulier. Quiconque franchit les limites de son
« rang et de sa condition est perdu de réputation...,
« S'il avait cette hardiesse, tout de suite on commen-
« cerait une enquête pour savoir si, au temps jadis, au-
« cun de ses ascendants ne donna des preuves de mau-
« vais instincts (1) ? » — N'est-ce pas là ce que font, en cousant pour les pauvres, groupées autour du vicaire Rorlund, les bonnes dames qui prennent le café dans le salon du consul Bernick, au premier acte des *Soutiens de la société ?*

Or, s'il est des femmes, en ces cités malsaines, de grand cœur et d'immense amour, qui veulent sentir à larges

---

(1) Björnson, *la Fille de la pêcheuse*, I.

sens et comprendre d'un esprit libre, que deviendront-elles quand elles se seront exposées à la stupidité méchante d'une telle population ? Elles seront lapidées par les paroles perfides, les allusions aiguës comme Lona Hessel, comme Mme Alving, comme le fut Emma Bovary, ou bien, résignées et douloureuses, elles tenteront de s'enfuir de leur étroite prison en s'embarquant dans un rêve, sur la mer immense et séductrice, la vaste mer dont les flots roulent incessamment la liberté et dont la contemplation journalière fait germer en leur âme la nostalgie de l'infini. « Va où ton bonheur t'appelle, dit Martha à
« Johann, va sur la mer immense ! Ce doit être si beau,
« là-bas ! Le ciel est sans limites, les nuages flottent
« plus haut qu'ici, on y respire un air plus libre ! » Et quand le bien-aimé est enfin revenu et qu'elle n'ose songer à l'amour qu'il avait autrefois pour elle : « Nous
« étions du même âge alors qu'il est parti, mais
« quand il est revenu, ah ! quel affreux moment ! J'ai
« bien senti que j'étais son aînée de dix ans ! Là-bas,
« sous le ciel clair et joyeux, il respirait la jeunesse et
« la force dans une atmosphère plus pure, tandis qu'ici
« je filais... je filais, hélas ! » — « Oui, dit Bolette à
« Arnholm dans *la Dame de la mer*, oui, je lis toutes
« les fois que je puis me procurer des livres utiles. On
« a envie de connaître un peu la vie du monde ; ici,
« nous vivons en dehors de tout. Il semble que nous
« menons la même existence que les corassins de l'é-
« tang. Ils ont le fjord tout près, où vont et viennent
« des milliers de poissons de mer, de vrais poissons
« sauvages, mais les pauvres poissons domestiques n'en
« savent rien dans leur eau douce, jamais ils n'auront
« part à cette vie de liberté ! »

Oh ! que la vie est triste et l'ennui implacable, et

comme est lente la chute des jours dans le néant! Les courtes joies qui les traversent ressemblent à « celle « qu'on éprouve durant les longues nuits transparentes « de l'été, sur laquelle toujours pèse la menace du temps « sombre... comme le nuage qui passe et jette son « ombre sur le fjord qui tout à l'heure, si blanc et si « bleu, s'étendait... » Et peu à peu le rêve s'éloigne et s'évapore, la réalité brise les ailes de l'esprit. Parmi ces pauvres amoureuses bien peu ont le bonheur de s'embarquer, comme Dina Dorf, pour les terres vierges et désirées avec l'amant qu'elles ont choisi ; beaucoup sont condamnées à remuer dans le silence les cendres de leur cœur qui ne brûlera plus. Théorie vaporeuse de vierges et d'épouses, sœurs d'Ellida Wangel, son histoire est la leur. Elles reviennent bientôt, dociles et lassées, se courber sous le joug qui leur sembla si lourd. Intrépides autrefois contre la société et contre la famille, démolissant toutes barrières par une superbe dialectique, paralysant d'un mot les tyrannies les plus acerbes, quand elles sont libres, enfin, que le marin arrive, elles ne veulent plus, elles ne peuvent plus le suivre. A vouloir l'infini leur énergie s'est épuisée ; elles n'osent plus affronter l'inconnu qui les fascinait. Ellida! Ellida! pauvre désemparée, éprise de chimère et d'irréalité, réponds-moi, qu'es-tu devenue? Bien souvent j'ai pensé à toi, à ton vieux mari qui pour toi fut si bon et que tu n'aimais guère, au maudit glorieux que tu désiras si longtemps et qui, désespéré, n'est jamais revenu. Rêveuse et pâle, assise durant les jours crépusculaires, au bord du chemin qui s'en va vers le golfe, sous la charmille, près de la vérandah qu'embaument les glycines, quelquefois encore, rêves-tu de lui? As-tu rompu avec la grande ensorceleuse, la mer, la mer dont les yeux clairs t'attiraient en ses bras, qui faisait partie de ton être et coulait en toi tout entière, et portait ta pensée aux pays ignorés, tout vibrants de soleil? Vis-tu ta vie tranquille, au bord de « l'eau malade, toujours tiède « et molle », où jadis tu plongeais ton beau corps ennuyé? T'es-tu acclimatée à ces hautes montagnes qui pesaient sur ton cœur, oppressaient ton cerveau, et ton époux, heureux enfin, peut-il te dire encore : « Ici, « pour toi, la lumière n'est pas abondante ni le ciel « assez vaste, l'air n'est pas assez riche de force et de « souplesse ? » — Un jour de désespoir, au contraire, peut-être es-tu tombée dans les flots tentateurs ? Fiancée fidèle, bercée par eux, les yeux fermés, doucement ils t'ont portée aux plages où l'on oublie, dans le mystère de l'inconnu. Ellida! Ellida Wangel, réponds, qu'es-tu devenue, et que sont devenues tes sœurs plaintives, filles du rêve au large cœur, que les destinées implacables chassaient dans l'anxiété vers les désirs inassouvis. Si, en un jour de détresse, l'âpre aiguillon de la chair les jeta dans les bras de celui qu'elle aimait, chacune d'elles, comme Florizel, ne pourra-t-elle pas dire : « De quelque côté que je porte mes yeux, il n'était pas « pour moi de lumière apaisante. Je me demandais avec « effroi comment se traînerait ma vie; souvent j'étais si « lasse, si écœurée de vivre que je me souhaitais quel- « que maladie meurtrière, que je rêvais combien il se- « rait doux de m'en aller. J'aspirais, mais en vain, au « bonheur, à l'amour!... Pardonne-moi, mon bien-aimé, « j'étais si triste, hélas! et si désespérée (1) ! » Elle aura le droit qu'il aille vers elle cet Inconnu vêtu du blanc, qui prend la main glacée de la Magdalena d'Esmann et

---

(1) Edvard Brandes, *Une Visite*, II, 8.

l'emmène au pardon suprême, à l'oubli, au bonheur rêvé, lui, l'ineffable amant des pauvres éplorées, le Christ dont la douceur égale la beauté (1). Et dans la solitude où vous vous retirez, vous toutes qui vous sentez près de les imiter, murmurent parfois ces vers exquis que le vieux maître adressait un jour à l'une d'entre celles dont il nous a dit l'âme, et qui donnent peut-être la seule garantie de tout bonheur humain, du bonheur que la main peut atteindre et les yeux contempler.

Avec un lis des eaux.

« Regarde : mon messager t'apporte une fleur aux
« blancs pétales éclose dans le silence des eaux où, per-
« due dans un songe et dans la solitude, pensive elle
« flottait...

« Pose-la sur ton sein, mais fixe-la bien, car ses pé-
« tales gardent encore, emprisonnés dans leurs corolles,
« les vagues de l'abîme, du mystère et du silence...

« Garde-toi du charme menteur des flots ! chasse bien
« loin de toi les rêves qui te troublent !... Les sirènes
« semblent endormies... Les lis sont penchés sur l'a-
« bîme...

« Enfant, tu ne sais pas maîtriser tes désirs. Garde-
« toi des vagues du mystère... Les sirènes semblent
« endormies... Les lis sont penchés sur l'abîme !... »

Hélas ! elle était tombée dans l'abîme et l'Inconnu n'était point venu lui tendre sa main secourable, cette jeune femme aux lèvres rouges, aux dents fraîches, aux beaux yeux noirs grands ouverts comme pour suivre un songe intérieur qui ne finira plus. Ses cheveux noirs se

---

(1) *Magdalena*, scène dernière.

déroulaient en ondes puissantes sur sa peau fine ; elle avait vingt-deux ans à peine. A mon approche, elle sembla s'arracher à son rêve ; je lui tendis la main, elle me tendit la sienne ; je lui parlai, elle me répondit en un anglais très pur qui prenait, en passant sur ses lèvres, des grâces ailées d'oiseau. Elle était de Skien, la patrie d'Ibsen, et on l'avait mariée à un homme qu'elle n'aimait pas. Celui qu'elle aimait ne l'avait jamais su, et cependant on l'avait accusée, montrée au doigt dans la ville cruelle où se déroulait son martyre. La mélancolie s'était abattue sur elle ; elle avait tenté de mourir ; je vis des blessures qu'elle s'était faites. « Je suis vraiment bien malheureuse ! I am indeed unfortunate ! » me dit-elle d'une voix profonde avec un sourire de résignation qui semblait la pâle fleur de sa souffrance... Je me sauvai, la main aux oreilles, et pourtant j'entendis que derrière moi elle éclatait en une crise de larmes, et que ses compagnes de douleur, soudain, l'imitaient, emplissant d'une clameur lamentable le dortoir où cette poignante misère se tordait à la face du ciel. — Oh ! cette jeune femme de Skien, pourquoi la laisser vivre ? Que n'est-elle tombée, le cœur brisé, dans les eaux du fleuve éternel, au milieu des roses qui eussent été pour elle un lit de repos désiré, comme cette autre victime d'amour, la pâle et frêle Ophélie qui mourut en chantant !

*
* *

Mais toutes, de la sorte, ne s'avouent pas vaincues. Les femmes du Sud ont l'adultère, les femmes du Nord ont la révolte qui n'est que l'adultère cérébral, la répulsion d'un esprit contre un esprit comme l'autre est la répulsion d'une chair contre une chair. Ces héroïnes d'Ibsen, ces passionnées ardentes qu'il a méditées plus qu'il ne les connut, qui luttent contre les dominations odieuses, l'oppression séculaire, sont aussi criminelles, au jugement de la société, que leurs sœurs sensuelles qui se livrent toutes nues aux caresses de l'amant que distingua, un jour d'ennui, leur momentané caprice. Mme Alving et Nora Helmer, Hedda Gabler, Rebecca West, vivent, elles aussi, dans les villes où les autres s'étiolent et se lamentent, mais aucune d'elles ne se résigne. Nora, seule, n'a pas lu encore, mais, comme les autres, elle lira, réfléchira, puisqu'elle raisonne et ne veut plus des anciennes idées. Elle deviendra la créature qui acquiert dans l'isolement une éducation de serre chaude, y grandit, s'épanouit en une fleur morbide, inconnue et meurtrière, qui parfume fortement et qui grise et qui tue. Celle-là est épouse, elle est mère, mais femme, non pas! Elle est le produit des siècles de rêverie, de mélancolie, d'étude âpre des grands problèmes; la fatigue des civilisations l'écrase, agrandit son cerveau outre mesure, atrophie son sexe. La vie de plaisir, elle l'ignore et la dédaigne, de parti pris, sachant qu'il est tant de choses bien plus intéressantes et dignes d'être vécues. La vertu n'est pour elle que le dégoût ennuyé qu'elle aurait à la passion, à la conquête des étreintes et des spasmes, et sa pensée n'est ni timorée ni chaste Elle a tout lu, réfléchi sur tout, discuté de tout. Elle marche d'un pas sûr, insensiblement, au gouffe inévitable où doit sombrer la vie, où s'engloutira quelque jour la dernière des générations. Car elle n'aime pas, elle ne sait ni ne peut aimer; elle veut dominer seulement, « peser sur une destinée », être une force métaphysique qui aura transformé ne fût-ce que sur un point, ne fût-ce qu'en un homme, le cours déterminé du monde. Elle aspire à la dignité incorporelle, abstraite ; elle veut être une force. Elle a, dans un autre sens, avec d'autres mots, le pervers esprit de Dalila, de Cléopâtre, de toutes les sirènes qui enchantèrent pour les perdre ensuite les tristes navigateurs de la vie. Celles-là, au moins, se donnaient, livraient leurs corps incomparables, leurs lèvres ardentes, leurs yeux infinis ; elles faisaient croire au bonheur ; — celle-ci est clairvoyante et froide, elle ne donne ni son corps ni ses lèvres ; elle ignore le baiser.

A-t-elle tort ? Nous avons prostitué le baiser. « Votre « société, dit à Bernick Lona Hessel, est une société « d'épiciers ; elle ne remarque pas les femmes ». Nous ne remarquons pas les femmes, et c'est pourquoi nous sommes condamnés à mourir. Sont-elles nos égales ? Alors, pourquoi les rejeter dans l'ombre et prétendre diriger leurs actes ? Et si notre devoir et notre droit sont de les conduire à l'idéal, de cet idéal dont nous leur devons compte, et d'elles que leur beauté désigne comme les prêtresses de l'idéal, qu'avons-nous fait d'elles, qu'avons-nous fait de lui ? Nous les avons avilis l'un et l'autre. Nous avons fait d'elles les pauvres sacrifiées, les éternelles blessées dont nous nous complaisons à rouvrir les blessures, des êtres de luxe et de vanité que depuis des siècles nous enchaînons en servitude. Nous avons plié leurs énergies vivaces aux futilités coquettes, aux libertins manèges, aux viles complaisances ; entre nos mains grossières elles sont devenues les créatures duplices et mensongères à qui nous disons : « Sois belle et peu farouche, ouvre tes bras et tends tes lèvres. » Quand nous avons cueilli les fleurs exquises de leur être, rassasiés et las, un éclair d'orgueil dans les yeux, nous retournons à nos pensées, à nos jouissances, à nos désirs, leur laissant un distrait « merci » ! Nous ne consentons à leur faire part ni de nos désirs, ni de nos jouissances, ni de nos pensées, de rien de ce qui fait l'essence de la triste vie que nous vivons. Et nous nous étonnons, hypocrites que nous sommes, lorsque nous comprenons, généralement trop tard, qu'elles nous sont étrangères, et nous nous irritons quand elles se révoltent contre notre égoïsme et notre vanité ! Nous les avons élevées dans l'animalité, et lorsque, librement, au mépris des conventions fragiles, elles suivent ces instincts qui sont désormais leurs seuls guides, nous nous écrions : « Les infâmes ! » Comme si nous les avions rendues capables d'autre chose que de trahison. Nous avons mutilé leur raison et nous déplorons leurs inconséquences ; nous avons énervé leur conscience et nous flétrissons leur immoralité ? A qui la faute ? A nous, à nous seuls. Nous chargeons leurs épaules des énormes péchés du monde, et c'est nous qui sommes les pécheurs !

Et l'idéal ?... — Pourtant, qu'elle était noble, et sainte, et magnifique cette mystique union de l'homme et de la femme dans la sérénité des printemps de la terre ! Elle était l'expression absolue de l'absolu sacrifice, la fusion indicible de deux abnégations pareilles, la communion immortelle de deux parcelles souffrantes d'humanité. Elle était spontanée, indissoluble et féconde, d'elle sortait la vie inépuisable et radieuse. Comme nous avons changé tout cela ! Nous avons corrompu l'amour ; de cette union mystique nous avons fait une lutte irrémissible. Les conventions sociales, les préjugés des castes, les nécessités pécuniaires, l'obligation pour l'homme d'assurer sa fortune dans la tranquillité, ont fait de l'amour le marchandage des vierges, du mariage la juxtaposition temporaire de deux égoïsmes généralement contradictoires, un espoir d'ambition pour l'époux, d'émancipation pour l'épouse, une duperie pour tous les deux. S'il arrive, et c'est bien rare, que les égoïsmes unis de la sorte soient de nature pareille et tendent au même but, leur entente réalise l'association d'affaires dont l'intérêt est la raison et que garantit seule la probité réciproque. Si, et c'est le cas le plus ordinaire, chacun de ces deux égoïsmes suit une tendance particulière, l'union dure ce que durent les premières surprises, les premières vanités pour le mâle, les premiers spasmes pour la femme. Puis chacun d'eux s'en va où l'entraînent ses goûts, son tempérament, parfois son rêve, et si le compagnon auquel il est lié l'aime encore et le gêne, alors il se révolte, entre en lutte contre lui, et, s'il est le plus fort, férocement le tue. En amour, en effet, posséder n'est rien, se donner est tout. La société, l'éducation, les habitudes ont exaspéré notre égoïsme; nous ne pouvons plus nous donner. La prostitution conjugale, qu'elle soit cérébrale ou charnelle, qu'elle vienne de la femme ou de l'homme, est vile, mais inévitable, et c'est nous qui l'avons voulue. Au fond des unions que nous reconnaissons, que légitiment complaisamment nos préjugés, nos lois, nos dogmes, se cache un ignoble marché. Toute vénalité détruit le sentiment, vénalité d'orgueil ou de jouissance, vénalité d'ambition. Et ne parlez pas de sacrifice. Entre ces êtres qui douloureusement s'étreignent se dresse le spectre de la lutte, s'insinue l'horreur du mensonge, et dans cet inavouable et tragique mensonge germe la haine, germe la mort. Et, flétri par nos mains impures, l'amour, dit Falk, le poète, maintenant ressemble au thé. Tous deux ont leur patrie au pays mystérieux du rêve et du soleil. Le thé sacré, le thé divin,

celui qui ne sort pas de Chine est réservé au délicat palais des filles éthérées du ciel. Celui qui nous parvient, dont nous nous délectons, est un rebut sans nom qu'ont transporté les caravanes à travers le désert aride, qu'a profané la douane, qu'ont altéré les estampilles, que souillent les bocaux du marchand. Tout cœur de femme est un Céleste Empire où, dans l'ineffable silence, à l'abri des pudeurs, croît un amour exquis, odorant et subtil. Cet amour ne sort pas du cœur, il s'évapore en rêves; ce qui en reste est tamisé par la prose de la vie, corrompu par la société. « Le cœur d'une vierge, dit-il
« encore, est un jardin où fleurissent les roses trémières ;
« le mariage en ouvre la barrière, le vulgaire y pénètre
« et brise les corolles enivrantes qui l'embaumaient. »
— L'amour est détruit! L'idéal est mort!

Si l'amour conjugal est une caricature et le mariage une mascarade dont les acteurs pleurent en riant, qu'est donc l'amour suprême, le véritable amour? L'amour occupe une place à part dans le groupe inquiet des passions humaines. Il n'est pas le but de la vie, mais il y mène, et c'est pourquoi nous devons considérer la femme comme messagère de vérité. Il est la source même de notre vie morale comme de notre vie corporelle, de lui dépend la pourriture ou la floraison de notre âme. Légitime, c'est-à-dire conforme à l'idéal, en accord avec les obligations que nous impose notre conscience, il fera de nous les ouvriers puissants de la société d'harmonie qui s'élabore dans le silence; illégitime, c'est-à-dire contradictoire aux droits et aux devoirs des êtres qu'il unit, il corrompra notre conduite et viciera nos destinées. Oswald n'existait pas encore qu'il en était déjà la triste victime parce que le lieutenant Alving avait prostitué les pudeurs de son âme dans la débauche, à l'infamie des aventures. Le docteur Ranke, l'ami de Nora, en porte dans ses moelles les tares et les souillures et le châtiment implacable parce que l'hérédité morale est plus effrayante encore que l'autre. Et l'amour outragé ne pardonne jamais. Oswald pourrait guérir encore si Régine devenait sa maîtresse, s'il goûtait au breuvage enivrant qui coule de ses lèvres et qui donne la vie, mais Régine est la fille du peuple telle que l'ont façonnée nos sociétés luxurieuses, une fille d'esclaves héréditaires, une bête prostituée, aux larges appétits, comme le fut sa mère, non une âme amoureuse ; elle ne connaitra jamais le sacrifice. Et c'est pourquoi la volupté qu'elle offre dans un sourire lubrique au triste bourgeois décrépit n'est point l'enivrement qui purifie et qui guérit. Les poètes, sans doute, comme Falk encore ont célébré les illusions de cette volupté perfide, qui n'est que l'oubli des personnalités dans la charnelle extase des baisers, des sourires, dans l'union des bouches et des yeux ; ils adressent un hymne superbe à l'éternelle fornication des choses, mais les problèmes que fait surgir l'amour sont à la fois trop profonds et trop graves, pour qu'ils passent inaperçus dans la lueur splendide émanée des corps enlacés. Et c'est parce que ces problèmes sont à la fois trop profonds et trop graves, parce que l'amour est infini comme la mort, libre et sauvage comme elle, comme elle irréductible, qu'il est fertile en crises aiguës et décisives, qu'il résume et qu'il symbolise la totalité vaste des destinées humaines. C'est donc à lui qu'il appartient de réveiller la conscience engourdie, de la faire tressaillir jusque dans ses racines sous le grand souffle de l'angoisse, d'en faire jaillir les larges cris de vaillance et d'énergie qui sont la fanfare triomphale de la rédemption qui s'apprête. L'amant doit, tôt ou tard, s'évader du mensonge où pendant longtemps il vécut, partir d'un pied hardi sur le terrain des réalités fortes où sont implantées nos actions. L'arrière-fonds de son être, tout ce à quoi, jusqu'alors, il refusa de songer, tout ce qu'il n'osa contempler dans sa nudité mystérieuse, se dévoile et s'ouvre au grand jour; il recule éperdu, il s'agenouille et se prosterne devant le prodige qu'il sent germer, comme Helmer devant la révolte de Nora. Et si l'amour est une lutte où les serments sont des trahisons, où s'exaspèrent les haines et les rivalités, cette lutte éternelle entre deux êtres de misère, il n'en sort pas la mort, mais la vie. L'amour donne la vie, la vie féconde, la vie libre et sincère, parce qu'il est le soutien de la volonté.

⁎

L'amour soutient la volonté, la galvanise et la dirige. C'est lui qui fait de Johann le vengeur effrayant qui réclame à Bernick son bonheur et son droit; lui qui ramène Bernick encore, lui qui ramène Helmer à la noble notion des clartés évidentes. C'est lui, surtout, qui affranchit Rosmer des tentations puissantes d'un passé plein de souvenirs. Celui-là, c'était l'homme de doute et d'irrésolution, le rêveur au cœur pur, à la volonté faible, le Julien fatigué, debout dans la nuit sombre, refusant d'avancer et désirant mourir. Lié par le respect aux traditions antiques, aux beautés endormies pour jamais, il était impuissant à briser ses chaînes, à marcher d'un pas sûr vers l'aurore entrevue et les temps glorieux qu'il attendait. Il manquait d'espérance, il manquait de croyance, il manquait d'idéal; désespéré, meurtri, assis sur les ruines, il rêvait aux bonheurs envolés que lui donnait jadis la foi. Et soudain une femme est venue vers lui. Elle arrive du Finmark, des terres de la brume, du mystère et du rêve, qu'éclairent les soleils qu'ailleurs on n'a pas vus; sur elle a lui la lumière ineffable qui enveloppe les choses aux confins des rivages, au bord des Océans que nul n'a visités. Elle est la vierge austère et néanmoins ardente, la fille de l'amour et de la liberté qui foule sous ses pieds les préjugés fragiles et porte en ses mains l'avenir. De son chaste et mystique amant, l'enfant débile, éperdu d'ignorance, elle veut faire un homme libre, debout dans son espoir et dans son énergie, apte à la vie active qui seule porte des fruits. Elle veut s'unir à lui dans la noblesse suprême d'aimer infiniment et d'être aimée de même, de sentir son cœur plein d'une vigueur indomptable, guider ses pas troublés vers la lumière sereine qui brille à l'horizon; souffrir aussi, car « la douleur ennoblit, la grande douleur! » mais souffrir avec joie, avec la certitude que la consolation est proche!

Hélas! « la douleur ennoblit quand on peut la « traverser, la surmonter, la vaincre », quand on s'arrache à la terre, qu'on renonce au passé, quand enfin, voyageur intrépide, on franchit le torrent où dorment les idoles qu'on adora jadis. Comment arriver au but lumineux? Même pour affranchir les générations qui viendront, c'est commettre un crime que briser les faux dieux à qui nos pères ont sacrifié, un crime irrémissible, qui porte en soi son châtiment. Les dieux se vengent, la foi se venge, se vengent aussi les souvenirs d'un passé qu'on n'abolira pas. Les souvenirs séculaires de ce passé chrétien proscrivaient le bonheur et chassaient la joie de vivre; ils étendaient

sur les vieux castels de famille, sur les êtres et sur les choses, un silence effrayant que les petits enfants eux-mêmes n'avaient jamais troublé. Ils dominent même le présent, étouffant notre rêve, arrêtant nos efforts pour le réaliser; ils inspirent à Rosmer qu'on n'a jamais vu rire la tristesse infinie des grands dégénérés. Et voici maintenant qu'ils anéantissent l'avenir ! L'idéal est bien haut, notre atteinte est bien courte, toutes lumières s'éteignent et c'est bientôt la nuit. O l'angoisse de l'amante qui voit son forfait inutile, dont les yeux effrayés suivent la fuite des espoirs, qui se sent seule au monde et n'a plus qu'à mourir ! « J'ai senti un désir, un sauvage élan vers toi, « ô Rosmer ! Je croyais en ce temps que cela s'appelait « aimer, cela me semblait de l'amour, mais ce n'en « était pas... Cette passion s'est abattue sur moi « comme une tempête sur la mer, comme une de ces « tourmentes qui sévissent là-haut, dans le Nord. « Elles passent, comprends-tu, puis vous emportent « et vous soulèvent avec elles, on n'y résiste pas ! »
— Cet amour, c'est l'amour sensuel et païen, qui donnait la splendeur aux héros et aux hommes, une gloire de plus aux dieux. Mais cet amour n'est plus, le Christ l'ayant chassé du monde, et malheur à qui voudrait lui sacrifier encore ! Rebecca West aima avec sa chair d'une passion ardente qui voulait s'assouvir; c'est pour cela qu'elle a commis ce que nous appelons un crime, ce qui ne devrait être que la revendication du droit au libre amour. Et c'est pour cela qu'elle est punie; pour cela que, comme elle, nous sommes condamnés à mourir. L'idéal est bien haut, notre atteinte est bien courte ! Jamais la race humaine, asservie par vingt siècles de discipline, ne pourra tra-

verser la passerelle qui mène à l'affranchissement. Entraînée par l'appel de la vie triomphante, elle restera quand même l'esclave soumise des vieux dogmes austères, des devoirs inflexibles. Jamais l'aurore de joie, d'harmonie et d'amour ne luira à ses yeux obscurcis par les brouillards de la croyance. Contradiction tragique! L'infini nous épuise, nos ailes sont brisées et nos forces à bout. « N'aurais-tu pas à me prêter un idéal? » dit le vieux Brœndel, un sanglot dans la voix! Enfuyons-nous, comme lui, dans la nuit noire, vers le formidable inconnu. Nous ne passerons pas la passerelle; peut-être trouverons-nous le sommeil!... Précipitons-nous dans l'abîme!...

... Le vieux monde est perdu, — il ne peut plus vouloir!

Au moins peut-il aimer encore? — Sous son casque de cheveux lourds, avec ses yeux profonds et clairs, son teint mat, la grâce de ses gestes, l'enchantement de sa voix, son allure de reine ennuyée, Hedda Gabler nous apparaît comme un délicieux instrument de passion. Avec son âme ardente et froide, où grondent en tourbillons la tendresse et la haine, la jalousie, les colères, les ambitions furieuses, toutes les passions éternelles, Hedda Gabler nous apparaît comme une de ces femmes fatales qui résument en elles une période de l'histoire, et l'humanité tout entière, et le monde, — comme une force de la nature. Vous l'avez rencontrée la sirène perfide, dont les yeux infinis et changeants comme l'onde vous ont sans doute fasciné; vous avez tenté de sonder son âme obscure et tremblante où germe la mort; et peut-être avez-vous eu peur. Regardez-la marcher dans le salon banal, et s'étendre, ennuyée, hautaine et dédaigneuse sur le sofa vul-

gaire que son corps poétise, écoutez-la surtout parler.
Pas d'éclats, pas d'élans, peu de gestes; des mots brefs,
mais durs et tranchants, et que ceux-là seuls trouvent
qui sont habitués au combat. A la manière dont elle se
masque d'ironie, aux coups d'esprit qu'elle porte à
droite, qu'elle porte à gauche, toujours en garde,
souvent agressive et jamais vaincue, il est aisé de reconnaître que la vie lui fut douloureuse. Elle n'avoue
pas ses désillusions, ne se plaint pas de ses tristesses,
car son orgueil est le plus fort, mais le ton qui rythme
ses phrases, ce ton persifleur et féroce, le soin qu'elle
prend, aux premiers mots, de dompter l'interlocuteur,
tout cela c'est un aveu, tout cela c'est une plainte.
Sa mère, elle ne l'a pas connue; son père, le général, en
fit une fille de luxe et de fracas, s'occupa de son corps
et négligea son âme, ne veilla sur elle que pour développer ses instincts de lutte, pour lui montrer à se
servir des armes meurtrières que plus tard il lui légua.
Elle a grandi, solitaire et farouche, en un rêve de splendeur, de noblesse et de force, amazone digne d'être
aimée par un guerrier des anciens jours. Un matin elle
s'est réveillée femme, mûre pour la passion qui se
rit de la loi, brise les préjugés... Et voici quelle fut la
réalité. Elle rencontra vers les vingt ans un libertin
dont les orgies avaient flétri les tendresses et détruit
les pudeurs, un mâle vaniteux, fier de ses bonnes
fortunes, infatué de lui-même, — un pauvre enfant
vicieux comme Jean Rosmer était un pauvre enfant
débile. Il déflora pour jamais son rêve, déprava pour
jamais son intelligence. L'éveil des sens et des désirs
ne se traduisit pas en elle par l'ineffable effroi des destinées sublimes et des fécondités sacrées, mais par
une perversité compliquée, meurtrière à toutes les dé-

licatesses de l'âme. Elle se laissa duper par les semblants d'une amitié qui n'en était pas une, par les hardiesses d'une camaraderie sous laquelle se cachait la sensualité, surtout par le plaisir de braver l'opinion, d'affronter le danger. « Il me semble, dit-elle à Egbert, « que nous avons été deux bons camarades, deux amis « intimes. — (*Souriant*). Ce qui vous distinguait, c'était « une très grande franchise... Quand j'y pense, main- « tenant, il me semble qu'il y avait quelque chose de « beau, de séduisant, je dirai même de courageux dans « cette intimité secrète dont personne au monde ne se « doutait. » — Et même la romanesque fille, sentant dormir en elle des forces infinies, voulut être la mère de ce génial dégénéré. Elle rêva d'être la créature de tendresse et de lumière qui ramènerait à l'idéal ce rejeton des vieux siècles las, espérant qu'un grand souffle le pourrait relever peut-être des pires déchéances où il était tombé. « Dites-moi, Hedda, n'y avait-il pas l'a- « mour, le véritable amour, au fond de cette intimité ? « N'était-ce pas le désir de me purifier qui vous ani- « mait quand je venais vous demander un refuge, me « confesser à vous ? Oui, n'est-ce pas ? C'était bien « cela ! » — Hélas ! le flirt que nos sociétés épuisées ont, en un jour d'ennui, inventé pour remplacer le véritable amour, tout pétri d'idéal et qui ne laisse au cœur qu'un exquis souvenir, ce flirt a fini comme il devait finir : un baiser brutal, des mains lubriques et tâtonnantes, une courte lutte coupée de cris sourds et de soupirs, puis la victoire de la vierge enfin prévenue, et la fuite de l'homme, honteux, lâche et vil !... Quelle désillusion !

Et voici qu'après dix ans ils se retrouvent, lui et elle, dans un salon, sous des yeux qui les espionnent, de vant un album de voyage, le cœur angoissé, les traits immobiles et leurs doigts se frôlant à peine. En d'autres temps, sur d'autres rivages, le grand soleil païen eût versé sur eux ses splendeurs, les eût auréolés de lumière et de gloire, comme il auréolait tous les amants superbes qui s'unissaient jadis dans la sérénité des printemps de la terre. Hélas! Les temps sont envolés, les flots sonores ont tu leur chanson amoureuse, et deux pauvres êtres souffrants vont encore une fois crier sous l'étreinte des fatalités! Ils n'ont oublié l'un ni l'autre. Lui l'a tenté peut-être, mais il ne l'a pas pu. Il voulut réchauffer son âme endolorie aux flambeaux des banquets bruyants; il courut les mauvais lieux et posséda des courtisanes, croyant posséder l'adorée; meurtri, fangeux, lassé, il est plus douloureux, plus malade que jamais, et son pauvre cœur crie toujours « Hedda Gabler! Hedda Gabler! Comment as-tu pu « te perdre ainsi! » Elle s'est perdue, en effet; elle a perdu son corps, son âme. Elle aimait un poète, un demi-dieu du monde ;... écœurée par la laideur des apparences dont nous avons affublé l'amour, elle s'est mariée, elle s'est vendue au plus imbécile de ses adorateurs. Et maintenant elle prend plaisir à souffler sur ses illusions, à se torturer elle-même. Elle est méchante et flagellante? Elle a tant souffert! Ses yeux sont secs et son rire âpre? Elle a tant pleuré? Ses sanglots furent si profonds! Que ne tombe-t-elle en ses bras? Son rêve fut trop beau, son idéal trop haut, pour qu'elle souille l'un et déprime l'autre. Elle sait seulement qu'elle va mourir. Elle voit Thora la blonde, la jeune femme aux grâces timides, aux yeux d'enfant, aux joues de poupée, qui place le bonheur dans la docilité, elle voit Thora caricaturer sa chimère. Un instant elle veut tenter la lutte, lui arracher l'amant superbe, faire de lui l'homme libre, affranchi des préjugés vulgaires, de la morale servile, le poëte divin couronné de pampre et de lierre. Mais l'autre l'emporte ; Thora, « la sotte », a « mis le doigt dans cette destinée humaine ». Alors Hedda Gabler sent germer en son âme une énergie affreuse, l'énergie du crime, la fureur du néant. « Ames « humaines trompées, dit Maxime, si votre erreur était « fatale, il vous en sera fait un mérite en ce grand jour « où le Tout-Puissant viendra sur la nue pour juger « les morts qui vivent et les vivants qui sont morts ! » Elle sera pardonnée, elle a aimé, elle a voulu l'idéal ! Songez du reste à sa misère ! Elle n'est pas seulement la femme du petit professeur dont l'obtuse intelligence s'épuise en travaux ridicules ; elle dépasse le temps et l'espace, elle symbolise la passion éternelle et jamais assouvie de la beauté suprême, et voici quelle est sa fortune : être obligée de marcher seule à travers les fanges de la vie ; n'avoir aucun appui dans le passé, dans le présent, aucune espérance dans l'avenir ; se briser contre la destinée sans pouvoir seulement la remuer ; ne savoir où se prendre et quelle digue opposer à la tendresse débordante qui, comme un océan, monte en ses veines, noie sa raison ; augmenter ses douleurs en élargissant ses blessures ; être tout à la fois le poignard et la plaie et se consumer lentement dans les fièvres d'un amour que rien ne peut plus apaiser !... N'est-ce pas qu'elle n'a plus qu'à sortir violemment, par la porte mortelle, de l'univers étroit qui l'accable et l'étouffe ? Audacieuse insensée, ô pauvre âme incomprise, tu as secoué tes chaînes, toutes les disciplines, ébranlé les soutiens du vieux monde ! Ne comprenais-tu pas que nous ne sommes plus dignes de monter jusqu'aux dieux, et que c'est un sacrilège de chercher la beauté qui nous abandonna ?

> Un ange furieux fond du ciel, comme un aigle,
> Et te dit, saisissant à pleins poings tes cheveux,
> ....tu connaîtras la règle.

Tu la connais la règle, il te faut t'y soumettre et tu vas en mourir !...

Elle va mourir ! Elle ne croit plus à l'infini des âmes qui l'unissait à son amant ! Elle est envahie par le mal de la décadence que connurent René, Adolphe, l'Amaury de Sainte-Beuve, le De Ryons de Dumas ; elle se meurt de l'impuissance d'aimer comme Rosmer se mourait de l'impuissance de croire. Le désastre est immense, et l'heure est arrivée. « Statues, beaux temples, beaux « éphèbes couronnés de pampres ! Jeunes filles qui « dansaient ! Terre si belle autrefois ! Vie si belle ! O « soleil ! Soleil ! Comme vous l'avez trompée ! » Et pourtant elle espère encore. Avant de se joindre à son amant dans la communion du néant mystique, elle veut jusqu'au bout être noble ; elle n'a plus sur ses lèvres déjà froides qu'un cri d'anxiété suprême : « En beauté ! »

« En beauté ! » — Le ciel s'éclaircit, le soleil brille, « les roses de Chio s'épanouissent, le Marsala secoue « ses grelots d'ambre, outres à baisers ! Depuis que j'ai « entendu ce mot, jamais spectacle d'art ou de nature « n'a ébloui ma vue, jamais chef-d'œuvre n'a charmé « mes sens, sans qu'il résonnât à mon oreille, résumant « la perfection de toutes choses, formulant la réalisation « du rêve, l'accomplissement du désir... « En beauté ! »

« — Le ciel s'étend, couronné d'astres, sur le calme plat « du sombre éther, la flottille des étoiles navigue,

« chargée d'or, telle que dut apparaître l'escadre de
« Jason, au retour d'Argos ! »

« En beauté ! » ce lis qui s'entr'ouvre !

« En beauté ! » cette femme qui passe (1) ! »

« En beauté ! » — Eylert, Hedda, les grands esprits contempteurs des réalités viles, vont mourir comme mouraient les héros, les demi-dieux antiques. Hélas ! il n'a même pas su mourir ; le ridicule et la bassesse atteignent comme une malédiction tout ce qu'elle a touché, — tout ce que nous touchons. Malheur sur elle ! Malheur sur nous ! Malheur sur les enfants que portent leurs mères ! Malheur à la terre d'où le Christ impitoyable a chassé la beauté ! Un dernier cri de révolte contre les tyrannies séculaires, un dernier défi au mensonge, un dernier rire de rage et de mépris contre l'âpre ironie des émotions humaines, — puis le coup de pistolet tragique, qui tue la femme, qui tue l'amour et la maternité, le présent et l'avenir, qui tue la vie !...

... Le vieux monde est perdu, il ne peut plus vouloir ; — le vieux monde est perdu, il ne peut plus aimer !

Alors Halward Sollness, l'architecte tragique, s'accoude sur sa table et se prend à rêver. Sa pensée traînante et meurtrie remonte avec effort le cours des années écoulées, et dont chacune, en s'enfuyant, ne lui laisse qu'un peu plus d'amertume à l'âme. Il a beaucoup vécu et beaucoup travaillé ; rien de ce qu'il aima ne lui resta fidèle ; rien de ce qu'il tenta ne méritait l'effort. Jadis, quand il vibrait d'espoir et de jeunesse, il construisit

---

(1) Mme Séverine.

des temples pour les hommes anxieux ; il les convia à la prière et à l'adoration des vérités éternelles ; il voulut les conduire au pied des tabernacles, mais les hommes ne l'ont pas suivi. S'accusant d'ambition et se voyant tout seul, il a pensé qu'il valait mieux leur donner le bonheur puisqu'après tout la foi est chose trop incertaine et que nous sommes condamnés à l'ignorance. Aussi bien l'âge venait ; les tours altières qu'il lançait vers le ciel lui donnaient le vertige ; il n'osait plus monter si haut. Emporté par l'esprit du temps, lui, l'ancien constructeur des sacrés édifices, il a brûlé lui-même la maison familiale où dormaient les croyances qui berçaient sa jeunesse ; il a sacrifié les mœurs et les idées, tout l'héritage antique que lui avaient légué ses aïeux ; il n'a point tenu compte des frayeurs de sa vieille compagne ; il est resté sourd aux cris de ses enfants qu'il avait laissés dans les flammes et qu'il n'a jamais retrouvés ! Et debout sur les ruines, confiant dans sa force, il s'est remis à travailler dans l'aurore, les yeux tournés vers le soleil. Il a bâti d'humbles demeures « où les hommes « pussent dormir et poser leurs foyers », où, affranchis enfin des dogmes oppresseurs, affranchis du péché qui tuait leurs espoirs, ils pussent vivre une vie plus sereine et plus harmonieuse, dans l'énergie sincère des païens d'autrefois. Hélas ! les hommes ont regardé curieusement ces demeures, ils ont même applaudi l'effort de l'ouvrier, mais il était trop tard, ils étaient trop malades pour que la guérison pût opérer en eux. L'antique foi est morte et la chanson s'est tue qui, pendant si longtemps, berça l'angoisse humaine ; ils trouvent aujourd'hui que le labeur est rude et les récompenses dérisoires ; ils ne regardent plus vers le ciel vide et sourd, mais, comme Ragnar, ils sont plongés dans les instincts terrestres, prosternés devant les idoles de boue qu'éleva leur positivisme; ils ont exilé l'idéal ! Ceux d'entre eux, — et ils sont bien rares ! — qui sont venus à lui sont des malades en proie à l'angoisse éternelle, qui n'ont plus d'énergie, n'ont plus d'intelligence, qu'il a hypnotisés sans qu'ils l'aient pu comprendre, les mystiques affolés que le mystère attire, que l'étrange subjugue, et qui ne peuvent rien, car ils sont déjà morts. Pauvre grand génie douloureux ! Il a connu sans doute, mais sans pouvoir en jouir, les enivrements de la gloire; acclamé par les peuples, porté en triomphe à travers les cités, toujours il ignora le calme souverain. Cœur affamé de suprêmes tendresses, il voulut s'élever au-dessus des réalités, et créer du sublime, non pour mériter l'applaudissement des foules, mais pour lui-même, pour combler le gouffre fatal qu'il sentait au fond de tout au monde; mais, abandonné des autres, il sembla s'être abandonné lui-même. On dirait qu'une âpre fatalité ait plané sur son existence comme les chevaux blancs planaient sur Rosmersholm; il n'a pu contenter son cœur, il n'a pu contenter son intelligence; il n'a pu ni vouloir, ni aimer comme l'amant de Rébecca, comme la triste Hedda Gabler, comme le vieux monde où il vécut. Il a connu les sanglots infinis, les élans insensés vers l'irréalisable de l'amour et du rêve, la tendresse méconnue, le sublime inutile, la hantise de l'irrémissible; il a consumé ses jours à la poursuite de son âme; crucifié magnifique, cerveau douloureux que laboura cruellement la griffe de la chimère, il a cherché sans espoir, sans repos, « une « place plus fraîche à l'oreiller des fièvres ». Et l'infortuné n'a trouvé que le néant. Il a voulu tenter une révolution des âmes, il n'a pas remué ni démoli une seule des vérités maudites qu'il avait attaquées; il s'est un peu plus, seulement rapproché de l'abîme au fond duquel gronde l'éternel inconnaissable. Il se penche sur le gouffre du mystère ; il n'y voit luire aucun rayon. Partout la nuit, partout les ténèbres, et la plainte infinie des hommes ! Rien ne peut nous sauver, il n'y a rien qui sauve, et le Christ a souffert en vain. La vie est l'œuvre d'une fatalité ironique et mauvaise qui nous écrase sous le poids du péché ; nous luttons, nous prions, nous blasphémons, nous pleurons. Misère ! De quel coin du ciel noir, du grand ciel implacable, peut souffler le vent d'espérance qui ranimerait les pauvres consciences éplorées qui tendent les bras vers le pardon ?

Et toi, jeunesse, belle jeunesse au front pur, aux yeux clairs, aux cheveux d'or, belle jeunesse au cœur ardent qui frappes en riant à la porte et qui réclames le royaume que les vieux maîtres t'ont promis, que feras-tu ? Tu réponds que l'avenir est à toi, et les vastes moissons ; que tu cueilleras le blé qu'ont semé tes ancêtres à travers le sang et les larmes. Des espoirs magnifiques te sont promis encore, et si le siècle est mort, les siècles ne le sont pas ; tu vas où ton rêve t'appelle, vers les temples inconnus, vers le divin superbe qui vit en dehors même de Dieu ! — Écoute : ni Rosmer, ni la vaillante Hedda, ni Nora, ni Mme Alving, aucun des révoltés ; ni tante Julie, ni Mme Linde, ni Grégoire Werlé, aucun des dévoués magnanimes, personne n'a pu faire sortir la vérité de l'ombre. Le monde et l'avenir appartiennent à Mortensgaard ; jamais plus grand que lui ne parut sur la terre parce qu'il ne veut jamais plus qu'il ne peut. Les grands rêveurs, les grands mystiques, ceux qui prêchaient la bonne nouvelle et voulaient l'affranchissement, restent sur les ruines de leurs croyances « comme un « roi dépossédé sur les ruines de son trône » ; il n'y a

« rien au monde qui vaille la peine de vivre. » Aussi, crois-en ceux qui ont tout vu, tout sondé, tout détruit, garde-toi du désir, garde-toi de l'amour qui fait souffrir et qui tue, garde-toi des vouloirs immenses et des appels de l'infini ! Dors ! A quoi bon tant d'efforts, et d'espoirs, et de larmes, à quoi bon la vaillance et qu'importe la vie, puisqu'après des ans et des ans de labeur tragique et de réflexion suprême, tu vois venir vers toi, sanglotant et désespéré, le Diogène cynique dont le trésor est vide et la lanterne éteinte et qui te crie : « La nuit noire, « c'est encore ce qu'il y a de mieux ! Que la paix soit « avec vous ! »

V.

Décrire la Norvège, c'est tenter l'impossible : exprimer l'infinie variété des jeux de lumière et d'ombre, du vent, du brouillard, de la pluie éternelle qui vers le cercle arctique sont autres que dans le reste du monde, à quoi bon ? Cette terre est à la lisière de la nuit ; voilà tout ce qu'on en peut dire, et ce qui explique qu'elle n'est ni étonnée ni troublée par les efforts de l'enfantement, et que la création en elle est silencieuse. Et pourtant la passion tressaille en ses flancs ; pourtant les printemps en cette matrice si froide en apparence et comme ensevelie dans sa stérilité, versent à pleines mains, aux mêmes temps, les mêmes sèves ! Peut-être cette somnolence est-elle trompeuse ; peut-être cache-t-elle le sourd travail des germinations, la poussée des moissons futures dans un superbe élan de triomphe ? — Non. Asseyez-vous, septembre finissant, par un après-midi mélancolique et traversé de doux rayons perdus, sur un bloc de granit, au bord d'un lac, et regardez en rêvant. Dans cet air blême et monotone, dans cette atmosphère malade, on songe aux jours futurs où la vie disparaîtra, déracinée de l'univers qui si longtemps la supporta. Au bord des eaux tranquilles, si blanches, si claires, assombries à peine par l'ombre voisine des montagnes et que sillonnent des barques où l'on voudrait s'embarquer pour ailleurs, où l'on voudrait dormir en attendant le port, malgré soi l'on cherche un cimetière. Ces pentes, si rudes au sommet, égayées de verdures à mi-côte, fleuries de villas pâles et de jardins aromatiques, pourquoi ne viendraient-elles pas expirer dans l'onde mystérieuse et caressante, par des tombeaux où se cacherait le profond symbole en qui s'anéantit et qui résume tout ce qui est? Car en ce lieu pénètrent, par tous les sens presque engourdis, la volupté ineffable de mourir et la discrète mélancolie de la fragilité humaine, et l'invincible effroi qu'inspire la sérénité immuable des choses. Sur cette patrie du silence, où les oiseaux eux-mêmes ne parlent pas, la passion languide, active ou douloureuse, s'apaise et s'atténue et s'écoule comme une eau trouble qui, goutte à goutte, s'enfuirait d'une urne mal close. Et dans l'âme étonnée se dégage et grandit une sensation inconnue et puissante : le ciel, les forêts, la montagne et ces flots amollis qui viennent se briser aux flancs polis des rochers, semblent des êtres immortels, doués d'une jeunesse qui ne se flétrira jamais ; ils sont en dehors des révolutions qui nous emportent, et nous roulent, et nous écrasent dans leurs chaos tumultueux ; ils planent dans une tranquillité suprême au-dessus de l'angoisse où nous nous débattons ; ils chantent les louanges de la grande idole souveraine et féconde que rien ne peut troubler parce que, de ses larges flancs, tout émane, et que hors d'elle il n'y a rien, — la nature. Et la nature connaît son but, elle y marche sans se hâter; la nature aspire à la mort. A quoi bon résister? Quel apaisement immense! Quelle infinie douceur de se tenir à la limite extrême où tout commence, où tout s'achève; d'unir, dans une sensation immense et sans pareille, la vie et ce qui la remplace, d'entrevoir enfin la vérité ineffable, et, perdant la notion de son humanité accidentelle et passagère, de s'abîmer, vivant encore, dans le néant universel!

www.ingramcontent.com/pod-product-compliance
Lightning Source LLC
Chambersburg PA
CBHW060452170426
43199CB00011B/1182